L'Histoire des Grecs
ou de ceux qui corrigent la fortune au jeu

Ange Goudar

L'Histoire des Grecs ou de ceux qui corrigent la fortune au jeu

1757

Éditions de la marmotte

Paris

Introduction

L'*Histoire des Grecs, ou de ceux qui corrigent la fortune au jeu* : voilà, pour le lecteur du XXIe siècle, un titre bien étrange. La précision finale laisse clairement entendre que les *Grecs* dont il est question ici ne sont pas ceux d'Hérodote et de Thucydide. Avant de nous pencher sur ce sens oublié, qui fait du *Grec* un tricheur au jeu, arrêtons-nous un instant sur la personnalité de l'homme qui signe un tel ouvrage ; qui est donc ce Goudar, auteur de l'histoire burlesque d'une corporation qu'il a connue près ?

« Ange Goudar, cet inconnu », écrivait F. Mars en tête de l'essai bio-bibliographique enthousiaste qu'il consacra à l'aventurier en 1966[1]. Force est de constater qu'un demi-siècle plus tard, les choses n'ont pas beaucoup changé : le nom de Goudar n'est guère connu que des économistes qui, se penchant sur l'histoire des idées du XVIIIe siècle, le tiennent pour un précurseur des physiocrates. Ou des lecteurs des mémoires de Casanova qui l'a bien connu ; dans une lettre tardive, ce dernier le qualifie d'« homme d'esprit, maquereau, voleur au jeu, espion de police, faux témoin, fourbe, hardi et laid[2] ». Tout cela n'a pas

---

1. F. Mars, « Ange Goudar, cet inconnu (1708–1791). Essai bio-bibliographique sur un aventurier polygraphe du XVIIIe siècle », dans *Casanova Gleanings*, 1966, n° 9, p. 1–64.

2. *« Mon cher Casanova » : lettres du comte Maximilien Lamberg et de*

empêché le Vénitien de fréquenter Goudar d'assez près : il le rencontre à Londres, en bien mauvaise compagnie, avant de le recroiser des années plus tard à Naples, occupé à gruger les riches touristes attirés chez lui par la beauté de sa femme Sara ; leurs relations, en dépit du cruel portrait cité plus haut, semblent avoir été des plus cordiales.

Comment ressaisir ce personnage multiforme, à la fois homme d'esprit, économiste, tricheur au jeu, pamphlétaire, proxénète et homme de lettres ? Ange Goudar est bien emblématique de la grande famille des aventuriers du XVIIIᵉ siècle, de ce type d'homme qui, comme l'écrit Sainte-Beuve à propos de Casanova, « ne dit jamais non aux choses ». Goudar dresse d'ailleurs dans *L'Histoire des Grecs* un des meilleurs portraits de ce caméléon des sociétés du XVIIIᵉ siècle : « C'était un homme prodigieux. Un de ces archi-aventuriers qui avait fait plus de rôles dans vingt ans qu'un acteur de comédie ne peut en jouer dans trente. Il avait été abbé, moine, soldat, chevalier, marchand, ministre d'État en Corse, commis dans les vivres en France, général à Maroc, aubergiste en Danemark, colonel en Espagne, maître des postes en Bohême, ambassadeur à Gênes, espion en Pologne, écuyer en Russie, valet de pied en Suède, roi d'une certaine sorte de peuples dans les Indes : ensuite cafetier à Amsterdam, puis précepteur d'un Juif à La Haye, de là laquais à Londres, et actuellement marquis à Paris[1]. »

Goudar, comme cet archétype aventurier fictif mais inspiré d'anecdotes réelles, voyage partout, s'essaye à tout ; il habite pleinement un siècle qui fait bon accueil aux hommes comme lui, qui ont l'art d'effacer la distinction entre le possible et l'impossible.

Depuis les travaux pionniers de F. Mars dans les années

Pietro Zaguri, patricien de Venise à Giacomo Casanova, H. Champion, 2008, p. 101.

1. Ci-dessous, p. 48.

1960, la connaissance de la vie et de l'œuvre de Goudar ont progressé, quoiqu'il reste peu étudié. Dans le domaine francophone, outre les travaux de Mars lui-même, l'aventurier a notamment bénéficié en 2004 d'une importante biographie, due à F. Hauc, qui pour la première fois offre une perspective détaillée et documentée de sa vie. Goudar, auteur entre autres d'un projet de réforme du royaume de Naples et qui a longtemps vécu en Italie, a davantage retenu l'attention des érudits et universitaires transalpins : A. Ademollo lui consacrait dès 1891 une monographie, intitulée *Un Avventuriero francese in Italia nella seconda metà del Settecento*.

La vie tumultueuse d'Ange Goudar, joueur, économiste, observateur de la politique européenne, le mélange particulier de compétences qu'il rassemble, contribuent à expliquer que l'intérêt de *L'Histoire des Grecs* dépasse celui de textes comparables. Penchons-nous un instant sur l'itinéraire d'un observateur oublié, et pourtant original, des bas-fonds des Lumières. Ses turpitudes, nombreuses, indéniables, ont trop longtemps occulté une pensée qui sans prendre rang parmi celles des philosophes de première force, est loin d'être dénuée d'intérêt, et que notre siècle est peut-être plus à même de comprendre que les deux qui ont précédé.

Goudar jusqu'à L'Histoire des Grecs *: une autobiographie de joueur ?*

Ange Goudar naît à Montpellier en 1708[1]. Son père, alors Inspecteur des manufactures, deviendra plus tard manufactu-

---

1. Pour un compte-rendu exhaustif de la vie bien remplie et de la carrière littéraire d'Ange Goudar, on pourra se reporter à la riche biographie de J.-C. Hauc mentionnée plus haut : *Ange Goudar, un aventurier des Lumières*, H. Champion, 2004.

rier lui-même ; deux des quatre frères d'Ange suivront le même chemin. Cette familiarité avec le monde proto-industriel contribue à expliquer l'intérêt que porta toute sa vie l'aventurier aux questions économiques, mais aussi à leurs applications concrètes, avant même que son siècle ne les mette à la mode.

Le jeune Goudar reçoit sa première formation au collège jésuite de Montpellier ; ce passage par le collège, point commun de bien des aventuriers qui parcourent les routes de l'Europe au XVIIIe siècle, lui permet de côtoyer la bonne société de la ville, et surtout d'acquérir les mœurs, le ton et la culture classique que partagent alors les élites de tout le continent.

Le jeune homme accompagne ensuite quelque temps son père dans ses tournées d'inspections des manufactures du Languedoc, avant d'inaugurer une vie de voyages et d'exils par un séjour de deux ans à Constantinople. Entre 1728 et 1730, il y vérifie la qualité des étoffes importées depuis la France. Après la mort de son père, il repasse quelques années dans sa ville natale avant de la quitter pour Paris en 1733, faute de perspectives solides. Comme tant d'aventuriers, il espère rencontrer dans cette métropole un succès aussi rapide qu'éclatant, sans trop pressentir les voies pour y parvenir. Selon J.-C. Hauc, c'est à cette période que le goût du jeu prend en lui toute sa force ; tout laisse à penser que c'est au cours de ce premier séjour à Paris qu'il se ruine pour la première fois.

Est-ce à ce moment qu'il décide de ne plus jouer en naïf et de faire siennes les ruses de ceux qui forcent la carte, comme on dit à l'époque ? Le récit de *L'Histoire des Grecs*, non daté, ne nous éclaire guère sur ce point : il semble mélanger des anecdotes qui s'étalent sur toute la première moitié du XVIIIe siècle. Le texte s'ouvre sur un tableau du Système de Law[1] et du Mississippi ;

---

1. Le banquier écossais John Law, autre bel exemple d'aventurier, avait fondé à Paris une Banque générale en 1716. L'obtention en 1717 du monopole du commerce vers les colonies des Indes occidentales avec les rachats de la Compagnie d'Occident et de la Compagnie du Mississippi donne

or l'acquisition par John Law de la société commerciale de ce nom date de 1717, et le comble de l'effervescence spéculative est atteint en 1719–1720. Cette première époque permet à Goudar de faire la satire de la finance et des financiers, adossant spéculation boursière et jeu de hasard en un motif promis à une longue postérité. Un peu plus tard, Goudar évoque d'Argenson, qu'il qualifie de « lieutenant de police de ce temps-là » ; c'est le signe que l'aventurier ne semble guère se préoccuper de chronologie dans sa chronique anecdotique : le d'Argenson célèbre qui a durablement attaché son nom à la charge de lieutenant général de police, Marc-René de Voyer de Paulmy d'Argenson, l'avait occupée de 1697 à 1718. Mais il pourrait aussi s'agir de son fils, Marc Pierre de Voyer de Paulmy d'Argenson, qui fut lui aussi lieutenant de police, une première fois en 1720, puis de 1722 à 1724. Dans les deux hypothèses, Goudar cantonne prudemment ses anecdotes à une période éloignée de plus de trente ans de la date de publication de son ouvrage, et de laquelle il n'a pu être le témoin direct. Dernière marque de

à son entreprise un succès qui tourne à la frénésie ; innovation majeure, les billets qu'elle émet sont gagés sur les profits futurs de ses sociétés de commerce. L'ensemble forme le Système de Law. La banque, qui jouit de la protection du Régent, devient en 1718 Banque royale, et rachète à des conditions très avantageuses pour l'État les immenses dettes qu'avait laissées Louis XIV à sa mort, et qui faisaient craindre une banqueroute. On s'arrache les actions de la compagnie de Law et les billets émis par sa banque, alors que l'idée même de société par action est encore relativement nouvelle en France. Cette folie spéculative culmine en 1720, et s'achève la même année par le premier crash boursier qu'a connu le pays. La banque déclare la banqueroute le 24 mars 1720 ; Law est contraint de prendre la fuite pour Venise, où il mourut misérablement. L'État sous la conduite du Régent avait habilement réussi à solder à bon compte les dettes laissées par Louis XIV ; mais dans le public la consternation et la colère étaient à leur comble : d'antiques fortunes s'étaient écroulées, des hommes inconnus en avaient bâties de colossales ; cette grande redistribution des cartes laissa une forte impression dans l'esprit des contemporains, dont le récit de Goudar porte la marque.

ce flou chronologique, Goudar avait évoqué dès les premières pages de son livre la fermeture des hôtels de Gesvres et de Soissons, ordonnée par le lieutenant général de police Feydeau de Marville en 1741.

Qu'il ait appris à tricher à ce moment ou pas, c'est lors de son premier séjour à Paris dans les années 1730 que Goudar découvre le milieu interlope des actrices, milieu dans lequel il inscrit l'intrigue de sa première œuvre connue, l'*Histoire de Gogo* (1739). Il livrera quelques années plus tard nombre de détails sur ces années aventureuses dans un roman picaresque aux accents autobiographiques, *L'Aventurier français* (1746).

Dans les années 1740 et au début des années 1750, Goudar voyage en Italie, en Grande-Bretagne, au Portugal. C'est aussi l'époque où s'affermit sa vocation d'homme de lettres : ses publications se suivent désormais à un rythme soutenu (sa bibliographie complète compte au moins 70 titres). Il revient en France en 1754, mais doit bientôt quitter Paris après une mauvaise affaire de tricherie. Goudar part alors pour Avignon, enclave pontificale qui au XVIIIe siècle échappe encore à l'autorité des rois de France : ce refuge le met à l'abri des poursuites. Avignon est aussi à l'époque un centre éditorial important : ses imprimeurs ne sont pas soumis au régime du privilège, qui dans la France environnante accorde à un libraire le monopole sur une œuvre. Ils produisent donc d'innombrables éditions pirates des textes à succès, qui sont ensuite revendues clandestinement à Lyon ou à Paris.

D'après les rapports de police, Goudar vit à cette époque des charmes d'une jolie femme qui l'accompagne, mode de subsistance qu'il pratiquera presque toute sa vie. Mais il cherche aussi à se procurer des subsides par sa plume, sans trop sacrifier encore la qualité de sa production aux nécessités économiques. Il produit alors en peu de temps quelques-uns de ses textes les plus importants, dont *L'Histoire des Grecs*.

C'est, en 1755, le *Testament politique de Louis Mandrin, Gé-*

néralissime des troupes de contrebandiers, écrit par lui-même dans sa prison, testament imaginaire du célèbre contrebandier dans lequel Goudar dénonce violemment les fermiers généraux et leurs agents. En donnant la parole à Mandrin, bandit populaire dont l'exécution en 1755 avait soulevé dans le public une certaine émotion, Goudar tire pour la première fois une puissance critique d'une fiction ancrée dans les marges. *L'Histoire des Grecs* reprendra le même procédé. Le système de la Ferme générale est représenté dans le *Testament politique de Mandrin* comme une structure parasitaire étouffant les forces du pays, et de ce fait moins utile encore qu'une troupe de brigands. Pour Goudar, Mandrin est né du système des Fermes comme les tricheurs de *L'Histoire des Grecs* sont engendrés par le jeu lui-même; ils sont le produit d'une forme de régulation spontanée. Le contrebandier prospère naturellement dans un système fiscal injuste et spoliateur; de la même manière, le joueur avisé doit se tenir sur ses gardes, en étant pleinement conscient que la simple observation des règles est déjà un enjeu du jeu véritable, dont les limites reculent jusqu'à prendre les dimensions de l'univers. C'est une des leçons de *L'Histoire des Grecs* : le tricheur révèle que le jeu a toujours déjà commencé — qu'il n'y a pas d'extérieur au jeu.

En 1756, Goudar publie ensuite *Les Intérêts de la France mal entendus, dans les branches de l'agriculture, de la population, des finances, du commerce, de la marine et de l'industrie*, épais volume où l'aventurier montpelliérain dresse la liste des réformes qu'il juge nécessaires pour redresser le royaume. Son souci de développer l'agriculture, mais aussi les transports fait de lui un préfigurateur des physiocrates, sans pour autant que comme beaucoup d'entre eux il condamne l'industrie. Prenant parti dans une des grandes querelles de son siècle, il ne blâme pas même les industries de luxe, au motif qu'elles font vivre des milliers d'individus; tout juste proclame-t-il non sans hypocrisie qu'il préférerait que leurs productions soient exportées.

Annonçant le thème de son livre suivant, Goudar va jusqu'à soutenir que les joueurs même ont une utilité sociale dans l'ordre général des choses : « C'est du mélange des vertus et des vices que dépend l'ordre du gouvenement politique. Les joueurs [en note : joueurs de profession] sont gens méprisables dans la société, mais utiles à l'État, parce que leur oisiveté même est la source d'une industrie que le jeu seul soutient[1]. » Quoique Goudar ne se réclame pas explicitement de lui, ce point de vue s'inscrit dans la droite ligne de la pensée de Mandeville, qui choqua tant l'Angleterre des années 1710 avec sa *Fable des abeilles*, sous-titrée dans l'anglais original « Private Vices, Public Benefits ». Mandeville y soutient non seulement l'idée que le luxe, souvent condamné par ses contemporains comme dépense improductive et immorale, fait vivre des pans entiers de l'économie ; mais que même des acteurs marginaux qui ne semblent jouer aucun rôle économique positif, tels les joueurs par exemple, et jusqu'aux tricheurs, ont une fonction dans la circulation générale des finances et l'émergence d'un ordre social[2].

---

1. A. Goudar, *Les Intérêts de la France mal entendus, dans les branches de l'agriculture, de la population, des finances, du commerce, de la marine et de l'industrie*, Chez Jacques Cœur à la corne d'abondance, 1756, p. 288-289.

2. Plus encore que dans *Les Intérêts de la France mal entendus* ou dans *L'Histoire des Grecs*, le caractère mandevillien de la pensée de Goudar éclate dans *L'Anti-Babylone, ou Réponse à l'auteur de « La Capitale des Gaules »* : « Il importe fort peu à l'état politique que quelques écus d'un honnête homme passent dans la poche d'un fripon. », y écrit-il. Et ailleurs : « C'est l'oisiveté des uns qui forme l'occupation des autres : ôtez ces vices, et vous détruirez une foule de vertus. » Fougeret de Monbron, l'auteur de *La Capitale des Gaules* lui répondra à son tour de manière cinglante dans la *Seconde partie* qu'il adjoint à son ouvrage en 1759 : « Il importe peu, dit-il, au gouvernement qu'un écu passe de la poche d'un particulier dans celle d'un autre [en note : Notez qu'il s'agit ici des friponneries du jeu] ; suivant ce principe il importera peu au gouvernement que les citoyens soient vertueux ou vicieux ; que l'on pille, que l'on dérobe, que l'on escroque ; que

Enfin, c'est en 1757 que Goudar, toujours installé en Avignon, fait paraître *L'Histoire des Grecs, ou de ceux qui corrigent la fortune au jeu.*

Le mot « Grec »

Si cette histoire burlesque des tricheurs précise dans son sous-titre ce qu'il faut entendre par *Grecs*, c'est que le mot, pris dans cette acception rare, est à peine plus familier aux lecteurs du XVIIIe siècle qu'à ceux d'aujourd'hui. Certes, le dictionnaire de Trévoux faisait état dès 1721 de ce sens spécialisé : « Terme de bonneteur ou de filou. Ils appellent *Grecs* ceux qui savent leurs tours infâmes et qui les pratiquent. Et cela, dans ce sens *Grec*, est pris pour savant, habile[1] [...]. »

Mais comme le précise l'auteur de l'article, le mot ne semble guère employé de cette manière en dehors du petit milieu des tricheurs aux cartes. Cette faible diffusion paraît confirmée par le soin que mettent les diverses recensions dont fait l'objet *L'Histoire des Grecs* lors de sa parution à expliquer ce qu'est un Grec. On lit par exemple dans le *Journal encyclopédique*, en janvier 1759 : « L'Industrie dont nous allons tracer ici l'histoire, n'est point cette industrie, qui dut sa naissance à nos premiers besoins, et qui devint ensuite la mère des Beaux-arts ; mais celle que condamne la société, et qui proscrite en apparence, est cependant le grand mobile qui fait agir les hommes. [...]

---

tout soit dans la confusion et le désordre, pourvu qu'une même quantité d'espèces circule. Je demande si ce n'est pas rendre sa façon de penser suspecte, et donner prise sur soi, que d'avancer de pareilles propositions ? »

1. *Dictionnaire universel français et latin*, 2e édition (1721), t. 3, vol. 1, col. 339.

Chez certains Peuples un homme qui vole de l'argent au jeu, s'appelle un fripon ; en France, on le nomme *un Grec*[1]. »

Les premières rééditions de *L'Histoire des Grecs* manifestent le même souci de désigner plus explicitement l'objet du livre à l'attention des lecteurs potentiels. En 1773, un imprimeur le change entièrement pour le remplacer par *Histoire des fripons, ouvrage nécessaire aux honnêtes gens, pour se préserver des Grecs qui corrigent la fortune au jeu*, dénomination sans doute plus vendeuse. En 1776, la dernière réédition recensée par F. Mars dans sa précieuse bibliographie goudardienne abandonne entièrement le terme *Grec* dans le titre, qui devient *Histoire amusante des joueurs trompés* ; c'est le signe que l'ouvrage n'a pas suffi à enraciner le mot auprès d'un public plus large que le cercle des joueurs de profession.

Dans ce petit milieu toutefois, l'écho de *L'Histoire des Grecs* semble avoir résonné longtemps : si l'emploi du mot *Grec* pour désigner un tricheur parvient à se maintenir sporadiquement tout au long du XIXe siècle dans les ouvrages consacrés au jeu, on peut parier (c'est l'occasion ou jamais) que c'est en grande partie à cause du livre de Goudar.

Une question subsiste : comment le nom « Grec » en est-il arrivé à désigner dans ce microcosme un tricheur ? Dès le début de son ouvrage, Goudar ressent le besoin d'expliquer cet emploi curieux : « Notre langue a des richesses que les autres langues de l'Europe n'ont point. Par exemple, dans tous les idiomes du monde un homme qui vole de l'argent au jeu s'appelle un fripon ; en France point du tout, on le nomme aujourd'hui un Grec[2]. » Il précise alors en note : « L'application de ce mot aux joueurs d'avantage est venue de ce que les anciens Grecs étaient naturellement fins et rusés, cherchant toujours à faire

---

1. *Journal encyclopédique, par une société de gens de lettres*, janvier 1759, t. I, p. 112.
2. Ci-dessous, p. 15.

des dupes. Le premier qui se servit de ce nom fut un Chevalier de M***. Il appela Grecs tous les fripons qui étaient alors dans Paris, et il en prit lui-même le nom. »

Que le chevalier de M*** soit inspiré d'un personnage réel ou qu'il soit né de la seule fantaisie de Goudar, cette explication mérite d'être notée. En effet, depuis la fin du XIXe siècle, la tradition critique a lié l'usage du mot *Grec* à un tricheur qui aurait sévi vers 1686 à Versailles, un certain Théodore Apoulos qui, pris sur le fait chez le maréchal de Villeroy par un comte de B..., aurait été condamné aux galères. Son habileté serait devenue proverbiale, et on se serait mis à qualifier de Grec tout *joueur d'avantage*, pour reprendre une expression de Goudar. Disons-le d'emblée : si cette explication romanesque a tous les charmes de la fiction, c'est qu'elle en est une. On ne trouve en effet nulle trace dans les textes du XVIIe siècle de cet Apoulos, que Goudar n'a pas même l'idée de mentionner dans son histoire des tricheurs ; nul, en réalité, ne semble avoir parlé de lui avant un ouvrage de 1863 intitulé *Les Tricheurs : scènes de jeu*. Cet amusant recueil d'anecdotes est dû à la plume d'un personnage étonnant et assez oublié, Alfred de Caston, dandy à la petite semaine, illusionniste d'occasion, et semble-t-il volontiers mythomane. C'est lui qui le premier paraît avoir évoqué le personnage de Théodore Apoulos, avec tous les détails d'époque qui seront repris dans les ouvrages ultérieurs. Bien entendu, aucune source n'est citée ; déplorant l'usage injuste du nom d'un peuple qui n'est pour rien dans la carrière de cet aventurier imaginaire, il conclut par une phrase quasi prophétique : « il n'y a rien comme les bêtises pour être éternelles, et la qualification de Grec est encore donnée de nos jours à ceux qui volent au jeu[1]. » Alfred de Caston, avec son étymologie imaginaire, semble bien être parvenu à joindre à cette éternité un fragment de sa fantaisie.

---

1. A. de Caston, *Les Tricheurs, scènes de jeu*, E. Dentu, 1863, p. 20.

Plus prosaïquement, Goudar ne fait que s'inscrire dans la tradition d'un préjugé répété depuis l'Antiquité, qui voudrait que les Grecs poussent volontiers l'adresse jusqu'à la tromperie. Dans son passionnant dictionnaire d'argot[1] de 1856, Francisque Michel rappelle en citant Cicéron et saint Jérôme que dès leurs époques respectives, les Grecs avaient la réputation d'être menteurs[2], trompeurs ; et l'usage péjoratif du terme en français est attesté dès le XIIIe siècle. Au XIVe siècle, on rencontre déjà l'expression *à la griesche* pour décrire une manœuvre frauduleuse au jeu. Remarquons enfin avec J.-M. Lhôte[3], que le mot *grigou*, attesté dès 1650, vient sans doute d'une forme gasconne *gregoun* antérieure à 1610 dérivée de *Grec* qui signifie déjà « filou ». S'il s'agit bien d'un gasconnisme, l'usage du terme *Grec* a peut-être plus à voir avec la jeunesse montpelliéraine de Goudar qu'avec les exploits bien hypothétiques d'un visiteur à la cour de Louis XIV soixante-dix ans plus tôt.

Faire figurer le mot *Grec* dans le titre de son ouvrage permet à Goudar d'opérer un renversement burlesque vis-à-vis des innombrables ouvrages consacrés à l'histoire de la Grèce antique, sujet respectable s'il en est. Le mot renforce aussi l'idée d'une cohérence de la contre-société des joueurs, et suggère chez eux l'existence d'une sorte de culture commune. Bien sûr, le décalage entre cette société « grecque » cosmopolite et les véritables Grecs est total ; Goudar s'en amuse d'ailleurs en organisant dans son récit la rencontre entre une aventurière, *grecque* au sens des tables de jeu, mais qui se fait aussi passer

---

1. F. Michel, « Grec », *Études de philologie comparée sur l'argot et sur les idiomes analogues parlés en Europe et en Asie*, Firmin-Didot frères, fils et Cie, 1856, p. 200–202.

2. Sur le même thème, voir Ch. Read et L. Faucou, « À quelle époque remonte l'origine du mot *Grec* au sens de filou ? », *L'Intermédiaire des chercheurs et curieux*, n° 380 et 381, 1884, p. 129 et 183–184.

3. J.-M. Lhôte, *Histoire des jeux de société : géométries du désir*, Flammarion, 1994, p. 314.

pour grecque de nationalité, et une véritable grecque moderne :
la première, découverte, est réduite à une fuite peu honorable[1].

Réception de L'Histoire des Grecs

La survivance du sens spécialisé de *Grec* atteste l'impression durable laissée par l'ouvrage de Goudar sur le milieu des joueurs. Au-delà de ce cénacle très fermé, l'impact de *L'Histoire des Grecs* est plus difficile à évaluer : selon F. Mars, on ne compte pas moins de sept éditions entre la première parution en 1757 et 1776, sans qu'il soit toujours possible de distinguer entre éditions officielles ayant reçu l'imprimatur de Goudar et versions pirates, dont il a parfois été lui-même l'inspirateur. Ces parutions multiples et les contrefaçons dont l'ouvrage est l'objet pourraient indiquer un certain succès, mais *a contrario* Mars signale que nombre d'entre elles ne font que réemployer les feuilles des deux premiers tirages, ce qui au contraire pourrait suggérer des difficultés à écouler le stock initial.

Les jugements des lecteurs contemporains sont tout aussi contrastés : l'auteur anonyme de la recension du *Journal encyclopédique* déjà citée plus haut a bien compris l'ambition satirique de Goudar, à laquelle il s'associe sans ambages :

« Chez certains peuples un homme qui vole de l'argent au jeu, s'appelle un fripon ; en France, on le nomme *un Grec*. L'expression seule, dans ce temps, à la vertu de justifier bien des choses. La secte des *Grecs* se divise en plusieurs branches. Les uns par un trait de plume volent à l'État des sommes immenses : le peuple crie, *l'État souffre, il est pillé :* c'est la Régie, pourquoi troubler plusieurs honnêtes gens, qui sous le nom imposant de compagnie de gens d'affaires, ont dressé légitimement un plan de friponnerie ? Les autres ont des mesures, des poids et

---

1. Ci-dessous, p. 147 *sq.*

des livres faux pour tromper le public : il le sait et ne s'en plaint point, parce qu'il n'ignore pas que c'est la manière des *Grecs* commerçants. La vente de la justice remonte presque à l'établissement des juges ; la prescription a toute sa force ; on aurait donc tort de se plaindre du magistrat, qui ne fait en prévariquant que se conformer à l'usage qu'il a trouvé établi. Mais la classe la plus nombreuse, c'est celle des *Grecs* joueurs, ou de ceux qui corrigent la fortune au jeu. »

D'autres lecteurs se montrèrent plus cruels : *L'Année litté-raire*[1] qualifie ainsi *L'Histoire des Grecs* d'« amas de fange ». Si l'auteur de la recension n'hésite pas à déclarer que l'ouvrage est « un des plus mauvais livres qui existe », il en reproduit tout de même 13 pages pour l'édification de ses lecteurs. Grimm, quant à lui, se contentera de la juger « insignifiante[2] ».

L'Histoire des Grecs tombe ensuite dans l'oubli, jusqu'à l'édition nouvelle que le lecteur tient entre les mains.

Goudar satiriste

Certains des lecteurs contemporains de Goudar sont moins heurtés par son sujet que par sa manière de le traiter. Parler de jeu, voire de triche, n'est pas entièrement tabou au milieu du XVIIIe siècle ; mais le sujet, scandaleux par lui-même et touchant une pratique peu goûtée des autorités, doit être abordé prudemment.

Pour se garantir des poursuites, les auteurs investissent volontiers la pente glissante qui sépare les jeux dits de commerce, jugés inoffensifs, des jeux de hasard, qui eux sont fermement prohibés ; Goudar, dans *L'Histoire des Grecs*, se moque de cette frontière que les Grecs s'emploient à effacer.

---

1. *L'Année littéraire*, t. 6, 1758, p. 136.
2. *Correspondance littéraire*, 15 nov. 1758, t. VI, p. 51.

Ce qui rend scandaleux l'ouvrage de Goudar, et le sépare de ceux qui l'ont précédé[1], c'est qu'il aborde son sujet sans se cacher derrière un souci proclamé de protéger le public en l'informant des ruses des joueurs, ni précautions oratoires en forme de condamnation morale du jeu et de ses méfaits. Au contraire, le recours au registre héroï-comique, la fiction d'un ordre des tricheurs rappelant les ordres de chevalerie, ajoutent un degré supplémentaire de trouble au propos goudardien. J. Sgard, dans un article[2] presque entièrement consacré à *L'Histoire des Grecs*, suggère que Goudar pourrait s'être inspiré de l'Ordre des tricheurs mis en scène avec une tonalité toute différente par Prévost dans *Manon Lescaut*. Cette veine intertextuelle entre parodie et reprise sérieuse ne s'arrête pas là : les règlements de l'Ordre des Grecs dont Goudar fait le tableau ne vont pas sans rappeler les Constitutions maçonniques d'Anderson[3] ; et le tout début de *L'Histoire des Grecs* a de forts accents du célèbre *Discours sur l'origine et les fondements de l'inégalité parmi les hommes* de Rousseau.

Avec Goudar, il ne s'agit plus seulement, sous couvert de mise en garde des honnêtes joueurs, de lever le voile sur les

---

1. Pour un aperçu de l'histoire des publications sur les joueurs en général et les tricheurs en particulier, aussi ancien que l'imprimerie, on peut se reporter à l'excellente introduction de D. Reynaud à *L'Antidote ou le Contrepoison des chevaliers d'industrie ou joueurs de profession*, Liverpool Online Series, 2008 (https ://www.liverpool.ac.uk/media/livacuk/modern-languages-and-cultures/liverpoolonline/Antidote.pdf). Cet ouvrage anonyme de 1768 qui fait l'inventaire de diverses méthodes de tricherie avait été attribué par F. Mars à Goudar lui-même, quoique son style soit plus pesant que celui de *L'Histoire des Grecs*. D. Reynaud avance plusieurs arguments solides qui suggèrent que le véritable auteur vient sans doute de l'Est de l'Europe, et ne saurait donc être Goudar.

2. J. Sgard, « Tricher », dans *Le Jeu au XVIIIe siècle*, Colloque d'Aix-en-Provence (avril-mai 1971), Édisud, 1976.

3. Mises par écrit en 1721, ces *Constitutions* structurent les croyances et les pratiques de la franc-maçonnerie, dont elles constituent un texte fondateur.

techniques concrètes dont se servent les tricheurs ; il s'agit de plonger dans leur milieu interlope, qui n'est plus mis à distance comme chez la plupart des auteurs francophones qui l'ont précédé. Au contraire, c'est ce milieu — transformé, fantasmé, érigé non pas en contre-société, mais au contraire en partie intégrante du monde auquel appartient le lecteur, et même en révélateur de ses fonctionnements secrets — qui forme l'objet scandaleux du livre. La démarche est presque neuve en France, même si ailleurs en Europe, d'autres ont précédé Goudar dans cette voie : en Grande-Bretagne, Th. Lucas avait notamment publié en 1714 *Memoirs of the Lives, Intrigues and Comical Adventures of the most famous Gamsters and celebrated Sharpers*. Loin toutefois de se restreindre au milieu des joueurs, le tableau satirique que dresse Goudar s'étend à plusieurs piliers de la société d'Ancien régime. Le polémiste joue de la puissance égalisatrice du hasard pour brocarder la société d'ordre et, de manière plus appuyée, son vieil ennemi personnel, le système de la Ferme générale.

Goudar en somme prend au sérieux la boutade de Dufresny, qui dans ses *Amusements sérieux et comiques* de 1699 voyait déjà le Lansquenet comme « une espèce de République mal policée, où tout le monde devient égal ; plus de subordination : le dernier de tous les hommes, l'argent à la main, vient prendre au-dessus d'un duc et pair, le rang que sa carte lui donne[1]. » Mais il franchit un tabou supplémentaire en représentant la tolérance relative dont la tricherie, doublement immorale, fait l'objet dans la bonne société, et que Casanova résumait ainsi dans son *Essai de critique sur les mœurs, les sciences et les arts* : « Les joueurs des deux côtés prennent des mesures pour parvenir au but auquel ils visent, et en s'agissant du bien de leur état respectif, il y a entre eux une convention tacite d'employer

---

1. C. Dufresny, *Amusements sérieux et comiques*, Claude Barbin, 1699, p. 31.

tous les moyens pour faire que directement ou indirectement l'affaire qu'on traite tourne à leur avantage[1]. »

Ceux qui, après Goudar, revisiteront le monde des tricheurs, n'auront pas la même force critique : ni G. Mailhol, avec *Le Philosophe nègre et les secrets des Grecs, Ouvrage trop nécessaire*, publié en 1764, dont le titre cherche manifestement à exploiter le filon qu'a inauguré Goudar[2], ni l'ouvrage anonyme de 1781 *Les Joueurs et M. Dusaulx*, ne retrouveront la large portée de *L'Histoire des Grecs*. Les deux ouvrages ne feront guère que décrire le contre-monde des joueurs de la seconde moitié du XVIIIe siècle et ses turpitudes — ce qui n'est déjà pas si mal.

Le peintre des mœurs

Si la veine satirique de *L'Histoire des Grecs* est évidente, il serait dommage de ranger l'ouvrage parmi les innombrables pamphlets plus ou moins alimentaires qu'a produits Goudar. S'il écrit superficiellement en satiriste, le moraliste, le scrutateur judicieux du cœur des hommes n'est jamais loin ; c'est d'ailleurs ce qu'il rappelle dans la préface des *Œuvres mêlées de madame Sara Goudar, anglaise*, qui bien que signées par sa femme Sara sont sans doute son œuvre :

« Le premier tome de cet essai contient des réflexions sur les divertissements des peuples d'Italie. On peut le regarder comme un morceau détaché de l'histoire universelle. Ce n'est point la politique qui apprend à connaître le cœur humain.

---

1. G. Casanova, *Essai de critique sur les mœurs, les sciences et les arts*, P.U. Pau et Pays de l'Adour, 2001, p. 60.

2. Mailhol l'admet presque explicitement dans un « Avertissement » : « les filous et les Cartouche ont eu des historiens, qui ont servi le public en le garantissant des pièges qu'ils ont fait connaître ».

Cette science profonde n'est propre de nos jours qu'à déchiffrer le caractère de quelques ministres ambitieux qui étant à la tête des premiers gouvernements de l'Europe, donnent le mouvement à notre monde.

« Lorsque les Romains jouissaient de leur gloire, ils s'occupaient d'héroïsme, de conquêtes, de victoires ; quand ils furent corrompus ils ne s'entretinrent plus que de théâtre, de fêtes et de combats de gladiateurs, etc.

« Il faut toujours remonter aux mœurs. C'est la pierre de touche des annales de chaque nation.

« Un écrivain breton qui donnerait des mémoires exacts sur les jardins de Vaux-Hal [sic], le Panteon, les bals, les mascarades, les tavernes, les globes, les maisons de jeu ; qui suivrait les anglais aux courses de chevaux de New-market, aux eaux de Beds, de Tombrige ; qui les accompagnerait en Italie, en France, en Allemagne, et qui, après avoir galopé l'Europe avec eux, écrirait l'histoire de leur luxe et de leur prodigalité dans les pays étrangers, donnerait un tableau plus exact de la nation anglaise que celui qu'il pourrait faire de la guerre présente de l'Amérique. [...] Un auteur français qui publierait les annales de l'opéra de Paris ; celles du foyer de la Comédie française et italienne, qui donnerait le journal de la grande allée du Palais-Royal, des jardins du Luxembourg, des Tuileries, des Boulevards ; avec des notes sur les parties au bois de Boulogne, etc. ferait mieux connaître les Français, que l'histoire ne les dépeindra à la postérité par la bataille de Fontenoy [1]. »

Goudar révèle ici sa secrète ambition d'être, en abordant la vie des hommes par le plus quotidien, voire le plus trivial, un historien plus authentique que celui qui s'en tiendrait à la grande histoire. Cette remarquable intuition mérite d'être célébrée à l'heure où, plus que jamais, nous nous intéressons en

---

1. Sara [Ange] Goudar, *Œuvres mêlées de madame Sara Goudar, angloise*, Amsterdam, 1777, t. 1, p. v–vi.

histoire au plus quotidien de la vie des hommes. De ce point de vue, le prix des œuvres d'un Goudar, longtemps connues des seuls spécialistes, doit être célébré.

L'histoire de L'Histoire des Grecs

La genèse matérielle de L'Histoire des Grecs nous est bien connue, grâce au dossier compilé à propos de l'ouvrage par les services de Malesherbes, titulaire depuis 1750 de la charge de directeur de la librairie qui le conduit à assurer notamment la fonction de censeur[1]. Il établit de manière irréfutable que Goudar est bien l'auteur de l'ouvrage, et nous donne quelques précisions sur la date exacte et les conditions de sa parution.

Le 27 août 1757, deux balles de livres sont interceptées à Lyon en provenance d'Avignon ; le fait qu'elles n'aient pas été plombées à la douane de Villeneuve-lès-Avignon, comme c'était d'usage, attire l'attention. On les conduit donc à la chambre syndicale de la librairie lyonnaise pour y être inspectées. Un mémoire joint au dossier intitulé « Motifs qui ont déterminé les officiers de la chambre syndicale de Lyon de retenir les deux balles Histoire des Grecs [sic] que Monsieur Duchesne réclame aujourd'hui » indique que « l'on trouva qu'à quelques volumes reliés près, elles contenaient une grande quantité d'un ouvrage intitulé Histoire des Grecs ou de ceux qui corrigent la fortune au jeu, lequel livre lesdits syndics savaient être fort répréhensible, soit par des invectives contre messieurs les fermiers généraux, soit par des traits hardis contre des personnes

---

1. Le dossier relatif à L'Histoire des Grecs est aujourd'hui conservé aux Archives nationales dans le fond intitulé « Anisson-Duperron — Lettres et mémoires relatifs à la librairie sous l'administration de M. de Malesherbes », Ms. Fr. n° 20144.

considérables du royaume, etc. » Duchesne, libraire parisien, était le destinataire final des deux balles interceptées.

Les syndics lyonnais de la librairie n'ont semble-t-il guère été pressés d'alerter les autorités compétentes de leur découverte ; pendant ce temps, le libraire parisien Duchesne s'active, certain que l'inaction de ses confrères lyonnais ne relève pas de la simple négligence : une lettre non datée adressée aux services de Malesherbes, mais probablement envoyée à la mi-octorbre 1757, suggère que le libraire préférerait voir ses livres entre les mains des autorités qu'entre celles de ses collègues : « Leur zèle serait louable s'il partait d'un bon principe, mais le suppliant craint et doit craindre que pendant le séjour que les ballots font à la chambre syndicale, la contrefaçon ne se fasse dans la même ville, et qu'il ne se voie dans Paris, comme il lui est déjà arrivé, l'édition originale et la contrefaçon en même temps. »

La requête a peu d'effet, puisqu'il faut attendre la fin novembre pour que les libraires lyonnais, sollicités par les autorités à l'injonction de Malesherbes, communiquent enfin leur prise. Une lettre de Christophe Delafrasse de Seynas, lieutenant-général de police de Lyon, datée du 29 novembre 1757 suggère qu'il n'y a que très peu de temps qu'il a *L'Histoire des Grecs* entre les mains : « Les syndics de la librairie ont eu tort de ne pas me remettre plus tôt un exemplaire de *L'Histoire des Grecs* pour vous l'envoyer et recevoir vos ordres au sujet des deux balles qui les contiennent, ils s'en sont reposés sur la lettre que j'ai vue du sieur Duchesne qui les assurait que vous aviez connaissance de cet ouvrage. Ces deux balles partiront jeudi par le coche avec un acquit à caution, je vous en envoie un exemplaire avec un mémoire des syndics. Je n'ai pas eu le temps de parcourir toute cette rapsodie, j'ai remarqué seulement que dans la seconde partie p. 197 et suivantes l'on parle indignement de Monsieur le comte d'Argenson. »

L'ouvrage ainsi annoncé semble avoir eu peu de succès auprès des censeurs parisiens, qui décident d'en interdire la vente.

Cette interdiction pousse les imprimeurs avignonnais à solliciter à leur tour la clémence de Malesherbes ; une lettre d'Avignon datée du 22 février 1758 et signée « Payen le jeune, papetier, et Mérande, Libraire », offre un aperçu édifiant sur la rédaction de *L'Histoire des Grecs* :

« Monseigneur,

« M. Duchesne, libraire de Paris, à qui nous avions adressé quelques exemplaires d'un livre ayant pour titre *Histoire des Grecs*, nous informe que votre grandeur ne veut point en permettre le débit. Cette nouvelle, la plus fâcheuse qui pût nous venir, nous enhardit, Monseigneur, à vous exposer les raisons qui nous ont forcé de nous charger dudit livre, ainsi que les pertes et tracasseries qu'il nous a déjà occasionnées, dans l'espérance qu'usant à notre égard de la même clémence dont vous donnez des preuves visibles à tous les honnêtes gens qui l'implorent, il vous plaira, Monseigneur, regarder notre affaire de l'œil de votre commisération, et ne pas la rendre plus malheureuse qu'elle n'est ; voici le fait :

« Nous avons eu en cette ville, pendant quelque temps, un étranger appelé le chevalier Goudar, qui y faisait le métier d'auteur ; il sut insensiblement, et par belles promesses, nous engager dans une avance d'environ 400 écus, par l'un de nous en papier, et par l'autre en impression. Le temps de nos paiements étant arrivé, il n'eut non seulement pas un sol à nous donner, mais l'ayant examiné de plus près, nous ne vîmes même alors en lui qu'un homme de mauvaise volonté, vivant d'industrie et endetté partout et chez tous.

« En ce cas, Monseigneur, nous fîmes arrêter l'édition du livre en question, comme étant notre propre bien ; heureux si nous nous en étions tenus là ; mais l'adroit Goudar, après avoir essayé inutilement par voie de justice et par menaces de nous faire relâcher, prit le ton de suppliant, nous prêcha misère, protesta que ce livre était son unique ressource, s'attacha d'ailleurs à en exagérer la bonté, nous montra à cet effet des lettres qu'il avait, ou supposait, d'un libraire de Lyon, qui voulait le lui acheter, fit tant enfin que nous donnant d'une part l'espérance de rattraper nos fonds égarés, et excitant de l'autre notre compassion, il nous persuada d'acheter ladite édition pour la somme de 2 100 livres, de laquelle ayant retenu nos avances nous lui comptâmes le restant en bons louis, après avoir pourtant exigé qu'il nous garantit par contrat public que le livre ne contenait rien qui put en arrêter le cours en France, et que lui Goudar ne pourrait se prêter directement ni indirectement à la réimpression dudit d'un an et demi ; mais Monseigneur, suivez-nous, de grâce : quinze jours après, cet honnête homme remit le livre sous presse, et au moyen d'un caractère plus menu, réduisit nos trois volumes en un seul ; le fait constaté, nous lui intentâmes un procès, qui nous a coûté en tracasseries pendant deux mois, et quand il s'est vu au point d'être emprisonné s'il ne nous indemnisait, il a levé le pied et nous a planté là ; il a même eu l'adresse de nous soustraire sa seconde édition, et l'a faite passer [*sic*] à Paris, où elle se vend peut-être à l'heure qu'il est sous le manteau, et à l'insu de votre grandeur ; cette affaire nous tient pourtant près de mille écus, somme considérable pour nous, qui commençons et sommes néanmoins, quoique jeunes, chargés de grosses familles, puisqu'entre les deux, nous avons quatorze enfants, qui prosternés avec nous, implorent votre clémence, en qui seule est notre ressource. »

Les quatorze enfants ou le souci de ménager les libraires d'Avignon ont-ils gagné Malesherbes ? Un mot de l'inspecteur de la librairie Hemery du 8 mars 1758 en forme de conclusion du dossier donne le dénouement de l'affaire : « L'éloge seul qu'on fait dans ce mémoire de l'auteur de *L'Histoire des Grecs*, pourrait faire juger très défavorablement de cet ouvrage et l'empêcher de paraître ; cependant pour rendre service aux libraires d'Avignon, Monsieur de Malesherbes a pris le meilleur parti en envoyant ce livre au censeur pour voir si on pourrait le laisser circuler en faisant des cartons. » Soucieux sans doute de ne pas trop gêner la circulation de son livre, Goudar avait d'ailleurs supprimé dans son édition pirate les passages qui auraient pu conduire à son interdiction ; on les trouvera indiqués entre crochet dans la présente édition. Les deux avignonnais n'avaient pas vu que pour Goudar, le jeu et les tromperies qui lui sont consubstantielles ne s'arrêtent pas aux cartes : la genèse du livre ne saurait être plus conforme à sa matière.

Note historique sur l'invention de la roulette au XVIIIe siècle

Enfin, nous ne pouvons refermer cette préface sans donner quelques précisions sur le jeu de la roulette telle qu'il se pratiquait au XVIIIe siècle, faute de quoi la description qu'en livre Goudar[1] serait inintelligible. La roulette dont parle Goudar dans la première partie de L'Histoire des Grecs n'a en effet que peu à voir avec celle que nous connaissons aujourd'hui ; c'est l'occasion de nous pencher sur un jeu célèbre mais aux origines méconnues, y compris des historiens spécialisés. Son l'histoire semble avoir suscité un grand nombre de malentendus. Une grande part d'entre eux repose sur le fait que jusqu'au début du XVIIIe siècle, le mot roulette désigne à la fois un ensemble de jeux enfantins où l'on fait simplement rouler une pierre, et, en géométrie, la figure nommée cycloïde, celle que dessine tout point tangent à une roue en mouvement. Blaise Pascal avait consacré un essai à cette figure, qui lui vaut parfois d'être qualifié à tort d'inventeur ou de précurseur de la roulette de casino. En réalité, le jeu de roulette tel qu'il s'impose en France avec un succès fulgurant au début des années 1720 n'a pas recours

---

1. Ci-dessous, p. 20.

au plateau tournant circulaire si connu aujourd'hui. Il paraît être alors un composé de deux jeux dérivés du billard à la fin du XVIIe siècle. D'un côté, la roulette rappelle beaucoup dans son principe le jeu de Bagatelle, inventé au château du même nom à la fin des années 1670, où le joueur devait à l'aide d'une canne envoyer une petite boule en ivoire dans des trous valant plus ou moins de points sur un plan incliné garni d'obstacles, sorte de préfiguration du flipper ou du pachinko moderne. D'un autre côté, certains détails sont inspirés du jeu du portique, qui connaît une grande vogue à Versailles, d'après le journal du marquis d'Angeau, dans l'hiver 1688–1689. Au portique, on fait tourner une bille autour d'une table ovale, dont la zone centrale, séparée par une petite paroi où sont ménagées des portes, est garnie de creux où la bille finit par s'arrêter. Leurs diverses valeurs décident du gain ou de la perte. Une gravure de Trouvain représente les petits-enfants de Louis XIV à une telle table en 1694 (Fig. 1).

Le jeu de roulette dont parle Goudar tient des deux ; voici la description qu'en donne le *Mercure de France* dans son numéro d'avril 1726 (p. 845–846) :

« Quantité de boutiques de la foire Saint Germain ont été occupées cette année par des gens qui donnent à jouer à la Roulette. Ce jeu est extrêmement en vogue depuis deux ou trois ans. C'est un plan incliné fort uni, construit de bois de noyer, avec une bordure, monté sur un pied de la hauteur d'un billard. Sa largeur est d'environ trois pieds et demi et sa longueur de cinq ou six ; deux rigoles sont pratiquées aux deux côtés. La boule qui doit décider du sort des joueurs est poussée de bas en haut par une de ces rigoles, dont l'extrémité est coudée ; elle entre dans le jeu, et après avoir heurté contre divers petits rochers disposés de façon qu'ils la détournent en tous sens, elle continue de rouler par son propre penchant, et vient entrer dans un des portiques qui sont au bas du jeu ; ces portiques sont

xxiv

FIGURE 1 – Le jeu du portique - A. Trouvain,
« Premier appartement » [estampe], 1694.

les uns blancs, les autres noirs, alternativement, et l'ouverture n'est pas plus large que la grosseur de la boule. Leur voisinage excite un grand mouvement de crainte et d'espérance, ce qui rend ce jeu très piquant ; car la différence de la perte au gain, est celle du blanc au noir. La boule est blanche ou noire, au choix de celui qui la tient, lequel joue contre tous les autres joueurs. S'il prend la boule blanche, il faut que cette boule entre dans un portique blanc pour gagner ; si elle entre dans un portique noir, il a perdu, et de même quand il choisit la boule noire. Dans les fameuses roulettes il y a des coups où l'on voit plus de 50 pistoles sur le jeu. Il en est de celui qui tient la boule, comme de celui qui a la main au lansquenet, il ne la quitte point tant qu'il gagne. À chaque coup celui qui a la boule donne cinq sols au maître de la roulette, et cette rétribution, toute petite qu'elle paraît, produit très considérablement. Il y en a telle où l'on prétend qu'on joue jusqu'à deux mille coups dans un jour. »

Le succès de cette roulette est tel qu'un édit royal l'interdit en octobre 1726, à l'exception de celle de l'hôtel de Gesvres.

À quelle date apparaît alors la roulette telle que nous la connaissons, où la rotation du plateau en sens inverse de la boule vient compliquer les tricheries ? Si Goudar ne mentionne ni en 1757 ni en 1758 cette innovation qui doit être de quelque importance pour les tricheurs, on peut penser qu'elle n'est pas encore à cette date très répandue. Mais on lit dans un ouvrage publié en 1765, *L'Éducation du jeune comte D. B****, p. 59–61 :

« Il y avait alors, dans cette Capitale, deux fameuses académies de jeu qu'on aurait pu nommer à plus juste titre, deux coupe-gorges privilégiés. Le premier était sous la protection, et dans l'hôtel même, du gouverneur de la ville ; et l'autre sous la protection d'un prince étranger, lesquels retiraient, tous les deux, des revenus très considérables de ce beau privilège. Dans ces deux nobles académies se rendait régulièrement, tous les jours, vers les quatre heures de l'après-dînée, tout ce qu'il y avait à Paris de joueurs de profession, depuis le prince jusqu'au dernier de ses valets. Quatre grandes salles, qui étaient distinguées chacune par le rang et la qualité des joueurs, suffisaient à peine à la multitude de gens qui y venaient en foule hasarder sur un coup de dés, sur une carte, sur un tour de roulette toute leur fortune, et celle de leur famille, laquelle y passait, quelquefois en un instant, en d'autres mains. [...]

« Une cinquantaine de joueurs, rangés autour de deux roulettes, faisait voler par poignées les louis d'or sur une machine, qu'on pouvait nommer à juste titre la roue de la fortune. Dans le moment que cette petite roue était en mouvement, mes yeux, se promenant sur les visages des acteurs, y voyaient peintes d'après nature, toutes les diverses passions dont leurs âmes étaient agitées. La crainte et l'espérance y paraissaient alternativement, et s'évanouissaient un moment après, avec le mouvement de la roue, pour faire place à la joie la plus pétulante, ou au plus affreux désespoir. Ce qui rendait cette dernière passion encore plus vive et donnait aux joueurs une difformité qui avait quelque chose d'effrayant et d'horrible, c'est qu'ils ne pouvaient soulager leur rage comme font ordinairement les désespérés, par les juremens, les blasphèmes, et les imprécations qui étaient défendues dans ces ruineuses assemblées, sur peine d'amende, et d'en être honteusement exclus. »

Le détail soulève une question intéressante : *L'Éducation du jeune comte D. B****, signée « M. de Raguenet » est généralement attribuée à François Raguenet, mort en 1722 ; comment expliquer alors cette roulette moderne ?

La présente édition reprend le texte de l'édition princeps *de 1757, et indique entre crochets les passages supprimés dans l'édition « pirate » mais pilotée par Goudar de 1758. L'orthographe et la ponctuation ont été modernisées. Les notes de bas de page de Goudar sont indiquées par la mention « Note de l'auteur », abrégée en « [NdA] ».*

... quid non mortalia pectora cogis,
Auri sacra fames ?

« Ô exécrable faim de l'or, à quoi ne
portes-tu pas le cœur des mortels ? »

Virgile, *Æneid.*, III, 56–57.

ÉPÎTRE AUX GRECS
FRANÇAIS [1]

J'aurais dû dédier cet ouvrage à la *Sérénissime république de Venise* [2] ; car c'est à elle à qui le monde est redevable de

---

1. Cette épître figure au début de la deuxième partie de *L'Histoire des Grecs* dans l'édition marquée « Chez Nourse, Londres, 1758 », mais ni dans la version originale ni dans la version pirate supervisée par Goudar de 1757. Est-elle de sa main ?

2. Les Vénitiens, comme bien d'autres peuples, avaient alors la réputation d'être volontiers tricheurs ; la salle de jeu de la Redoute ou *Ridotto*, dont parle Goudar au paragraphe suivant, était célèbre dans toute l'Europe. D'après M. Vaussard, « à Venise le jeu apparaissait une manière d'institution publique qui, par l'impôt, rapportait annuellement quelque cent mille écus pour la seule salle du Ridotto » ; *La Vie quotidienne en Italie au XVIIIᵉ siècle*, Paris : Hachette, 1959, p.180. Créée en 1638, la salle du Ridotto est ouverte jour et nuit pendant le carnaval. Seuls les patriciens, et notamment les rejetons de familles nobles ruinées (bien souvent par le jeu) ont le droit d'y tenir banque ; eux seuls ont le visage découvert, les roturiers doivent être masqués, et tous doivent observer le silence. Guardi et Longhi ont immortalisé l'atmosphère étrange de ces lieux : des figures masquées de toutes conditions se pressent autour de dizaines de tables de jeu, au seul bruit du tintement des masses de sequins et des chuchotements étouffés (voir Détis et Knopper, *S'amuser en Europe au Siècle des Lumières*, Toulouse : P. U. du Mirail, 2007, p. 121-124). Le phénomène du jeu à Venise ne cesse de prendre de l'ampleur au fil des XVIIᵉ et XVIIIᵉ siècles : en 1744, la ville compte 118 *casini* privés, où l'on peut jouer à l'abri des regards (discrétion particulièrement propice

cette foule de fripons qui l'inondent aujourd'hui.

Ce fut dans la *camera longa*[1] où se développèrent au jeu ces premiers éléments de filouterie qui se sont répandus ensuite chez les différents peuples, et qui ont fait de chaque État de l'Europe une république de Grecs.

Mais je suis trop bon français pour dérober à ma nation la part qu'elle a eue à ce glorieux événement.

Sans *camera longa*, la ville de Paris, et plusieurs autres du royaume, firent bientôt de si grands progrès dans l'art de corriger la fortune, qu'elles surpassèrent Venise, et dans peu osèrent le disputer à Turin même.

Je croirais manquer au droit des gens des Grecs, si je dédiais cet ouvrage à tout autre qu'aux Grecs français.

Je vous présente donc cette histoire : à vous, fameux L..., la crème des Grecs.

À vous, illustre B..., le superfin[2] des joueurs d'avantage.

À vous, incomparable M..., le *non plus ultra* de la filouterie.

À vous, vieux chevalier de P..., qui avez blanchi sous les drapeaux de la Grèce, et qui comptez le nombre de vos friponneries par celui de vos jours.

---

aux tricheurs à en croire Goudar). Devant les proportions prises par le phénomène, les autorités font fermer le Ridotto en 1774 ; comme à chaque fois que de telles mesures ont été prises ailleurs en Europe, les joueurs se replient vers les tripots clandestins, et la situation empire. L'épisode suscite les sarcasmes des Grecs de toute l'Europe : Goudar, décidément porteparole de cette guilde, ne peut s'empêcher d'en dire un mot dans les *Lettres sur les divertissements du carnaval de Naples et de Florence* qu'il signe du nom de sa femme : en bon économiste et sur un ton misérieux, miburlesque, il accuse, non sans lucidité, les autorités vénitiennes d'avoir tué la circulation de l'argent dans leurs états. On pourra consulter le passage en annexe p. 225 ; c'est un bel exemple du style mêlé si étonnant de l'aventurier montpelliérain.

1. [NdA] *La Grand-Chambre de Redoute où l'on joue.*

2. *Superfin* : de la meilleure qualité ; qui incarne la perfection dans son genre.

À vous enfin Grecs de toutes les conditions, de tous les rangs, de toutes les classes, de tous les arts, de toutes les professions, de tous les âges, et de tous les sexes, etc.

Continuez illustres Grecs, à soutenir l'honneur de la nation ; et faites que par une suite d'exploits glorieux, les siècles à venir, en parlant des Français d'aujourd'hui, puissent s'écrier : « *oh quanto eranno dritti ! Oh quanto eranno drittonni*[1] *!* »

Je suis,

Illustres Grecs,

Le plus humble, le plus obéissant, et le plus respectueux admirateur de vos rares talents.

---

1. *Dritto, drittone* signifie « droit », mais aussi « adroit », « rusé », « malin ».

Préface

Ce n'est point ici l'histoire de la friponnerie. C'est seulement l'histoire des fripons.

Comme l'une paraît nécessairement liée à l'autre, j'avais d'abord formé le plan de les donner ensemble ; mais ayant fait réflexion que je réduirais tout d'un coup à la mendicité une foule d'honnêtes gens qui vivent aujourd'hui honorablement du métier de fripon, j'ai abandonné ce dessein.

Si le public était une fois informé des moyens que les Grecs mettent en usage pour tromper ceux qui jouent avec eux, dès ce moment il n'y aurait plus de dupes.

Pour lors que deviendrait cette quantité prodigieuse d'hommes d'épée, ces hommes à plumet, qui n'ont d'autre revenu que celui de leur savoir-faire au jeu ?

Que ferait ce grand nombre de gens à équipage, dont la fortune est fondée uniquement sur la réjouissance[1], ou sur un sonnet ?

Enfin que deviendraient tant de femmes de condition, de vieilles marquises, de douairières, et « tant de demoiselles

> Qui sans le lansquenet[2] et son produit caché,
> De leur faible vertu feraient fort bon marché[3] ? »

---

1. La *réjouissance* est un type de mise au jeu du lansquenet.
2. Voir p. 168, note 2.
3. Citation de la comédie *Le Joueur*, de Regnard, représentée pour la

[Malgré ces considérations, il ne sera pas impossible que je ne [*sic*] donne dans les suites un ouvrage qui révélera tous les secrets de la cabale, à moins que les Grecs, pour m'obliger à garder le silence, ne me fassent une pension considérable.

J'y suis d'autant plus porté, que j'ai pris l'investiture[1] de tous leurs tours, et que je suis en avance des frais que j'ai faits pour cela ; ayant depuis six mois à ma solde quatre des plus fameux Grecs du royaume, qui me donnent leçon deux fois par jour.

Quoi qu'il en soit, si trois mois après la publication de cette brochure, je ne reçois les premiers quartiers de ma pension, il paraîtra un livre qui aura pour titre *Le Parfait Fripon*[2], dans lequel on trouvera un détail général de toutes les filouteries des joueurs qui corrigent la fortune ; il sera suivi d'un dictionnaire contenant tous les termes de l'art de filouter, avec des planches où seront gravées toutes les machines, les outils, les ustensiles, et les ingrédients qui composent la boutique d'un Grec[3].]

Je commence cette histoire, non à l'origine des filous, parce qu'il aurait fallu remonter pour cela à la création du monde ;

---

première fois en 1696, et publiée dans le volume II de ses *Œuvres* en 1731 (acte I, scène 10). Toutabas, maître de tric-trac, y répond à la question de savoir s'il est riche : « Le jeu fait vivre à l'aise / Nombre d'honnêtes gens, fiacres, porteurs de chaise ; / Mille usuriers fournis de ces obscurs brillants / Qui vont de doigts en doigts tous les jours circulants ; / Des Gascons à souper dans les brelans fidèles ; / Des chevaliers sans ordre ; et tant de demoiselles / Qui, sans le lansquenet et son produit caché, / De leur faible vertu feraient fort bon marché, / Et dont tons les hivers la cuisine se fonde / Sur l'impôt établi d'une infaillible ronde. »

1. *Investiture* : acte par lequel un seigneur donne une terre à son vassal.

2. Probable clin d'œil au *Parfait Négociant* (1675) de J. Savary, traité de commerce qui connut au XVIIIe siècle un fort succès et de nombreuses réimpressions. La suite du paragraphe est sans doute une référence sur le même mode burlesque à l'*Encyclopédie* de Diderot et D'Alembert, en cours de publication depuis 1751.

3. Les passages entre crochets sont supprimés dans l'édition pirate.

mais à l'établissement des hôtels de Gêvres et de Soissons [1] à Paris ; cette époque est celle de leur réunion, et c'est alors qu'ils se prêtèrent mutuellement du secours, et formèrent une espèce de corps.

Il est vrai que les Grecs avaient brillé quelques années auparavant en France, et que la plupart avaient fait des fortunes considérables au jeu.

Je veux parler du Mississippi [2] ; c'est-à-dire lorsque les plus riches particuliers du royaume portaient tout leur bien dans leur poche, et par conséquent celui [sic] où les joueurs pouvaient s'enrichir dans une seule partie.

Auparavant il fallait deux séances aux Grecs pour tirer parti de leur savoir-faire ; c'est-à-dire gagner et ensuite se faire payer.

La première était assez aisée ; mais pour la seconde, elle souffrait des difficultés infinies : c'était ordinairement des procès,

---

1. Le duc de Gesvres, gouverneur de Paris, avait l'autorisation officielle de faire jouer en son hôtel au lansquenet et à la roulette ; quant au prince de Carignan, propriétaire de l'hôtel de Soissons, presque ruiné, il avait obtenu de la Cour l'autorisation de faire jouer chez lui au pharaon et au passe-dix – ce qui ne fit rien pour rétablir ses finances. Outre les résidences de quelques ambassadeurs étrangers qui jouissaient de la même tolérance, les hôtels de Gesvres et de Soissons étaient les deux seules maisons de jeu officiellement autorisées à Paris dans la première moitié du XVIIIe siècle, ce qui ne signifiait pas, comme Goudar l'indique, qu'on y fût à l'abri des voleurs et escrocs de toute sorte.

2. En 1717, le financier John Law rachète la Compagnie du Mississippi, qui jouit du monopole du commerce avec les colonies françaises d'Amérique du Nord. Rebaptisée Compagnie d'Occident, puis Compagnie des Indes, elle émet des actions qui donnent lieu à une intense spéculation entre 1717 et 1721. La passion du public est d'autant plus intense que le modèle de la société par actions reste relativement nouveau en France. En 1720, la Compagnie fusionne avec la Banque Royale, qui s'efforçait d'imposer son papier monnaie comme moyen de transaction à une échelle inédite jusque-là. La fin retentissante du système de Law et de la bulle du Mississippi, les fortunes immenses qui se sont faites ou défaites à cette occasion ont fortement marqué les contemporains, et leur ont laissé une méfiance tenace à l'encontre du papier-monnaie.

dans lesquels la police intervenait toujours.

Mais lors du Mississippi, perdre et débourser n'était qu'une même chose.

Tous les prétextes pour différer de payer les sommes qu'on perdait au jeu étaient éludés. Il ne s'agissait plus de se récrier sur la difficulté de porter sur soi des sommes considérables ; un portefeuille suffisait.

Cet avantage était suivi de plusieurs autres.

Quoique le papier, lorsqu'il est bon, représente l'argent, et devienne par là un argent lui-même, on peut dire cependant qu'on n'en a pas machinalement la même opinion que de l'espèce. Un joueur perdra souvent dix mille écus en billets, qu'il ne perdrait pas deux cents louis en argent comptant[1]. Voilà l'homme : ce qui est d'une certaine couleur l'affecte plus que ce qui est d'une autre.

Un métail[2] le décide, et non ce qui le représente. Il n'est pas question dans ce moment de la chose, mais de l'opinion qu'on en a. Tel joueur qui avant le système[3] n'aurait pas été assez hardi pour mettre deux écus sur une carte, y mettait alors un billet de cinq cents livres[4].

La rapidité avec laquelle les fortunes se faisaient alors en France formait elle-même une moisson abondante pour les joueurs. Comme un Mississippien voyait dans un jour doubler et tripler le capital de ses richesses, on se livrait facilement au jeu, parce que les pertes qu'on y faisait n'étaient pas considérées

---

1. Il est difficile d'établir le cours exact des monnaies d'Ancien Régime, mais il semble qu'au milieu du XVIIIe siècle un louis ait valu à peu près deux écus. Les mises auraient donc été selon Goudar multipliées par vingt-cinq.

2. *Métail* : (anc.) métal.

3. Le système de Law, cette union entre une compagnie de commerce colonial monopolistique et une banque quasi-nationale.

4. L'écu vaut de trois à six livres au XVIIIe siècle ; les mises en billets seraient donc cent fois plus importantes que les mises en pièces.

comme telles, mais seulement une diminution sur les profits immenses qu'on faisait d'un autre côté.

Beaucoup de gens, qui jusque-là avaient été privés des richesses, et qui à cause de cela n'avaient pu satisfaire leur passion pour le jeu, s'y livraient alors sans ménagement.

Comme le système avait fait sortir l'argent des coffres des usuriers, et des compagnies qui le tenaient auparavant renfermé, tout le monde en avait, et par conséquent les joueurs aussi.

D'un autre côté, une foule de provinciaux, sur le bruit des grandes fortunes qui se faisaient à Paris, y accouraient de toutes parts, et apportaient des sommes considérables pour acheter des actions, et partager avec les Parisiens les profits du Mississippi.

Les Grecs qui les attendaient à l'arrivée de la diligence tâchaient par le moyen des cartes de faire en sorte qu'ils ne changeassent pas tout leur argent en papier.

Le mouvement général qui était alors dans les esprits, et l'attention des tribunaux et de tous les ordres de l'État pour cette grande affaire laissaient aux joueurs d'avantage une pleine liberté de conscience. La police était alors trop occupée des vols, des meurtres, et des assassins occasionnés par un changement si brusque et si peu usité dans les finances générales de la monarchie, pour ne pas perdre de vue les filouteries particulières des joueurs. Pour le coup il y eut pour eux à la police *relâche au théâtre*.

Par une anecdote qui s'est trouvée dans les archives d'un fameux Grec, on a vu que cent filous du temps du Mississippi avaient gagné au-delà de douze millions. On doit juger par cette somme, levée par quelques particuliers, à combien devait monter celle de tous les joueurs ensemble. Il y eut une quantité de terres en décret[1], qu'ils achetèrent.

---

1. *En décret* : saisies par la justice.

La Grèce d'alors changea d'état. La plupart de ses membres ne passèrent plus pour de misérables aventuriers ; ce furent des seigneurs de place, des possesseurs de grands fiefs.

La plupart même abandonnèrent le jeu pour vivre en gens d'honneur, car c'était alors comme aujourd'hui une des principales maximes de la vie civile, *que lorsqu'on a fait sa récolte par le métier de fripon, il faut le quitter pour faire l'honnête homme.* Bien entendu qu'on ne doit pas se dessaisir du produit de la friponnerie.

Presque tous ces Grecs, à la faveur de leurs terres et de leurs châteaux, se marièrent avantageusement dans le royaume. La plupart firent des alliances considérables dans la noblesse d'épée et de robe.

Il y a apparence que c'est à ces mariages que nous devons tous les Grecs de condition qui sont aujourd'hui en France ; car je crois bien que l'éducation rectifie les mœurs, mais elle ne change point le physique de l'homme.

Peut-être que ce n'est qu'à la quatrième génération qu'une postérité issue d'un sang grec peut être entièrement purgée de cette gale de la filouterie. Or comme depuis le Mississippi nous ne sommes encore qu'à la première, voilà ce qui fait sans doute que l'espèce existe en son entier.

Quoi qu'il en soit, on ne trouve point dans l'histoire de France qu'avant le règne de Louis XIV, aucun Grec fût gentilhomme, ou qu'un gentilhomme fût grec.

Il y eut après le Mississippi une espèce de trêve dans la Grèce. Un grand nombre de joueurs s'étaient retirés dans leurs terres et dans les villes de province, où à la faveur du revenu de leur filouterie, ils faisaient les hommes d'importance.

Comme tous ceux qui faisaient alors du bruit dans le monde, et donnaient dans des dépenses extravagantes, ils étaient regardés comme Mississippiens ; les Grecs furent confondus avec eux. Mais ce qui avait le plus contribué à établir la suspension d'armes chez les Grecs, ce fut la misère générale qui suivit de près cette grande affluence de richesses qui avait offusqué tout d'un coup la France.

On ouvrait de grands yeux sur l'indigence publique. On se demandait réciproquement qu'étaient devenues ces sommes immenses d'or et d'argent qui avaient paru et disparu tout à la fois. Personne n'avait le sol[1] dans le royaume. Il n'y avait que quelques actionnaires qui avaient réalisé à temps, et qui regorgeaient d'or et d'argent ; mais ceux-ci ne formaient qu'un point imperceptible, en comparaison de cette foule de citoyens qui se trouvaient réduits à la mendicité.

Quoiqu'on fût encore au dernier acte de la tragédie, on pouvait à peine croire que cette sanglante pièce eût été jouée.

La plupart prenaient la scène du Mississippi pour un songe ; mais les joueurs qui étaient restés dans Paris s'aperçurent bientôt que c'était une réalité.

La Grèce était donc tombée en quenouille[2] ; d'autant plus que les joueurs d'alors n'avaient aucune liaison ensemble, ne formant pas un corps, comme ils firent dans la suite.

D'ailleurs quoique les Grecs du temps du Mississippi eussent gagné des sommes considérables, leurs pratiques de filouterie étaient très imparfaites. Les talents supérieurs dans l'art de corriger la fortune étaient réservés pour nos temps. Les hôtels *de Gêvres et de Soissons* tirèrent la Grèce de l'état d'engourdissement où elle était tombée, et formèrent cette noble émulation qui a donné depuis tant de fripons à la France.

Je fais donc commencer l'histoire des Grecs à cette époque et je parcours dès lors ses différentes périodes ; je suis leurs révolutions, leur plan, leurs vues, leurs marches et leurs contre-marches.

---

1. *Le sol* : le sou.

2. À l'époque, on dit d'une famille qu'elle *tombe en quenouille* quand son héritière est de sexe féminin. L'expression vaut aussi pour les États.

Au reste, je dois prévenir ici que les mémoires sur lesquels j'écris cette histoire sont très bons ; ils m'ont été fournis par douze Grecs des plus illustres de l'Ordre, dont quatre avaient été condamnés aux galères perpétuelles, les autres huit à une prison à vie, et qui par là ayant perdu tout espoir de faire valoir leurs talents, n'avaient aucun intérêt de déguiser la vérité.

Entre plusieurs choses singulières, même neuves, et tout à fait inconnues aux lecteurs qui ne sont pas Grecs dont ce livre est rempli, on croira peut-être que l'établissement des Grecs en république politique et civile soutenue par des lois et des règlements dont on trouve ici le plan est une pure fiction ; que ses fondateurs ainsi que ses législateurs n'ont jamais existé ; mais la vérité est que ce projet fut formé en 1728 par un fameux Grec appelé le marquis de Mont***, de qui je tiens cette anecdote, et qui est mort en Hollande il n'y a pas encore deux ans.

Il est vrai que je ne suis pas entièrement exact sur cet établissement ; car si j'avais voulu rapporter toutes les folies et les extravagances qui furent proposées à ce sujet, j'en aurais rempli six volumes.

Je ne mets sous les yeux du public que les pièces les plus propres à faire reconnaître le génie des filous de ce temps-là.

Je crois bien que tous ces règlements n'ont pas été exécutés ; mais ce dont je suis assuré, c'est qu'ils ont été écrits.

Quoique cette histoire paraisse une des moins intéressantes qui aient paru depuis longtemps dans la république des lettres, elle ne sera peut-être pas si inutile qu'on pourra le présumer d'abord.

Elle servira du moins à peindre nos mœurs à la postérité, et à apprendre aux hommes qui viendront après nous à connaître ceux qui les ont précédés.

Peut-être même que la manière dont elle est écrite pourra être de quelque utilité au siècle présent. Du moins il est certain que le moyen le plus propre pour corriger les hommes est de jeter du ridicule sur leurs vices. Ce qu'il y a de sûr, c'est que celui du jeu a besoin aujourd'hui d'un grand correctif.

On ne trouve rien de semblable en nos histoires anciennes. La France est aujourd'hui un bois plein de filous. On ne saurait jouer dans presque aucune maison du royaume sans s'exposer à être volé.

Les palais des Grands ne sont pas plus sûrs que les maisons des plus petits particuliers. Les fripons se sont introduits partout, et se trouvent partout.

Je ne mets point les noms des acteurs qui jouent quelque rôle dans ces mémoires. Après la lettre initiale de leur nom, je désigne le reste par des points, ou des étoiles. Peut-être que le lecteur trouvera celles-ci en trop grand nombre ; mais j'aime mieux qu'il y ait cette petite irrégularité dans mon ouvrage, que si on avait à me reprocher d'avoir déshonoré une foule de familles qui portent aujourd'hui les mêmes noms que ces Grecs.

Tel en lisant ces mémoires, en rira, qui aurait été au désespoir si je n'avais employé le masque de l'anonyme. Les noms des principaux personnages écrits en toutes lettres auraient pu faire trouver ici le bisaïeul, le grand-père, le père, l'oncle, le neveu, le cousin d'un grand nombre de mes lecteurs.

Beaucoup d'honnêtes gens qui tiennent aujourd'hui un rang distingué dans le monde, voyant par cette histoire qu'ils doivent leurs charges et leurs postes aux friponneries de leurs pères, n'auraient pu la lire sans horreur. C'eût été alors un livre abominable ; au lieu qu'il pourra passer pour une brochure amusante.

Première partie

Notre langue a des richesses que les autres langues de l'Europe n'ont point. Par exemple, dans tous les idiomes du monde un homme qui vole de l'argent au jeu s'appelle un fripon ; en France point du tout, on le nomme aujourd'hui un Grec [1]. Si l'on prend ce mot dans toute son étendue, et qu'on l'applique aux différentes professions et aux différents états, on trouvera que l'origine des Grecs est aussi ancienne que le monde ; car de tout temps les hommes ont aimé à s'approprier le bien d'autrui : c'est un sentiment général.

C'est la société elle-même qui a fait le mal. Lorsqu'on eut établi des propriétés, et que ces propriétés eurent formé des rangs et des honneurs, chacun voulut avoir ce qui seul pouvait le distinguer des autres. Les lois ont bien arrêté depuis quelques effets particuliers de ce désordre, mais elles n'ont pas corrigé la cause générale [2].

---

1. [NdA] L'application de ce mot aux joueurs d'avantage est venue de ce que les anciens Grecs étaient naturellement fins et rusés, cherchant toujours à faire des dupes. Le premier qui se servit de ce nom fut un Chevalier de M***. Il appela Grecs tous les fripons qui étaient alors dans Paris, et il en prit lui-même le nom.

2. On sent dans ce passage l'écho (parodique ?) du *Discours sur l'origine et les fondements de l'inégalité parmi les hommes* de Jean-Jacques Rousseau, publié en 1755.

Qu'on me passe en débutant ce trait d'enthousiasme : c'est peut-être le seul que l'on trouvera dans ce livre.

Politiques, chefs du peuple, législateurs, ne vous y trompez pas ! Le système de société, que l'on regarde comme le chef-d'œuvre de l'esprit humain, est la source de tous les vices qui, sans lui, n'eussent jamais existé dans le monde. Le seul moyen de rectifier la corruption de la nature, c'est de la remettre dans son premier état d'existence : en un mot, faut-il vous parler clair ? Voulez-vous rétablir la candeur, la bonne foi, l'honneur et la probité sur la terre ? Renvoyez les hommes dans les bois.

Mais quoi ! dira-t-on, des êtres bruts, des sauvages, des Iroquois sans arts, sans savoir, presque sans système de gouvernement politique et civil, pourront avoir eux seuls les vertus qui servent à caractériser l'être le plus parfait qui soit dans la nature ? Oui précisément, eux seuls peuvent les posséder dans cette pureté qui les rend vertus.

On peut dire en général que tous les hommes sont aujourd'hui grecs par système d'existence. C'est leur lot d'être fripons.

Dans quelque rang que la fortune les fasse naître, elle ne change pas l'acteur, mais seulement le rôle.

La Cour et la Ville ont leurs Grecs. Il y en a d'épée, de robe ; dans les arts et les sciences ; dans le commerce et l'industrie, dans les métiers et professions.

Le premier état n'en est pas plus exempt que le second, et celui-ci que le dernier[1]. Les moyens seuls que toutes ces classes emploient sont différents.

Je voudrais que quelque casuiste me dise la différence qu'il y a entre une compagnie de gens d'affaires, qui établissent un système de friponnerie, et une compagnie de joueurs qui en forment un de filouterie ?

---

1. Les trois « états » qui composent alors la société française : la noblesse, le clergé, et le tiers état, qui regroupe tous ceux qui ne sont ni religieux ni nobles.

Qu'un financier vole une somme par un trait de plume, ou qu'un Grec la filoute par un coup de dés, je ne vois pas lequel des deux est le plus honnête homme.

Qu'un marchand ait des livres faux pour tromper le public, ou qu'un Grec ait de fausses cartes pour tromper les dupes, cela revient précisément au même.

L'oisiveté, qui règne ordinairement partout où le luxe et le faste sont établis, fit qu'en France, sous le règne de Louis XIV, une foule de gens se décidèrent pour la profession de joueur. La cour avait ouvert elle-même la porte à cette manie. Malgré la misère qui était alors dans le royaume, on y jouait des sommes immenses. Paris imita la cour, ce qui lui attira une foule d'étrangers de toutes les parties de l'Europe, qui y apportèrent un grand nombre de combinaisons de filouterie, qu'on ne connaissait pas auparavant, ou du moins dont on n'avait que des idées confuses.

Ce n'est point, comme je viens de le dire, que l'art de corriger la fortune fût nouveau. Je le tiens aussi ancien que le jeu même.

Dans toutes les affaires de la société, les hommes cherchent à prendre certains avantages les uns sur les autres : or le jeu est un affaire[1]. C'est un commerce momentané que chacun tâche de faire valoir à son plus grand profit.

[Si je ne craignais de me rendre odieux, je dirais que le plus honnête joueur est un fripon ; et que cela ne diffère que du plus au moins.

Qu'on me montre un honnête homme, qui au jeu, dans un coup où il s'agit d'une somme considérable, s'il peut profiter de certains avantages sur son antagoniste (je parle d'un avantage équivoque), ne le fasse pas ; et je dirai alors avoir trouvé le phénix des joueurs.]

---

1. Le mot *affaire* est d'abord masculin, puis tolère les deux genres à partir du XVIe siècle. Le féminin s'impose peu à peu au XVIIIe siècle.

Un Grec disait un jour que les honnêtes gens lui avaient appris eux-mêmes à devenir fripon.

« En jouant avec moi, ajoutait-il, je leur voyais prendre tant de petits avantages que j'en conclus que je ne serais pas plus déshonoré qu'eux en en prenant de grands. »

Qu'on y fasse bien attention, on trouvera que la société est remplie de petits filous honoraires, qui parce qu'ils ne volent pas de grosses sommes, qu'ils ne font pas des friponneries manifestes, croient être en droit de ne pas entrer dans le catalogue des Grecs.

L'art de corriger la fortune a ses départements généraux et ses branches particulières.

Il y a plusieurs classes de Grecs.

1. Ceux qui le sont sans le savoir.

2. Ceux qui se soupçonnent eux-mêmes de l'être.

3. Ceux qui en font profession ouverte.

Toutes ces classes ont ensuite leurs divisions et leurs subdivisions particulières [: car il y a des nuances dans le vice comme dans la vertu.]

Toute la différence qui se trouve entre ces prétendus honnêtes joueurs et les fripons, c'est que les uns volent en détail, et les autres en gros.

J'ai insisté sur ce point parce que la France est aujourd'hui remplie d'honnêtes fripons qui font plus de mal à la société que les filous avérés ; car on se défie des uns parce qu'on les connaît ; au lieu qu'on ne saurait se mettre à l'abri des autres, parce qu'on ne les connaît pas.

Je ne dis point absolument qu'il n'y ait aucun honnête joueur : je dis seulement qu'il y en a fort peu[1].

---

1. [NdA] Pour être persuadé de ceci, il ne faut que faire l'analyse de cette passion ; il est certain qu'elle met en mouvement toutes les autres. Tous les joueurs en général aiment les femmes, la dépense, la parure, et la

Ce sont toujours les noms qui décident des choses. Tandis que ceux qui corrigeaient la fortune au jeu furent appelés fripons, il n'y eut que quelques malhonnêtes gens qui voulurent l'être ; mais lorsque les fripons ne furent que des Grecs, une foule d'honnêtes gens se firent fripons.

Ce furent proprement les hôtels de Gesvres et de Soissons[1] qui donnèrent en France un espèce d'établissement aux joueurs. Jusque-là les Grecs avaient exercé leurs talents séparément, et fait valoir leur industrie comme ils avaient pu. La plupart n'avaient aucune méthode.

Les moyens qu'ils employaient pour corriger la fortune étaient grossiers, mal entendus : en un mot, l'art de la filouterie était encore dans son enfance.

Mais après l'établissement de ces deux hôtels, tout changea de face chez les Grecs : comme les pertes nécessaires[2] qu'on y faisait étaient considérables, une foule de gens se trouvaient continuellement aux expédients, et par conséquent toujours prêts à embrasser toute sorte de moyens pour en gagner.

Outre ce premier motif, il y en avait encore un autre ; je veux dire que ces deux hôtels étaient devenus le rendez-vous général de tous les plus malhonnêtes gens de Paris.

Jusque-là, les Grecs ne s'étaient vus que de loin dans la foule ; et faute d'occasions de se communiquer leurs talents, la plupart étaient restés enfouis : mais lorsqu'ils eurent un point fixe de réunion, la Grèce prit une nouvelle forme.

---

table. Les revers que la Fortune leur fait souvent éprouver ne diminuent pas ces passions ; au contraire elles en augmentent l'activité ; et pour lors la probité la plus épurée est bien faible contre tant de désirs : tout le monde sait le proverbe qui dit qu'au jeu on commence par être dupe, et qu'on finit par être fripon.

1. [NdA] On y jouait aux jeux de hasard indépendamment des ordonnances qui avaient été rendues jusque-là contre ces jeux.

2. [NdA] Les frais du jeu étaient immenses.

Ce fut dans ces hôtels qu'on jeta les premiers fondements de ces grands projets de friponneries qui depuis ont fait tant d'honneur au génie de notre nation. On combina, on inventa, on calcula, on imagina, on créa ; on n'oublia rien enfin de tout ce qui pouvait aider à s'approprier adroitement l'argent d'autrui.

Dès lors, la filouterie fut subordonnée à certaines pratiques jusque-là inconnues ; et on vit paraître un nouvel art dans la manière de corriger la fortune. Les hôtels de Gesvres et de Soissons causèrent une révolution chez les Grecs. Il y eut des écoles de duperie ; des professeurs enseignèrent à tromper. On apprit par règle à être fripon, comme on apprend aujourd'hui à être maltôtier [1].

Il était bien juste que ces hôtels éprouvassent les premiers les effets de tant de belles découvertes.

La roulette [2] paraissait en être à l'abri.

Ce jeu avait d'abord été imaginé, pour que le public pût jouer son argent en toute sûreté.

Il n'y avait d'autre duperie que celle des frais [3], qui étaient au-delà de toutes les proportions jusque-là établies en Europe à l'égard d'aucun jeu.

On avait bien fait d'abord quelques tentatives pour y faire jouer de malheur, soit par la position de la table, ou autres moyens ; mais ces friponneries avaient souvent eu un effet contraire ; et ceux qui voulaient duper avaient été souvent eux-mêmes pris pour dupes.

---

1. À l'origine, la « maltôte », est un impôt exceptionnel prélevé pendant une partie du XIIIe siècle et particulièrement impopulaire. « Maltôtier » désigne à partir de la fin du XIVe siècle les agents du fisc, et ironiquement le brigand, le détrousseur.

2. Pour plus de précisions sur le jeu dont il est question ici, assez différent de la roulette de casino moderne, voir la notice historique que nous proposons en fin de préface, ci-dessus p. xxiii.

3. Voir sur cette question un article du *Mercure de France* de l'époque reproduit p. xxvi.

Mais un Grec géomètre trouva un moyen. Il fit faire une roulette où les cases d'une couleur [1] étaient plus grandes que celles de l'autre, de façon que ceux qui étaient du secret [2], se servant de la balle dont les cases étaient plus grandes [3], avaient par là un avantage considérable.

Les Grecs se retournèrent ensuite du côté du lansquenet.

Il y en avait un considérable surtout à hôtel de Gesvres.

Jusque-là ceux qui s'étaient mêlés de corriger la fortune, n'avaient employé à ce jeu qu'une friponnerie grossière et très ancienne, qui était de faire sauter la coupe, et par là remettre les cartes dans la même position où elles étaient auparavant ; mais ce tour de main étant sujet à bien des inconvénients, on le réforma pour lui substituer ce qu'on appela depuis la carte large [4] de façon qu'après avoir fait couper tout uniment [5] à un autre Grec, il ne restait autre chose à faire au fripon qu'à ramasser l'argent des dupes.

Le pharaon [6] eut aussi ses réformes : on changea les tours

---

1. [NdA] Les cases étaient blanches et noires, de façon qu'en faisant les cases noires par exemple plus grandes que les blanches, il y avait un avantage pour celui qui savait la friponnerie, parce qu'il choisissait, prenait la balle blanche et passait plus facilement.

2. [NdA] Il fallait pour cela s'entendre avec les garçons de ces hôtels, ou les corrompre ; chose qui ne souffrait pas de grandes difficultés, la plupart étaient eux-mêmes des fripons. D'ailleurs cette supercherie ne diminuait point les frais du jeu, ils étaient toujours les mêmes. Il est vrai que le hasard pouvait faire que les joueurs, qui n'étaient pas du secret, prissent la même balle qu'eux ; mais alors les Grecs ne jouaient point contre eux, ou prenaient le parti de les soutenir.

3. Voir la notice sur l'invention de la roulette, p. xxiii *sq.* note .

4. [NdA] On mettait dans chaque jeu une carte un peu plus large que les autres, le Grec arrangeait une vole [*une vole* : gagner toutes les mains de la partie] par dessous, de manière qu'en coupant sur cette carte il faisait toutes les autres. Il fallait pour cela que les Grecs se distribuassent autour de la table, de manière que les uns coupassent aux autres.

5. *Tout uniment* : avec simplicité, sans détour.

6. Le jeu de pharaon est un dérivé à la mode au XVIIIe siècle de la bassette, plus ancienne. Pour le décrire à grands traits, chaque joueur

grossiers dont les anciens Grecs s'étaient servis en tours d'adresse de nouvelle invention. Mais comme ce jeu est entièrement combiné à l'avantage du banquier, et est en lui-même une espèce d'honnête friponnerie, on se réduisit à trouver des pontes[1], c'est-à-dire des dupes.

Le nombre des fripons s'accrut si fort à Paris qu'ils s'incommodaient réciproquement.

Le corps de la Grèce pensa à faire des établissements dans les provinces. Il fut résolu d'y envoyer des colonies de Grecs.

Il y avait une infinité de villes dans le reste du royaume, encore toutes neuves, c'est-à-dire qu'il fallait défricher, et où l'on n'avait pas les premiers éléments du nouvel art de friponnerie.

On vit soudain dans les principales villes de province une foule de gens à plumet, qui voyageaient, disaient-ils, pour changer d'air. On eût dit que quelque maladie épidémique régnait alors à Paris, tant il y avait de ces valétudinaires[2] dans les provinces.

Ils firent d'abord des levées considérables de bouclier en argent[3], qu'ils rapportèrent à Paris; car cette ville était la

---

mise sur une carte de son choix; le banquier retourne ensuite deux cartes d'un jeu de 52. Si un joueur a misé sur la première carte tirée, il perd et sa mise va au banquier. S'il a misé sur la seconde, il double sa mise. Purement fondé sur le hasard, le jeu est redoutable par sa simplicité, et surtout par un système de quitte ou double, qui par des combinaisons complexes nommées « petite paix », « grande paix » ou « paroli », incite le joueur gagnant à augmenter massivement ses gains – mais aussi et surtout ses pertes potentielles.

1. Les *pontes*, c'est-à-dire les joueurs, misent aux jeux de la bassette et du pharaon leur argent contre un *banquier*, ou *tailleur*. Les verbes *ponter* et *tailler* désignent leurs actions de jeu respectives.

2. *Valétudinaire* : personne à la santé fragile.

3. Si aujourd'hui « levée de boucliers » désigne une protestation générale, « faire une levée de bouclier » signifie à l'époque se lancer dans une grande entreprise mal à propos et sans effet. Le mot « bouclier », dans cette expression, reste au singulier aux XVIIe et XVIIIe siècles, au désespoir du grammairien Ménage, qui consacre à cette question le chapitre CCCII de

grande Athènes des Grecs modernes ; mais ils ne prirent qu'une fois les provinciaux pour dupes. Ceux-ci naturellement vifs et alertes, ouvrirent bientôt les yeux ; ils firent eux-mêmes de si grands progrès dans l'industrie, que dans peu ils devinrent maîtres.

De manière que ceux qui vinrent dans la suite pour les dépouiller le furent eux-mêmes.

Aujourd'hui lorsqu'à Paris on a besoin d'un grand sujet dans ce genre, on l'envoie chercher en province.

Quelques raisons de police ayant obligé le roi à faire fermer les hôtels de Gesvres et de Soissons[1], et à renouveler les anciennes ordonnances contre les jeux de hasard, les projets des Grecs furent un peu dérangés ; mais ils ne se déconcertèrent point.

Cette précaution qui eût été bonne d'abord, pour prévenir le désordre, ne l'arrêta pas.

Le train de vie était pris ; on avait goûté la douceur de gagner facilement de l'argent au jeu.

Bien des gens qui avaient quitté des professions pénibles pour mener une vie oisive ne surent plus les reprendre. D'un autre côté les besoins avaient augmenté ; ceux qui avaient coutume de vivre avec un revenu médiocre ne pouvaient plus subsister qu'avec un grand.

D'ailleurs il y avait comme une fermentation de jeu dans les esprits qu'on ne pouvait détruire d'abord[2].

---

ses *Observations sur la langue française*. Le sens même de l'expression a aussi évolué : Goudar mélange ici cette formule à une allusion érudite : le « bouclier en argent » rappelle la coutume romaine d'offrir aux dieux, puis aux empereurs des boucliers d'or ou d'argent.

1. Le lieutenant général de police Feydeau de Marville profite de la mort du prince de Carignan en 1741 pour faire fermer les deux maisons de jeu ; voir E. Belmas, *Jouer autrefois : essai sur le jeu dans la France moderne (XVIe–XVIIIe siècle)*, Paris : Champ Vallon, 2006, p. 200.

2. Aussitôt, tout de suite.

Les lois, les règlements, les châtiments même devinrent impuissants.

Cette engeance était trop nombreuse pour qu'on pût se flatter de la voir exterminée par un simple arrêt.

Le remède qu'on avait choisi devint lui-même un mal.

Les hôtels de Gesvres et de Soissons depuis leur interdiction ne procurant plus des dupes continuelles qui fournissaient à l'entretien journalier des Grecs, il fallut se donner de nouveaux mouvements pour en trouver d'autres.

Toute la Grèce de Paris se connaissait alors, et les hôtels de la roulette n'étant plus le lieu du rendez-vous général, on établit des assemblées dans les cafés.

Il fut délibéré dans une de celles-ci qu'on ouvrirait de nouveaux tripots dans différents endroits de la ville où l'on jouerait en cachette.

Ce fut dans ces lieux de ténèbres que se formèrent ces fameux filous, dont les friponneries ont étonné depuis l'Europe entière.

Lorsque la filouterie au jeu prend naissance dans un État, c'est toujours une mauvaise politique de défendre les assemblées publiques de jeu. Ces endroits, quoique funestes, portent en quelque façon avec eux leur correctif. C'est leur publicité même qui met des bornes aux progrès de la friponnerie. Comme parmi les dupes qui s'y trouvent, il s'introduit toujours une certaine quantité d'autres joueurs clairvoyants, et en état de défendre leur argent, les Grecs sont obligés de s'observer, et d'agir avec beaucoup de circonspection ; ce qui gêne leur génie ; mais dans les tripots cachés, comme tout y est amené, et qu'ils y choisissent leurs dupes, les duperies y sont plus assurées et les vols plus certains.

D'ailleurs la friponnerie jouit là d'une espèce d'immunité.

Dans les jeux publics, comme il s'y trouve par intervalle de braves gens, les Grecs y sont souvent exposés à des restitutions honteuses, quelquefois même à être jetés par les fenêtres ; au lieu que dans ces réduits cachés, ils ne sont pas sujets à ces accidents.

Malgré les défenses, le nombre des tripots augmenta considérablement, et par conséquent celui des Grecs se multiplia à l'infini.

La police dans tous les lieux du royaume, et surtout celle de Paris, eut beau faire des perquisitions et donner des exemples de sévérité, etc. ; tout cela fut inutile ; à mesure qu'on détruisait un de ces lieux, il s'en formait trois autres.

Au reste ce n'était pas seulement en France que les Grecs avaient fait de grands progrès. Les pays étrangers se distinguaient également dans l'art de corriger la fortune au jeu.

[Venise datait même là-dessus de plus loin que tous les autres états de l'Europe. Il n'y en avait alors aucun dans le monde qui pût lui en disputer la gloire.

La friponnerie chez elle était aussi ancienne que la République. L'art de corriger la fortune au jeu entrait dans les différentes manières d'acquérir les richesses ; en un mot, c'était là une affaire d'État : au lieu que dans les autres gouvernements tous les fripons étaient de malhonnêtes gens, là tous les honnêtes gens étaient des fripons.

Le Piémont ne cédait cependant en rien à cette république, et Turin était aussi fort que Venise, si même il ne l'emportait pas.

L'art de jouer avec dextérité s'était si fort perfectionné dans cette ville, et les pratiques en étaient si sûres, que jouer à quel [sic] jeu que ce fût avec un Piémontais et lui remettre son argent d'avance, c'était la même chose.

Le reste de l'Italie suivait assez de près les traces de ces deux villes.

Avignon[1] dans le Comtat avait sur tout fait des prodiges.]

---

1. On se souvient que Goudar est en Avignon lorsqu'il publie L'Histoire des Grecs.

Il n'y avait guère que les Allemands (si on en excepte les Saxons) qui étaient pris pour dupes par les autres nations, sans jamais connaître, chercher, ni prévenir la cause qui pouvait les empêcher de l'être.

Cependant les perquisitions réitérées que l'on fit quelques années après l'abolition des hôtels de Gesvres et de Soissons pour détruire les maisons particulières où l'on jouait les jeux de hasard, l'emprisonnement des propriétaires de ces maisons, les amendes considérables, et l'enlèvement d'une foule de joueurs de profession à qui l'on fit le procès, et qui furent condamnés à des peines afflictives, firent que les jeunes gens de famille et les étrangers craignant pour eux-mêmes se trouvèrent moins dans ces maisons ; ce qui en fit tomber un grand nombre. Mais celui des Grecs ne diminua pas pour cela.

Ils tournèrent alors toutes leurs vues du côté des jeux de commerce [1].

On les avait beaucoup négligés pendant que ceux de hasard avaient subsisté, parce qu'on les avait toujours considérés comme moins utiles.

Mais l'expérience fit bientôt découvrir qu'on s'était trompé, et qu'ils valaient infiniment mieux que les autres.

En général, il n'y a guère qu'une sorte de gens qui jouent les jeux de reste [2] ; comme ceux-ci entraînent toujours avec eux

---

1. Les *jeux de commerce* opposent entre eux trois joueurs ou plus, contrairement aux jeux de hasard où d'ordinaire les joueurs pontent contre un banquier. Surtout, ils reposent, au moins en théorie, sur le sens stratégique du joueur plutôt que sur des mécanismes purement aléatoires. La distinction est fine, et les abus nombreux ; il semble qu'à la fin du XVIIIe siècle, l'expression « jeux de commerce » désigne les jeux tolérés par les autorités par opposition aux jeux illégaux, comme le montre cet extrait de l'*Encyclopédie méthodique* de Panckoucke, dans le volume *Arts militaires* (1787) : « Nous avons compris sous le nom de *jeux de commerce*, les jeux de combinaison, et les jeux mixtes qui ne sont point expressément défendus par les lois, et que l'on joue en public dans la bonne compagnie », t. 3, p. 138.

2. Les *jeux de reste*, aussi appelés *jeux de banque*, opposent un banquier

une foule de conséquences qui influent en quelque façon sur la probité, il arrive de là que deux classes seulement d'hommes s'y adonnent ; je veux dire ceux dont la réputation est si délabrée, qu'ils n'ont plus rien à perdre de ce côté-là, et ceux qui par leur naissance et leur fortune, sont au-dessus des raisonnements du public ; tandis que tout le reste de la société se croit en droit de se livrer sans ménagement aux jeux de commerce.

Il y a donc plus de gens qui jouent ces jeux, et par conséquent plus de ressources pour ceux qui veulent y faire des dupes.

Les Grecs avaient été jusqu'ici des êtres isolés. Ils ne tenaient à la société civile que par les jeux de hasard.

C'était en quelque façon une classe d'hommes séparée des autres ; mais lorsque les jeux de commerce prirent leur place, ou que du moins on ne put en jouer d'autres, ils se trouvèrent dans un certain monde de joueurs dont ils ne faisaient point partie auparavant.

Le nombre des tripots où l'on jouait les jeux de commerce augmenta considérablement dans Paris, ainsi que dans le reste des villes du royaume.

Ce fut alors que les Grecs purent faire leur métier fort à leur aise. Ils se trouvaient par là en quelque façon protégés par la police, parce qu'elle n'avait aucune inspection sur ces maisons. On crut diminuer par ces défenses le nombre des joueurs, et on ne fit qu'augmenter celui des fripons.

Le quadrille fut le jeu qui leur fournit d'abord le plus de dupes ; car les avantages y sont très aisés : au lieu qu'aux jeux de hasard, il leur fallait une espèce d'apprentissage, ici

---

à un nombre indéterminé de pontes. Ils sont essentiellement fondés sur le hasard. Le lansquenet, le pharaon, le brelan sont des jeux de reste ; souvent interdits, ils sont très appréciés des Grecs pour leurs forts enjeux et les possibilités de tricherie qu'ils ménagent. Il est à noter que Féraud, dans son *Dictionnaire critique de la langue française* (1788), qualifie l'expression « jeu de reste » de « gasconnisme, commun dans toutes les provinces méridionales. » Est-ce un souvenir de la jeunesse montpelliéraine de Goudar ?

les Grecs se trouvaient maîtres du premier coup. Il ne fallait aucune adresse. Pour y tromper, il suffisait de le vouloir.

Deux Grecs dans une partie de quadrille n'avaient qu'à s'entendre pour s'approprier l'argent des deux autres joueurs ; il suffisait pour cela de convenir ensemble de certains signes [1], par lesquels ils se déclaraient l'un à l'autre leur jeu.

Le quadrille devint donc un Pérou pour les Grecs.

Les ressources qu'il leur procura dans les suites furent d'autant plus abondantes qu'on en fit dans peu une espèce de jeu de hasard [2].

Les incidents devinrent plus grands, les événements plus considérables, les vicissitudes augmentèrent, chaque coup devint décisif ; en un mot, le quadrille éprouva une révolution. Jamais on n'avait joué tant d'argent au jeu de reste.

On peut mettre en doute si les jeux de hasard des hôtels de Gesvres et de Soissons en avaient produit autant.

Le piquet fut une seconde mine d'or pour les Grecs. Ce fut alors qu'ils inventèrent, ou du moins qu'ils mirent en usage ce qu'on a toujours appelé depuis le service [3].

On avait fait de celui-ci comme du quadrille un autre jeu de hasard [4].

---

1. [NdA] Dans tous les jeux de commerce à quatre, on peut être trompé malgré toutes les précautions qu'on peut prendre pour éviter de l'être. Il suffit que deux fripons s'accordent ensemble ; car la duperie n'est point alors dans les cartes. Elle est dans l'avantage qu'on retire de la certitude de la position générale du jeu ; car deux joueurs en se communiquant mutuellement leur jeu par certains signes, se déclarent par là celui des deux autres.

2. [NdA] Voici une anecdote qu'on n'a jamais sue. En 1730 cent cinquante Grecs liés ensemble dans Paris se partagèrent dix-huit cent mille livres provenant du quadrille.

3. [NdA] Un Grec se mettait à côté de celui à qui on voulait gagner son argent, et par certains signes déclarait le jeu à l'autre.

4. [NdA] On imagina de jouer au point, au coup, au nombre de levées, de faire payer les as, les quatorze, les quintes, les pics, repics et capots.

Ce ne fut plus un jeu de combinaison. Ceux qui corrigeaient la fortune y avaient le même avantage qu'aux jeux de reste : enfin jamais ceux-ci ne leur avaient procuré autant de ressources. C'est quelque chose de prodigieux que l'argent qui fut filouté à ce jeu.

Les duperies continuelles qu'on y faisait y étaient d'autant plus assurées que depuis qu'on avait aboli les mauvais lieux où l'on donnait à jouer les jeux de hasard, il s'était répandu un air de probité chez les Grecs qui les mettait à couvert des soupçons qu'on avait sur eux du temps des tripots.

D'ailleurs la Grèce s'était illustrée : elle n'était plus composée comme auparavant d'un tas d'aventuriers.

Une foule d'honnêtes gens se mêlaient alors de faire le métier de fripon.

Les Grecs pour percer dans les maisons un peu décentes, avaient été obligés d'associer à leurs profits, et de faire part de leurs mystères à bien des personnes d'un certain rang. Ceux-ci n'avaient pas plus tôt goûté la douceur des gains un peu considérables qu'ils s'étaient dévoués entièrement à leur service, et avaient fait à leur tour d'autres prosélytes de la même classe.

Ces nouveaux Grecs avaient déjà plusieurs années de service qu'ils ne pensaient pas même de l'être. Tout dépend du préjugé.

Proposez à ce qu'on appelle dans le monde un honnête homme, de s'associer à une friponnerie de jeu de reste, cela lui répugnera d'abord, peut-être même y résistera-t-il ; mais accoutumez-le par gradation à certains petits avantages au jeu de commerce, il deviendra insensiblement fripon, sans soupçonner de l'être.

Quoi qu'il en soit, peu d'années après qu'on eut aboli les hôtels de Gesvres et de Soissons, il y avait une foule de gens distingués dans Paris qui étaient associés aux premiers Grecs, par conséquent qui étaient Grecs eux-mêmes.

La police était étonnée des sommes considérables qui se perdaient tous les jours au jeu. Mais elle avait les bras liés. Les fripons étaient dans les règles, ils volaient à des jeux permis.

Tandis que le nombre des Grecs se multipliait dans Paris, il augmentait aussi dans les autres villes du royaume avec la même proportion, et même au-delà.

En général on a plus de loisir en province. Une foule de gens désœuvrés n'y savent que faire. D'ailleurs, quoique les besoins soient les mêmes, les ressources y sont moindres. On y est naturellement pauvre parce qu'on n'y possède que des biens-fonds, tandis que presque tout le numéraire est à Paris. On y est donc plus porté à tirer avantage du jeu.

Ce n'est pas tout, Paris forme un théâtre immense. La scène qui varie continuellement fait qu'on ne s'y connaît [que confusément [1]. C'est le pays des superficiels. Dans la société on n'y va guère au-delà de l'extérieur.]

Dans les provinces c'est tout le contraire. La scène a des bornes ; on y voit l'issue de toutes parts. Tout le monde y connaît réciproquement ses facultés : on y mesure à l'œil les richesses d'un chacun. Les Grecs donc qui veulent cacher leurs marches, et qui y sont obligés, sans quoi ils ne trouveraient plus des dupes, doivent avoir des talents supérieurs.

Quoique les richesses donnent une certaine gaieté, la Grèce jusque-là avait eu un air triste et mélancolique. C'est que la scène générale des filouteries se passait d'homme à homme. Le beau sexe, qui répand partout un air d'enjouement, n'avait pas encore été admis dans les mystères du jeu. Jusque-là l'amour seul lui avait fourni des dupes.

Un Grec appelé le chevalier de S*** fut le premier qui y initia une femme ; et son exemple ayant été suivi de beaucoup d'autres, on vit bientôt paraître sur l'horizon du monde fripon une foule de Grecs [sic] femelles.

---

1. Édition pirate : « qu'à peine. »

Cette association manquait aux Grecs, pour donner à leur empire un état fixe et permanent.

Avant cette époque, les Grecs trouvaient des obstacles infinis pour lier les parties ; c'est-à-dire pour ramasser, unir, joindre, et rassembler les joueurs. Mais lorsqu'on eût des appeaux, la chasse des dupes fut sûre.

Avant l'établissement de cette association, le temps des parties en général était limité. Le souper mettait des intervalles qui causaient souvent de grands dommages aux Grecs ; ils n'avaient souvent le temps que de dépouiller les dupes à moitié.

D'ailleurs, comme la scène se passait d'homme à homme, on ne se gênait point ; la perte faisait quelquefois lâcher bien des mauvais propos. Une première brusquerie en amenait une seconde ; ce qui occasionnait souvent des querelles qui mettaient fin au jeu.

Les pertes étaient même moins considérables, car comme le jeu fait parler, et que dans les premiers moments de perte on se livre à ses premiers mouvements, on se déclarait souvent dérangé vis-à-vis des hommes avec qui on jouait, ce qui faisait qu'on ne se livrait pas tant.

Quoique les dettes que l'on contracte au jeu soient les seules qu'on paye exactement, parce qu'on y a joint un certain point d'honneur, il arrivait souvent que les sommes que les Grecs gagnaient aux dupes sur leur parole étant considérables, non seulement ils ne les payaient pas, mais même ils ne revenaient plus jouer, et par là il arrivait que les Grecs avec le capital perdaient le revenu de leur filouterie.

D'un autre côté le lieutenant de police [1] ne cessait de faire

1. La charge de lieutenant général de police, créée en 1667, conférait à son titulaire de vastes pouvoirs visant à maintenir l'ordre public. Au début du XVIIIe siècle, le marquis d'Argenson, qui exerça la charge pendant vingt et un ans (1697-1718), entreprit de resserrer la surveillance qui s'exerçait sur les maisons d'hôtes et les lieux publics, ce qui ne manqua pas de déranger les Grecs.

des perquisitions, et des emprisonnements lorsqu'il pouvait découvrir que les Grecs jouaient aux jeux de hasard (car il y avait toujours quelque tripot où l'on jouait ces jeux). Cela les décriait souvent, et empêchait bien des gens de jouer contre eux, etc.

Mais lors de l'association des Grecques, tous ces inconvénients cessèrent. Il y eut dès ce jour un souper de fondation[1] dans les maisons où l'on jouait. À peine était-on sorti de table qu'on se remettait au jeu, et l'on perçait[2] fort avant dans la nuit, ce qui laissait aux dupes tout le temps qu'il fallait pour se ruiner.

Ces assemblées étant mêlées, on s'y contraignait un peu plus, parce qu'il est établi, que c'est un défaut de bienséance dans les hommes de s'insulter en présence des femmes, fussent-elles du nombre des prostituées : de là les parties allaient toujours sans interruption.

C'est une remarque que chacun a pu faire, qu'en général jamais notre sexe ne veut paraître pauvre vis-à-vis de l'autre.

Pour l'ordinaire, un homme qui perd une forte somme au jeu devant une femme a la sotte vanité de laisser toujours entrevoir qu'il n'est pas ruiné pour cela, et qu'il est en état d'en perdre une plus considérable. Folie, qui jusqu'ici a enrichi une foule de Grecs.

[Avant ce temps-là, jamais filou n'avait trouvé grâce devant la police ; mais lorsque les Grecques prirent rang sur la scène, toutes les affaires de jeu s'accommodèrent.

C'est quelque chose d'étonnant que le changement qui se fit chez les lieutenants de police. Eux qui auparavant n'avaient

---

1. *Souper de fondation* : Souper qui marque d'ordinaire la création d'un club, d'une société.

2. À propos de cette belle expression, on lit dans le *Dictionnaire de l'Académie française*, 4ᵉ édition (1762) : « On dit figurément, *Percer les nuits à jouer, à étudier,* pour dire, passer entièrement les nuits à jouer, à étudier. »

jamais déridé le front, devinrent traitables ; ils ont toujours été depuis doux et affables auprès d'une jolie femme qui est venue leur demander grâce pour une filouterie faite chez elle.

En comparant les temps, on dirait que l'espèce a changé, que ce sont d'autres hommes.]

Mais les femmes furent aux Grecs d'un plus grand secours encore ; la plupart les soulagèrent du soin de dépouiller les dupes : elles s'en chargèrent elles-mêmes, et s'en acquittèrent mieux que les hommes.

Si ce sexe en général a moins de force que le nôtre, d'un autre côté, il a plus d'adresse. D'ailleurs sa modération et sa patience lui donnent un grand avantage sur le nôtre.

Lorsque les femmes travaillèrent, des sommes considérables se perdirent au jeu.

Une infinité de bourses, qui avaient échappé auparavant aux Grecs, se trouvèrent filoutées net.

Ces friponneries étaient accompagnées d'une douceur et d'une politesse qui consolaient les dupes dans le temps même qu'elles les ruinaient. *En vérité Monsieur, vous jouez d'un grand malheur. On n'a jamais vu un guignon si marqué, je vous avoue que cela est piquant.* Et quand il était question de quelque coup un peu décisif : *Oh voilà qui est affreux, si je jouais dans ce goût-là je ne jouerais de la vie.* Enfin on se trouvait si consolé dans son malheur qu'on était écorché dans le temps même qu'on ne se croyait que chatouillé.

On a dit que les pertes considérables au jeu ne se payaient souvent pas. Mais lorsque les femmes s'en mêlèrent, et qu'elles dépouillèrent elles-mêmes les dupes, il n'y eut plus de mauvaises dettes, toutes les sommes furent acquittées exactement.

C'est une vanité attachée à notre sexe de ne jamais demeurer en arrière d'intérêts avec l'autre.

Une quantité prodigieuse de terres et de châteaux furent vendus pour acquitter les dettes qu'on avait contractées dans les maisons de jeu.

Il n'y eut plus de mauvaises affaires au jeu, elles furent toutes bonnes. Chaque friponnerie devint une lettre de change payable au porteur. Les vols furent sûrs, et les filouteries certaines.

Je crois que je pourrais me dispenser de donner ici l'histoire des premières illustres Grecques qui s'affilièrent à l'ordre, puisque leur généalogie, leur caractère, leur génie, leurs mœurs coulent de source. D'une fille de joie à une Grecque, il n'y a d'autre différence que le moyen de faire des dupes.

Celle dont on parlait le plus alors était la fameuse *Louison*.

C'était une héroïne militaire ; dès sa tendre jeunesse elle avait dévoué ses charmes à Mars. Les premiers de ses exploits avaient été dans les camps. Un jeune officier l'avait d'abord menée à l'armée ; mais l'ayant surprise en flagrant délit, il avait fait divorce avec elle.

Le général avait profité de cet interrègne pour se l'approprier ; mais la même faute d'arithmétique[1] la fit passer dans les bras d'un lieutenant général, qui n'ayant pas éprouvé plus de fidélité, la remit à un brigadier. Elle passa ensuite au service d'un colonel, qui s'en défit en faveur d'un capitaine ; le capitaine la remit à son lieutenant, et le lieutenant à un de ses sergents : celui-ci après l'avoir gardée quelque temps la livra aux soldats.

Deux ou trois mille hommes avaient eu successivement l'honneur de ses bonnes grâces, lorsqu'elle résolut de quitter cette moisson abondante de lauriers pour mener une vie moins bruyante : mais afin d'éviter l'ennui dans sa retraite, elle résolut de se ranger sous les étendards[2] de l'amour. Elle se maria à un tambour.

Chose surprenante ! Tant il est vrai que le mariage peut changer les mœurs.

---

1. Sans doute faut-il comprendre « le même mauvais calcul », puisque la belle chute de grade en grade.
2. De se rallier à la cause de, de servir sous les ordres de.

Elle fut exactement fidèle à son mari pendant vingt-quatre heures, au bout duquel temps il la trouva couchée avec l'ans-pessade [1] de la compagnie.

Le mari piqué de ce qu'au lieu d'avoir donné la préférence à son capitaine, ou à son lieutenant, elle avait choisi un malheureux anspessade, jura de faire une caisse [2] de sa peau.

Comme elle n'avait pas envie de faire tant de bruit à l'armée, et de contribuer de sa personne au bruyant concert de la générale [3], elle quitta brusquement son mari, et se retira à Paris où elle s'associa à un Grec, de qui elle apprit le savoir-faire.

La seconde dont on parlait était la petite *Fanchon*. Comme elle voulait parvenir dans le monde, et qu'il faut qu'une fille qui veut faire son chemin à Paris prenne des grades, elle avait demeuré [*sic*] six ans chez la P***, et quatre ans chez la Dum***.

On ne peut s'imaginer combien une petite fille fait par là de progrès, car outre que c'était alors la mode (comme ce l'est encore aujourd'hui) de prendre des maîtresses dans ces lieux de prostitution, c'est une politique de métier, car au sortir de ces maisons de libertinage, on a la connaissance de cinq ou six cents hommes de débauche : or, une fille qui a une fois établi une si belle correspondance ne peut plus périr. C'était sur les bons certificats de cette grande étendue de connaissances qu'un Grec s'était associé avec elle.

La troisième était mademoiselle *Janneton*. Celle-ci avait fait, comme on dit, toutes ses classes [4]. Elle était parvenue au rang

---

1. *Anspessade* : « Bas officier d'Infanterie, au-dessous du caporal », *Dictionnaire de l'Académie française*, 4ᵉ édition (1762). Échelon le plus bas de la hiérarchie militaire.

2. Une *caisse*, c'est-à-dire, par métonymie, un tambour.

3. *La générale*, batterie de tambour destinée à rassembler les troupes.

4. *Faire toutes ses classes* : faire ses études. L'expression « faire ses classes » au sens de « recevoir une instruction militaire de base » ne s'impose qu'à la fin du XIXᵉ siècle.

de Grecque par ordre alphabétique[1], ayant été trois ans à un Savoyard, six mois à un marmiton, quatre ans à un palefrenier, deux mois à un cocher, cinq ans à un laquais, huit mois à un valet de pied, huit jours à un coureur, dix-neuf mois à un valet de chambre, huit ans à un maître d'hôtel, onze mois à un page, et enfin par son mérite elle était parvenue à faire la conquête d'un chevalier d'industrie[2].

La quatrième était l'incomparable *Marion*, qui n'était pas neuve dans le métier de la Grèce, ayant tenu elle-même un petit tripot subalterne dans la rue Saint-Honoré, où tous les valets qui avaient dépouillé leurs Maîtres étaient sûrs de l'être à leur tour.

Comme elle joignait à cette première qualité celle de receler les vols et de prêter sur gages, elle avait ramassé une somme de vingt mille francs avec laquelle elle avait résolu d'aller vivre en province en femme d'honneur, lorsqu'elle fit la connaissance d'un Grec chevalier de l'Ordre, qui lui prouva qu'ayant autant de talents qu'elle en avait, ce serait un meurtre d'aller s'enterrer à son âge.

Elle se rendit à des raisons si convaincantes, et s'associa avec lui.

Outre les *Louisons*, les *Fauchons*, les *Jannetons* et les *Marions*, il y avait aussi des dames titrées dans l'Ordre.

---

1. *Faire une chose par ordre alphabétique* : la faire avec mesure, dans un ordre systématique.

2. *Chevalier de l'industrie* : aventurier, voire escroc. Louis-Sébastien Mercier, dans le chapitre « Escrocs polis, filous » de son *Tableau de Paris*, offre une explication de l'expression : « Tous ces escrocs consommés en ruses habiles, prennent le titre de *comte*, de *marquis*, de *baron*, et surtout de *chevalier*. Voilà pourquoi l'on dit de tel homme qui vit sans revenus, *c'est un chevalier d'industrie.* » Sur l'histoire de cette intéressante expression, voir Kredel, « Chevalier d'industrie », dans *Behrens-Festschrift, Dietrich Behrens zum siebzigsten Geburtstag dargebracht von Schülern und Freunden*, Jena : Verlag von W. Gronau, 1929, p. 119–130.

Madame la marquise *du Pharaon* était une de celles-ci. Il y avait trente ans qu'elle faisait parler d'elle dans Paris, quoiqu'elle en eût à peine quarante.

C'était un de ces génies prématurés chez qui la débauche prévient l'âge, et qui ne mettent presque aucun intervalle entre le berceau et le temps des intrigues d'amour.

À douze ans elle avait déjà bouleversé tout Paris, ayant fait séparer huit maris de leurs femmes, envoyé cinq ou six fils de famille à Saint-Lazare[1], dépouillé trois ou quatre maltôtiers[2], ruiné plusieurs seigneurs de la Cour, fait changer d'état à une foule de gentilshommes, fait faire banqueroute à dix marchands, réduit à l'aumône deux ou trois gros négociants, dépouillé un caissier de la Compagnie des Indes, vidé le coffre-fort d'un trésorier du roi, ruiné deux ou trois directeurs du Domaine[3], et ébranlé la fortune de cinq ou six fermiers généraux[4], etc. À mesure qu'elle était parvenue en âge et que par conséquent elle était devenue plus raisonnable, elle avait fait de plus grands

---

1. Vincent de Paul avait installé en 1632 sa congrégation religieuse dans l'ancienne léproserie médiévale qu'était l'enclos Saint-Lazare. Les prêtres de la mission étant chargés de l'instruction du peuple, on prit l'habitude d'y enfermer, sur demande de leurs proches, les jeunes débauchés de bonne famille.

2. *Maltôtiers* : Percepteurs.

3. Préposés à l'administration d'une partie du domaine royal et des impôts afférents.

4. Sous l'Ancien Régime, les fermiers généraux, aussi nommés *traitants* ou *partisans*, sont des financiers qui prennent à ferme une taxe ou un impôt, c'est-à-dire avancent son montant à l'État et se chargent de le percevoir avec profit sur la population. La *ferme générale* apparaît en 1726 ; elle rassemble la perception d'une vaste masse de droits indirects. Les fermiers généraux, dont le nombre est fixé à quarante, sont des personnages célèbres et controversés : d'origine parfois modeste, les fortunes colossales qu'ils amassent déstabilisent les cadres traditionnels de la société du XVIIIe siècle. Leurs richesses sont d'autant plus choquantes pour un Goudar qu'elles ne sont issues que de l'inefficacité du système fiscal et de taxes désuettes, comme il s'attache à le démontrer dans le *Testament politique de Louis Mandrin, généralissime des troupes de contrebandiers* (1755).

progrès dans l'art de dépouiller les dupes. Enfin pour ramasser la vieille avec la nouvelle cour[1] de ses amants, elle avait levé chez elle une banque de pharaon, où il n'y avait point de prédilection dans les injustices : tout le monde y était également dépouillé.

La seconde dame titrée était madame la comtesse *de la Réjouissance*[2], dont les charmes avaient mis autrefois à contribution la moitié du royaume.

C'était une de ces femmes dont la prodigalité n'a point de bornes, et qui dissiperaient les richesses d'un empire ; une de ces héroïnes de générosité qui donnent d'une main ce qu'elles reçoivent de l'autre ; qui après avoir ruiné cent familles se trouvent à la fin elles-mêmes ruinées, et qui vont à l'hôpital par le même chemin qu'elles y conduisent les autres ; qui ne gardent rien, qui dissipent tout : en un mot, une de ces femmes à qui il ne reste pour tout bien après vingt ans d'intrigues qu'un livre de recettes et de dépenses.

Tout l'argent des fermes générales lui avait passé par les mains. La Compagnie des Indes s'était elle-même épuisée en vain pour l'enrichir.

Les ministres des cours étrangères y avaient travaillé avec aussi peu de succès. Elle avait reçu dans deux ans cent mille francs de l'ambassadeur de Portugal, soixante mille de celui de Danemark, quarante mille de celui d'Espagne. Quatre milords, en moins de six mois, lui avaient donné au-delà de quatre mille livres sterling : le public avait été taxé par elle à deux fois autant, sur quoi au bout de vingt ans, il lui restait cinquante écus de rente viagère.

---

1. Lors des changements de monarque, les tensions entre la *vieille cour* et la *nouvelle cour* sont fréquentes ; Goudar fait ici de ce poncif un emploi burlesque.
2. Sur le sens que les joueurs donnent à ce mot, voir p. 169, note 1.

Toutes ces richesses avaient été employées à enrichir six valets de pied, quatre laquais, huit palefreniers, deux coureurs, et dix Savoyards qu'elle protégeait.

Comme la maladie chez les hommes de donner prodigieusement à ces femmes n'a qu'un temps, et que celui-ci était passé, elle s'était mise dans l'Ordre pour vivre dans le monde avec une certaine décence.

La troisième était madame la baronne *de la Duppe* ; au lieu que les autres femmes de sa qualité font commerce en amants, celle-ci avait négocié en maris. Elle n'en avait eu que sept, tous riches et bien portants ; mais dont elle avait successivement ruiné la santé, et dérangé la fortune.

Comme pour remplir les vacances et supporter plus facilement les années de deuil elle avait toujours eu un coadjuteur[1], il s'était trouvé à la fin qu'un seul vivant avait dissipé les richesses de sept morts.

L'histoire générale de sa vie se réduisait à ces deux époques, d'avoir tué sept hommes, pour donner à vivre à un seul.

Elle cherchait un huitième époux ; mais tous les hommes de Paris ayant trouvé que la place était trop meurtrière, et qu'il n'était pas possible d'y tenir, aucun n'avait voulu l'épouser en huitièmes noces.

N'ayant donc plus de ressources du côté du mariage, et par conséquent de moyens pour fournir aux frais du coadjuteur, elle s'était mise dans l'Ordre.

La quatrième était madame la vicomtesse du *Berlan*[2] ; elle

---

1. Au sens propre, le *coadjuteur* est un évêque adjoint par le Pape à un évêque en titre, le plus souvent pour le seconder et, à terme, lui succéder. Par extension, on applique le mot à toute sorte de remplaçants, et par facétie aux amants des dames (il désigne parfois plus particulièrement l'amant en second).

2. « Brelenc », à partir du XIIe siècle, désigne une table de jeu ; ce n'est qu'au XVIIe siècle que le *Brelan* ou *Berlan* commence à désigner un jeu de cartes spécifique. Chaque joueur reçoit trois cartes, qui forment des combinaisons plus ou moins fortes, la meilleure étant trois cartes identiques.

était femme de condition, car elle avait été six ans servante chez un marchand de drap ; quatre ans fille de chambre chez la femme d'un directeur des Fermes, et dix ans gouvernante des enfants d'un caissier du roi.

Ennuyée d'être servante, elle s'était rendue maîtresse d'un Grec.

Tous ces noms de *marquise du Pharaon, comtesse de la Réjouissance, baronne de la Duppe, vicomtesse du Berlan*, étaient des armes parlantes [1], qui servaient à désigner les jeux qu'on jouait chez elles.

Des enchères ont lieu avant que les cartes ne soient révélées : chaque joueur à son tour peut se retirer, rester dans le jeu en versant le montant de la mise courante, ou l'augmenter au moins du double de ce qui se trouve sur le tapis. Il n'y a pas de limite au nombre de tours d'enchères. Lorsque plus personne ne souhaite augmenter la mise, les cartes sont retournées, et les possesseurs des cartes les plus fortes de chaque couleur ajoutent à leurs mains les cartes moins fortes des autres joueurs. On tire enfin une dernière carte, la *retourne*, qu'ajoute à son jeu le joueur ayant obtenu un brelan dans ses trois premières cartes ou, à défaut, le détenteur de la carte la plus forte de la même couleur. Le gagnant de la main est ensuite déterminé aux points. Par ses mécanismes et son système d'enchères pour les mises, le brelan préfigure le poker. Contrairement au pharaon et à la plupart des jeux de l'époque, le brelan laisse une place prépondérante à ce que nous nommerions aujourd'hui le bluff, ce dont Mirabeau père se scandalise comme beaucoup de ses contemporains : « Vous défendez le lansquenet et la dupe comme dangereux, et vous permettez le berlan ; un instant de réflexion vous fera anathématiser ce dernier. Pourquoi cela ? C'est que dans les premiers, c'est le hasard qui décide ; dans celui-ci entre beaucoup d'astuce, et il est important d'empêcher les citoyens de s'habituer, même dans leurs jeux, à user de finesse pour se tendre des pièges réciproques. » *L'Ami des hommes, ou Traité de la Population*, Hambourg : Chretien Hérold, 1756-1762, vol. 2, p. 191. Pour une analyse plus large de la place de ce jeu dans le contexte culturel du XVIIIᵉ siècle, voir T. M. Kavanagh, *Dice, Cards, Wheels : A Different History of French Culture*, Philadelphia, Pa. : University of Pennsylvania Press, 2005, p. 72 *sq.* et plus largement tout le chapitre « The Libertine's Bluff ».

1. En héraldique, les *armes parlantes* sont des blasons dont les motifs font allusion au nom de leur possesseur.

Après les Grecques titrées venaient les femmes à talents.

Parmi celles-ci, celle qui s'était acquis une haute réputation était l'incomparable madame S***. On n'a jamais vu une subtilité de main comme celle-là ; c'était un éclair. Elle passait la coupe[1] et faisait sauter la carte avec une agilité sans égale. Les plus habiles Grecs du royaume avouaient que dans l'art de la filouterie elle avait un mérite supérieur au leur.

La seconde femme à talents était l'invincible madame N***. Elle avait passé six ans à Venise pour se perfectionner. Un noble de la république s'était chargé lui-même de l'instruire : aussi était-ce un des meilleurs sujets qui étaient alors dans Paris. Elle faisait des choses prodigieuses, et il fallait avoir été dépouillé par elle pour être convaincu de la supériorité de son talent.

Le plus habile joueur des gobelets[2] y eût été trompé.

---

1. L'*Encyclopédie méthodique*, qui n'a jamais mieux porté son nom, est très diserte sur l'expression *passer la coupe* : « On entend par *faire passer la coupe,* la dextérité des mains pour faire venir dessus le jeu une certaine quantité de cartes du dessous. Le jeu de cartes étant placé dans la paume de la main droite de l'escamoteur, est embrassé, d'un côté, par le pouce qui revient en dessus, et de l'autre par les deux, trois et quatrième doigts qui reviennent aussi en dessus vis-à-vis du pouce : le petit doigt est plié dans l'endroit où l'on veut faire passer la coupe : la main gauche couvre et embrasse le jeu dans toute sa longueur, en sorte que le pouce est au bas du jeu, le second doigt tombe à côté du pouce de la main droite, et les trois autres doigts au haut du jeu. Les deux mains et les deux parties du jeu ainsi disposées, on tire avec le petit doigt et les autres de la main droite la partie du jeu qui est dessus, et on y remet avec la main la partie de dessous sur le dessus du jeu. L'escamoteur a soin de faire sauter cette coupe sans que les cartes fassent aucun bruit, et sans faire trop de mouvement ; l'habitude lui donne cette facilité. Il y a même tel escamoteur qui parvient à faire passer subtilement la coupe d'une seule main, sans se servir de la main gauche. » *Encyclopédie méthodique : dictionnaire des jeux mathématiques*, 1799, p. 36.

2. Un *joueur de gobelets* se livre à des tours de passe-passe dont le plus célèbre, qui s'apparente au bonneteau, consiste à faire passer entre trois gobelets une balle de liège appelée *muscade*. Figurativement, l'expression

La troisième était la petite madame de P.... C'était l'élève d'un Piémontais. Elle avait fait toutes ses classes à Turin même.

Non seulement elle exerçait, mais même elle enseignait à corriger la fortune.

Ses talents distingués lui avaient fait obtenir une chaire de professeur dans ce noble art.

Tous les jeunes gens de Paris qui voulaient se distinguer, et faire leur chemin dans l'ordre des Grecs allaient recevoir ses leçons. [Peu de maîtres gagnaient autant qu'elle.] Jamais au jeu aucune bourse ne lui avait échappé.

Tous ceux qui, en jouant avec les plus fins Grecs, avaient garanti leur argent, étaient renvoyés à elle pour se voir condamner aux dépens, et leur bourse jugée en dernier ressort. Aucune dupe n'était encore sortie de ce tribunal hors de cour et de procès[1].

La quatrième était mademoiselle de P.... On ne la connaissait dans le monde que sous le nom de « la religieuse ». Elle l'avait été pendant quelque temps. Ses parents qui dans les premières années de sa jeunesse avaient cru découvrir en elle des inclinations dangereuses l'avaient donnée de leur pur mouvement à Dieu, de crainte qu'elle ne se donnât elle-même au Diable.

Elle avait eu beau protester contre le défaut de vocation ; on l'avait remise à dix ans de religion pour appointer sa requête[2].

Ne pouvant faire du bruit dans le monde, elle ne pensa qu'à agiter sa retraite. Elle alluma une espèce de guerre civile entre

désigne un homme qui emploie la ruse, un trompeur.

1. En matière criminelle, mettre un accusé *hors de cour et de procès* signifie qu'il n'y a pas assez de preuves pour le condamner, ce qui ne revient pas, tant s'en faut, à proclamer son innocence.

2. Dans l'argot juridique de l'époque, un juge qui *appointe une requête*, qui prononce un appointement, demande aux parties de remettre un document écrit présentant leur cas, qu'il estime trop complexe pour être tranché pendant l'audience.

les religieuses. Elle semait la discorde et la division dans le couvent dans la vue qu'on se lasserait d'elle, et qu'à la fin on la renverrait à ses parents ; mais ce projet n'ayant point réussi, elle eut recours au plus naturel. Elle s'évada.

Elle avait d'abord eu une vocation si décidée pour devenir Grecque, que dans son séjour au couvent, elle avait filouté toutes les religieuses *au jeu de l'oie.*

Il y avait aussi une autre sorte de Grecques dont je ne dois pas oublier de faire mention. Je veux dire celles qui n'avaient d'abord eu aucune vocation pour le tripot, et qui s'y étaient trouvé engagées par un concours d'aventures, et un enchaînement d'affaires domestiques.

Mademoiselle de Sainte C..., d'une naissance distinguée, avait eu cent mille livres en jour de mariage. Elle avait épousé monsieur de L... d'une ancienne maison de robe, et qui jouissait d'un revenu considérable. M. L... avait été élevé avec le chevalier de S... homme de condition, qui lui avait toujours été extrêmement attaché, et dont les sentiments lui avaient paru tels qu'on doit les attendre de quelqu'un qui est bien né.

Cependant le chevalier de S... était un malhonnête homme. Il y a de certains caractères qu'on ne connaît jamais. On a beau ne les perdre pas un instant de vue, ils vous échappent malgré les soins qu'on se donne pour les approfondir.

Il s'était lié avec plusieurs Grecs de Paris, pour faire faire à son ami de grosses pertes au jeu ; à condition qu'il ait la plus grosse portion de sa dépouille.

Cela lui réussit ; on lui gagna d'abord une somme considérable en argent ; puis on lui fit perdre une belle terre, après quoi sa maison, ensuite la dot de sa femme, en un mot dans six mois on réduisit l'un et l'autre à la mendicité.

Il y avait deux ans que ces infortunés époux menaient une vie des plus tristes, n'ayant pas même de quoi se pourvoir du nécessaire, lorsque ce perfide ami fut les voir. Il les trouva dans un état si languissant qu'il fut touché de leur sort.

Le manque de probité ne suppose pas toujours celui d'humanité. Quoique très méchant, on peut être très bon. Ceci paraît un paradoxe ; cependant ce que j'avance ici n'en est pas moins vrai.

Presque tous les scélérats qui périssent sur un échafaud, ce sont des gens foncièrement bons. En général c'est presque toujours par faiblesse que les hommes se corrompent ; or la faiblesse qui est elle-même un vice suppose au moins deux vertus dans le caractère, je veux dire la douceur et la compassion.

Le chevalier dit à son ami qu'il voulait lui fournir un moyen de sortir de cet état malheureux. Pour cet effet il lui proposa de se faire Grec. Monsieur de L*** demanda un éclaircissement sur le nom et sur la chose ; on lui expliqua l'un et l'autre ; il fit d'abord la grimace, mais à la fin il se rendit.

Le Diable n'a pas de meilleur avocat que la misère. Ce n'est point précisément à cause que l'on manque de tout qu'on embrasse des moyens indignes pour sortir de l'indigence ; c'est qu'on est généralement méprisé dans la vie civile, et qu'on est comme séparé de la société. Il n'y a peut-être rien dans le monde qu'on supportât plus patiemment que la pauvreté, si on n'y attachait pas un certain mépris. Le philosophe n'a point de ressource contre celui-ci. Il n'y a point de force d'esprit qui tienne. On est toujours humilié lorsqu'on est méprisé : or de l'état d'humiliation au manque de sentiments, il n'y a presque point d'intervalle. Ôtez une certaine considération après laquelle tous les hommes courent, et vous détruirez chez eux l'édifice de toutes les vertus.

Ce qui fait que ceux qui après avoir joui d'une certaine fortune, et qui se trouvent après dans une grande indigence cherchent d'en sortir sans s'embarrasser des moyens, ce sont les marques de distinction qu'ils voient accorder aux gens riches qui n'ont ni honneur, ni probité. Il est vrai qu'en les accablant de politesses, on se dit en même temps à l'oreille que ce sont de malhonnêtes gens ; mais qu'importe si on les traite extérieurement avec les marques d'estime qui servent à caractériser l'honnête homme.

C'est l'opinion qu'on a des richesses qui fait le mal ; comme on est ensorcelé de celles-ci, on les honore partout où on les trouve, indépendamment des moyens indignes et abominables qui ont été mis en usage pour les acquérir.

Quoi qu'il en soit, monsieur L... accepta la proposition ; lui et sa femme se firent Grecs, et devinrent même fameux dans l'Ordre ; car quand les honnêtes gens deviennent fripons, ils le sont plus que les autres.

Madame de N... était une Grecque de la même classe. Elle était veuve d'un homme de condition, qui en mourant lui avait laissé la jouissance d'un bien considérable ; elle vivait honorablement dans son veuvage, voyant la meilleure compagnie de Paris, lorsque le système [1] qui survint quelques mois après la mort de son mari la réduisit tout d'un coup à l'hôpital [2] : tous les capitaux qui formaient son revenu lui furent remboursés en billets de banque, et peu après ils furent décriés [3].

Comme le papier avait fait le mal, elle crut qu'il fallait que les cartes le réparassent ; elle se mit dans l'Ordre des Grecs.

« Vous faites un métier indigne, Madame, lui écrivit un jour un homme de condition. On me vola hier chez vous cent louis.

— Monsieur, lui répondit-elle par le porteur du billet, votre reproche est juste. Mais que voulez-vous que je fasse à cela ? Le gouvernement m'a pris pour dupe, je tâche à mon tour de faire des dupes. Cependant, passez chez moi aujourd'hui à deux

---

1. Le système de Law ; voir p. 7, note 2.

2. À l'époque, lieu de relégation des prostituées, des misérables, des vagabonds, des malades.

3. Le sens premier du verbe *décrier* est « Défendre le cours, l'usage de quelque chose par le cri » (*Dict. acad.*, 4ᵉ éd., 1762), notamment faire interdire la cotation d'une monnaie ou imposer sa décote par l'intermédiaire de crieurs publics. Ce n'est qu'au cours du XIXᵉ siècle que le sens figuré devient prépondérant.

heures, et vous trouverez mon domestique à la porte, qui vous rendra votre argent. »

Outre toutes ces sortes de Grecques, il y en avait encore d'une autre espèce ; je veux dire celles qui l'étaient sans le savoir.

Je ne citerai qu'un exemple de celles-ci. Mademoiselle de B*** avait été élevée à Saint-Cyr[1]. Son éducation dans cette maison, secondée par les soins d'une mère sage et vertueuse, lui avait inspiré en naissant des sentiments dignes du sang illustre dont elle sortait.

Aux qualités de l'âme, elle joignait tous les agréments de l'esprit. Ceux-ci étaient relevés par une figure des plus aimables : en un mot, c'était une personne accomplie.

Sur la réputation de ses charmes, monsieur de R***, qui passait dans Paris pour un assez bon parti, la fit demander en mariage. Comme il débuta par aplanir toutes les difficultés d'intérêt, et qu'il passa par-dessus la médiocrité de la dot, dans peu les noces furent célébrées.

Monsieur de R... dont la fortune était fort dérangée, quoiqu'il n'y eût pas paru jusqu'alors, ne l'avait épousée que pour rétablir ses affaires par le moyen du jeu.

Il n'était pas Grec, mais il était lié avec des gens qui l'étaient. Il n'eût pas plus tôt annoncé dans le monde qu'il recevrait

---

1. La Maison royale de Saint-Louis fut créée à Saint-Cyr en 1684 par Louis XIV sous l'impulsion de Mme de Maintenon pour accueillir les jeunes filles nobles mais pauvres. L'établissement perd un peu de son lustre après la mort de Louis XIV, et ses pensionnaires s'attirent peu à peu la réputation d'être mal élevées : Louis XV semble résumer un sentiment assez largement partagé en les qualifiant, d'après deux témoins, de « bégueules ». Voir D. Picco, « Saint-Cyr, un modèle éducatif ? », dans *Genre et éducation : former / se former / être formée au féminin*, Rouen/Le Havre : P. U. de Rouen et du Havre, 2010, p. 349. Les « sentiments dignes du sang illustre dont elle sortait » dont parle Goudar sentent donc fort le persiflage, et pourraient confirmer ce jugement.

compagnie, que sa maison fut remplie de gens riches de tous les états.

La beauté de madame de R... et ses belles qualités attirèrent la foule ; on joua chez elle un jeu considérable, et par conséquent il y eut de gros gains, dont M. de R... retirait la plus grosse portion.

Comme tous les complots de jeu se passaient dans l'appartement de monsieur, et que madame n'en savait pas le mot, toute la ville était informée que sa maison était un tripot sans qu'elle en eût la moindre connaissance.

Ce n'est pas tout, le mari lui faisait gagner à elle-même de grosses sommes, sans lui donner à découvrir la moindre chose du secret ; ainsi elle filoutait elle-même de bonne foi, et était Grecque sans le savoir.

Tels étaient à peu près les caractères de quelques-unes des Grecques qui se distinguaient dans l'Ordre.

Le nombre de celles-ci s'accrut infiniment. Il n'y avait point de maison de jeu dans Paris, où l'on ne trouvât une femme ou deux qui avaient part aux parties qui s'y faisaient.

Comme la quantité augmentait au-delà d'une certaine proportion, ce qui rendait les profits moindres, il y eut plusieurs projets d'établis pour les autres villes du royaume.

Ce fut alors qu'on vit dans les provinces une foule de femmes se disant de condition voyager pour leur plaisir. Quelques-unes prétextaient des convenances de famille, d'autres des procès, quelquefois des héritages à recueillir ; tantôt c'était la mort d'un oncle, d'un frère, d'un cousin qui les attirait en province.

Enfin, il n'y avait point de semaine que la diligence de Paris ne charriât à Lyon deux ou trois marquises ou comtesses.

Mais elles arrivaient trop tard ; les Grecs de province, qui imitaient en tout ceux de Paris, avaient aussi leurs marquises et leurs comtesses ; ainsi ces premières furent obligées de s'en retourner comme elles étaient venues.

Quoique la république des Grecs eût acquis un peu plus d'ordre depuis quelques années, elle n'avait cependant encore aucune forme de gouvernement politique. Un Grec appelé le marquis de Mont... entreprit de lui donner un état fixe.

C'était un homme prodigieux. Un de ces archi-aventuriers qui avait fait plus de rôles dans vingt ans qu'un acteur de comédie ne peut en jouer dans trente.

Il avait été abbé, moine, soldat, chevalier, marchand, ministre d'État en Corse, commis dans les vivres en France, général à Maroc, aubergiste en Danemark, colonel en Espagne, maître des postes en Bohême, ambassadeur à Gênes[1], [espion en Pologne, écuyer en Russie, valet de pied en Suède, roi d'une certaine sorte de peuples dans les Indes : ensuite cafetier à Amsterdam, puis précepteur d'un Juif à La Haye, de là laquais à Londres], et actuellement marquis à Paris.

Il tenait à tous les peuples de l'univers par leurs différents rites ; ayant embrassé successivement la religion mahométane, juive, païenne, protestante, etc.

[On doit bien s'imaginer à ce portrait qu'il était homme de condition ; car il est impossible qu'un roturier eût pu avoir tous les talents requis pour jouer un si grand nombre de rôles.]

Il était gentilhomme d'une famille de province. Il y avait trente ans qu'il n'avait aucune relation directe avec ses parents.

Il attendait que la *Gazette de Hollande*[2] lui annonçât la mort de son père pour aller prendre possession de son bien. Sa manie était les règlements. Il avait la fureur de la législation : faute d'hommes, il aurait, je crois, établi des lois politiques entre les animaux.

---

1. Édition pirate : « à Liège ».

2. La *Gazette de Hollande*, ou *Gazette d'Amsterdam*, créée au XVIIe siècle, est un des principaux journaux européens du XVIIIe siècle. Rédigée en français, c'est une des principales sources d'information politique pour les élites éclairées de toute l'Europe.

Il soutenait publiquement que ceux qui ont dessein de s'approprier les richesses d'autrui par des voies obliques ont besoin d'un système plus compliqué que ceux qui se l'approprient par des voies ordinaires ; et que les législateurs dans ce premier cas devaient avoir de plus grandes lumières que dans le second.

Tel était ce nouveau Lycurgue[1] qui entreprit en France de donner une constitution à la République des joueurs.

Pour cet effet, il rassembla un jour chez lui une cinquantaine de Grecs les plus renommés de Paris, à qui il parla ainsi :

« Il est surprenant, Messieurs, que jusqu'ici personne ne se soit encore avisé de donner une forme à la société des Grecs, tandis que toutes celles qui, comme la nôtre, ont en vue le bien d'autrui, ont leurs lois et leurs règlements, défaut qui nous rend des gens méprisables dans la société. Voyez les maltôtiers[2] ; ces gens-là pillent l'État avec règle. Vous ne diriez pas qu'ils volent le public.

« Pourquoi ? Parce qu'il y a une forme dans leurs friponneries, et de là vient que les richesses dont ils dépouillent les particuliers leur appartiennent de droit. En un mot, tout dépend de la manière de s'approprier le bien d'autrui.

« *Le mien* et *le tien* ne sont que des mots. *Le tien* sera *le mien*, lorsque je saurai établir un système de propriété.

« N'est-il pas surprenant, Messieurs, que des gens raisonnables qui ont formé le dessein d'acquérir les richesses des autres le fassent sans règle ni méthode ; et que, dans la chose du monde où il faut le plus de forme, ils n'en aient aucune.

« J'ai souvent rougi de honte pour notre société en voyant les brigands, les bandits, que dis-je ? les voleurs qui vont détrousser les passants sur les grands chemins avoir parmi eux une police,

---

1. Lycurgue est l'auteur mythique de la constitution de Sparte, qui selon Plutarque aurait vécu au IXe ou au VIIIe siècle av. J.-C. Il personnifie le législateur désintéressé et ennemi du luxe.

2. Voir p. 37, note 2.

et en quelque façon un système de gouvernement politique, tandis que nous-mêmes n'en connaissons point[1].

« Le premier inconvénient, Messieurs, que je trouve, est le défaut de réception dans l'Ordre. Pour être Grec, il suffit de vouloir l'être ; cependant on ne trouve aucune compagnie, où il ne faille une sorte de formalité pour y être admis. Il n'y a pas jusqu'aux comédiens qui ne se fassent recevoir dans leurs troupes. Parmi plusieurs inconvénients, il résulte de là qu'on ne sait jamais au juste le nombre des chevaliers qui existent dans l'ordre ; car à moins d'être sorcier, il est impossible de le deviner, puisque la plupart le sont sans aucune commission particulière.

« Cela vient, je crois, en partie du mépris que le vulgaire attache à notre profession.

« Mais, Messieurs, si c'est un déshonneur d'être grec, pourquoi tant d'honnêtes gens le sont-ils ? Et s'ils le sont, pourquoi le désavouent-ils ? Il faut qu'une porte soit ouverte ou fermée ; si on n'est pas Grec, tout est dit ; et il n'est pas besoin alors d'être reçu. Mais si on l'est, pourquoi ne pas se faire recevoir ? On voit une foule de gens qui sont Grecs depuis vingt ans, et qui cependant nient toujours de l'être, et cela parce que leur nom n'est pas inscrit dans un catalogue.

« Le second, Messieurs, et qui tire en partie sa source de celui-ci, c'est le défaut de marque extérieure pour se reconnaître entre Grecs.

« Les francs-maçons ont leurs signes ; dans quelque lieu qu'ils soient, et quelque mêlés qu'ils se trouvent, ils se distinguent ensemble des autres.

« Toutes les sectes qui ont des raisons politiques pour se tenir cachées ont cependant certaines marques auxquelles on

---

1. Idée qu'a illustrée Goudar dans son *Testament politique de Louis Mandrin, Généralissime des troupes de contrebandiers, écrit par lui-même dans sa prison* de 1755.

se reconnaît.

« Les Juifs en Espagne et en Portugal, quoiqu'extrêmement réservés, n'ont qu'à se donner un coup d'œil pour savoir s'ils sont de la même religion ; il n'y a que les Grecs dans le monde qui se cachent réciproquement : abus qui met souvent la confusion dans les parties de jeu, attendu qu'on prend souvent pour dupes ceux qui sont fripons, et que la plupart des chevaliers de l'Ordre se gagnent entre eux leur argent.

« Le troisième inconvénient est le défaut de maîtrise[1]. On dirait que pour être fripon il ne faut point d'apprentissage, et que tout le monde du premier coup est en état de l'être. Cependant si c'est un art comme les autres, pourquoi sera-t-il exempt des lois ordinaires ? [Voyez les gens d'affaires ; ils ont de petits bureaux subalternes, où l'on développe aux apprentis financiers les éléments de la maltôte ; de là on les fait passer à d'autres plus distingués où on leur fait apercevoir les premiers rayons de la grande lumière des finances ; ensuite ils sont admis dans le dernier bureau, où se forgent les coups de monopole les plus distingués. Ce n'est qu'en passant par tous les grades qu'un commis peut devenir Fermier général, c'est-à-dire *maître ès arts* dans les finances[2] ; et on a raison, sans quoi il n'y aurait ni ordre ni méthode dans la manière de voler l'État ; car s'il n'y avait point de maîtrise dans la maltôte, un officier, un savant, un homme de lettres, un courtisan, un robin pourraient aussi devenir maltôtiers, ce qui serait contraire au bon ordre des choses, puisqu'il a été prouvé démonstrativement dans une foule d'ouvrages écrits par des financiers, qu'il est de la bonne

---

1. *Défaut de maîtrise* : les ouvriers qui n'ont pas été reçus maîtres dans leur discipline ne peuvent travailler de manière autonome dans le système corporatiste du XVIIIe siècle. Ici, l'expression désigne sans doute plus généralement l'absence d'organisation professionnelle susceptible de hiérarchiser les compétences des Grecs.

2. L'initiation que décrit Goudar n'est pas sans rappeler l'initiation maçonnique.

police économique qu'eux seuls aient toutes les richesses de l'État, et qu'il n'y ait d'autre argent dans le royaume que celui de leurs caisses, et c'est aussi à cause de cela qu'ils l'ont tout.

« Je dis, Messieurs, que s'il faut des espèces de maîtrises pour les financiers, il en faut également pour les Grecs.]

« Il est vrai qu'il y a des chevaliers de l'ordre qui n'ont pas besoin d'apprentissage, et qu'ils font d'aussi habiles fripons dans un jour que d'autres peuvent le devenir dans vingt ans ; mais tout le monde n'a pas d'aussi heureuses dispositions. En général les hommes avant d'être maîtres doivent être apprentis.

« Le quatrième inconvénient, Messieurs, que je trouve dans l'Ordre, c'est une certaine liberté préjudiciable à l'Ordre même. Chacun exerce le métier de Grec comme il lui plaît ; il n'est responsable de ses actions à qui que ce soit, il ne prête serment de fidélité à personne.

« Le cinquième est le nombre des professions qui s'incorporent d'elles-mêmes dans celle de joueur ; la plupart des Grecs d'aujourd'hui sont non seulement filous, mais même un peu voleurs ; ce qui déshonore l'Ordre, et fait que quantité d'honnêtes gens se font un scrupule d'y entrer.

« Le sixième sont les qualités distinctives qui servent à caractériser les Grecs. On a remarqué qu'ils n'ont presque tous ni foi ni loi ; et qu'ils sont si âpres pour l'argent, qu'ils filouteraient leur père s'ils le pouvaient.

[« Mais, Messieurs, ce ne sont ici que des abus particuliers, des accidents de la chose, des désordres auxquels on pourrait remédier ; le plus grand mal est le défaut d'un certain génie républicain. On n'a point assez dans notre ordre de cet esprit public qui pénètre les sociétés.

« Il n'y a parmi nos confrères aucun point de vue général ; chaque Grec n'a d'autre objet que lui-même, il rapporte tout à soi, et n'est uniquement occupé que de ses seuls intérêts.

« Cependant on peut facilement démontrer qu'aucune société, de quelle nature qu'elle soit, ne saurait subsister sur la terre si les vues particulières ne s'accordent avec les générales.

« Voilà ce qui fait qu'il n'y a parmi nous ni ordre, ni police, et qu'on nous regarde plutôt comme une compagnie de brigands que comme une société de gens raisonnables : on peut dire que ce n'est pas sans raison qu'on nous méprise dans le monde, puisque nous vivons sans règle, et même sans système ; or il est décidé que tout ce qui ne porte pas le caractère d'ordre chez les hommes est méprisable par lui-même.

« Comme il n'y a point de principe dans notre Ordre, et que les causes premières n'y préparent pas les secondes, il se trouve que le hasard seul y dirige tout : aussi nous regarde-t-on en général comme des gens indignes de la société civile.]

« Il me vient une idée, soyons, Messieurs, les législateurs de la république des Grecs. Formons des statuts ; établissons dans celle-ci des lois et des règlements : en un mot, faisons-en une société politique. Non seulement nous contribuerons par là à augmenter les richesses de nos confrères, mais même à donner à l'empire des Grecs un état fixe et durable.

« D'abord, Messieurs, je suis d'avis que nous commencions par louer un hôtel dans cette capitale, ce sera un bureau d'adresse, où nous nous rendrons deux fois la semaine pour délibérer sur nos affaires.

[« Pourquoi nous autres Grecs n'aurions nous pas un hôtel dans Paris pour tenir nos assemblées ? Les fermiers généraux en ont bien un, où ils tiennent les leurs ? »]

Cette harangue fit sur l'esprit de ceux qui étaient présents l'effet que le chevalier qui l'avait prononcée s'était proposé. On avoua qu'il était honteux en effet que la république des Grecs n'eut ni forme ni police.

Les cinquante Grecs se cotisèrent pour louer un hôtel dans Paris, où il fut résolu qu'on commencerait dans peu les premières séances.

Si c'était ici un ouvrage à portraits, j'aurais un beau champ ; ces cinquante Grecs étaient des originaux dont il serait impossible de trouver ailleurs un pareil nombre de copies.

Il faudrait un livre exprès, et un très gros livre pour entrer dans le détail de cette foule d'aventures qui les avait unis ensemble ; car on ne naît pas Grec, mais on le devient, et on ne le devient ordinairement qu'à la suite d'une foule d'événements extraordinaires. Or ce sont ces événements qui forment des caractères uniques dans leur genre, et une classe d'hommes qu'on ne trouve point dans le reste de la société.

Le chevalier de S*** était un de ceux qui entreprenaient la réforme de l'Ordre. Il était cadet d'une famille de province. Vieux joueur et débauché éternel, pendant toute sa vie, qui avait été longue, il s'était couché au point du jour et levé à l'entrée de la nuit. Il demanda une nuit dans un tripot à quelqu'un qui était à côté de lui si le soleil paraissait toujours d'une figure ronde. On lui demanda le motif de cette question ; « c'est, répondit-il, qu'il y a trente ans que je ne l'ai vu. » Il avait la louable coutume de tous les joueurs ; je veux dire de ne payer jamais ses dettes. Il est vrai qu'il n'était pas de ces insolents débiteurs qui insultent leurs créanciers lorsqu'ils viennent leur demander de l'argent. Au contraire, il les accablait de politesses. Il ne manquait jamais de leur demander des nouvelles de toute leur famille, *comment se porte Madame ? Comment se porte Monsieur ? Et la petite fille ? Et le petit garçon ? Le joli enfant ! Je ne connais rien de si gentil dans le monde. C'est un vrai prodige. À propos, avez-vous toujours votre perroquet ? Votre canari est-il encore en vie ? Et votre joli petit chien, qu'est-il devenu ?* Après quoi il entrait en matière. « Soyez tranquille, leur disait-il, sur ce qui vous est dû. Je suis en règle avec vous. Depuis vingt ans, je couche exactement vos mémoires sur mon livre. À ma mort vous n'y trouverez pas écrit une obole de moins de ce qui vous est dû. » Son livre de raison[1] était une pièce rare. Par l'inventaire des articles, on voyait qu'il devait :

— *Deux mille pains de Gonesse[2] au boulanger.*
— *Douze cents côtelettes de mouton sur le gril à la gargote.*
— *Quatre cents poulardes et six mille alouettes au rôtisseur.*
— *Cent quatre-vingt mille douzaines d'huîtres à l'écailler.*
— *Trois mille pintes de vin au marchand de vin.*
— *Deux mille six cent quatre-vingt-six carterons[3] de fromage au boutiquier.*
— *Six mille seaux d'eau au porteur.*
— *Onze mille salades au jardinier.*
— *Deux millions six cent soixante-six mille pommes au fruitier.*
— *Huit mille tasses de café au cafetier.*
— *Trois mille barbes au barbier.*
— *Quatre mille accommodages[4] au perruquier.*
— *Treize mille blanchissages de chemises à la blanchisseuse.*
— *Vingt mille neuf cents décrottages de souliers au Savoyard.*
— *Quarante visites au médecin.*
— *Soixante saignées au chirurgien.*

---

1. Le *livre de raison* est principalement un livre de compte, qui fait la chronique des dépenses et des revenus familiaux. Il peut aussi recevoir des notations concernant la vie locale ou familiale.

2. Le village de Gonesse était alors réputé pour ses nombreux boulangers, qui alimentaient Paris. Voir C. Gindin, « Le Pain de Gonesse à la fin du XVIIe siècle », *Revue d'histoire moderne et contemporaine*, juillet–septembre 1972, t. 19, n° 3, p. 414–433.

3. Un *carteron*, ou plus souvent quarteron, désigne à propos de denrées vendues au poids (notamment le beurre et le fromage) un quart de livre, soit 123 grammes environ.

4. *Accommoder* des cheveux, naturels ou sur une perruque, signifie les coiffer : friser les boucles, les pommader, les poudrer.

— *Et dix-sept cents pilules mercurielles*[1] *à l'apothicaire,*
ainsi du reste.

Son appartement était meublé dans un goût nouveau. Les murailles étaient couvertes d'enveloppes de jeu de cartes. Il disait que cette tapisserie lui coûtait plus cher que celles des Gobelins qu'on voit chez le roi. Il l'évaluait à cent mille écus. Pour toute bibliothèque, il avait le livre de l'*Académie des jeux*[2]. Il mangeait ordinairement sur une table de trictrac[3], et faisait sa toilette sur une roulette. Il couchait sur quatre mille jeux de cartes de piquet, distribués à façon de matelas. Il disait que c'était pour se familiariser avec les as[4], n'en ayant jamais eu de sa vie en jouant au piquet que ceux qu'il avait escamotés.

Un des autres Grecs était un nommé Lav***, homme d'un certain âge. On aurait pu le mettre au rang des anachorètes. De sa vie à celle d'un chartreux, pour le silence et la retraite, il n'y avait aucune différence. Il avait eu huit à dix affaires avec la justice, qui l'avaient débarrassé de la peine de payer un logement ; depuis son bas âge, le Roi avait été chargé de

---

1. Les *pilules mercurielles*, composition à base de mercure à laquelle on prêtait des vertus purgatives, servaient à soigner une vaste gamme de maladies au XVIIIe siècle, notamment dermatologiques. Dans l'imaginaire collectif, elles sont surtout associées au traitement des maladies vénériennes.

2. L'*Académie des jeux*, ou *Académie universelle des jeux*, rassemble les règles de tous les jeux du temps, des cartes à la paume en passant par le tric-trac et tous les jeux de cartes. Publié pour la première fois en 1718, l'ouvrage connaît de très nombreuses rééditions. Son contenu reprend largement un traité de La Marinière, *La Maison académique*, publié en 1654, qui le premier avait jeté les bases d'une standardisation de jeux dont les règles étaient jusque-là fortement variables.

3. Jeu de stratégie et de dés, où les joueurs s'efforcent de faire avancer des jetons sur un damier au motif caractéristique composé de deux séries de douze cases triangulaires.

4. Le piquet était un jeu très à la mode à l'époque ; l'as y est la carte la plus forte. Les « cartes de piquet » sont les 32 cartes qui nous sont encore familières.

ce soin-là ; ayant passé six ans au Châtelet, dix ans au For-l'Evêque, quatre ans à la Conciergerie, huit ans à Bicêtre, cinq ans à Vincennes, et neuf ans à la Bastille [1].

Toutes ces retraites lui avaient donné un esprit de réflexion qui le distinguait dans l'Ordre. À force d'emprisonnements il était devenu un des plus habiles fripons qu'il y eut en France.

Il y a trop de variété dans la vie. Les plaisirs à Paris se succèdent avec trop de rapidité. Les joueurs n'ont pas le temps de s'exercer. Que la police retienne un Grec pendant dix ans en prison, elle contribue par là elle-même à la ruine du public ; car à sa nouvelle apparition dans le monde, il est sûr de filouter tous ceux qui joueront contre lui.

Le quatrième Grec était un original d'une espèce unique. Jamais on n'a mené une vie plus frugale ; sa nourriture ordinaire était des cartes ; il en avait mangé peut-être deux ou trois mille jeux en sa vie. Il disait que c'était pour bien digérer les coups. Au lieu que les autres joueurs se cachent et ne veulent pas passer pour tels, celui-ci au contraire en faisait parade, et afin que le public ne put douter de sa vocation, il avait fait peindre la dame de cœur dans l'écusson de ses armes.

Le cinquième Grec de la législation était un jeune maltôtier qui s'était ruiné avec deux ou trois filles de l'Opéra, et qui n'ayant pu rentrer dans sa Compagnie [2], s'était associé à celle des fripons pour ne pas déroger, et se trouver toujours dans le même monde.

Le sixième était un poète ruiné par sa plume, et qui tachait de s'indemniser auprès du public par ses mains. L'acquisition de ce Grec avait paru nécessaire à la société ; ce poète avait promis de mettre en vers héroïques toutes les friponneries burlesques des Grecs dans un abrégé de cent cinquante volumes *in-folio*.

---

1. Liste des principales prisons parisiennes.

2. C'est-à-dire n'ayant pu être reçu comme fermier général (on a vu que leur nombre était limité ; voir p. 37, note 4).

Outre ces Grecs d'un caractère singulier, il y avait aussi des monstres abominables dans cet honorable corps. Le chevalier de L*** était du nombre de ceux-ci. Il avait été héritier d'une famille des plus riches de sa province ; mais ayant dissipé des biens immenses au jeu et avec les femmes, il s'était trouvé à vingt ans dans un état d'indigence affreux ; et ne pouvant plus satisfaire l'une et l'autre de ces deux passions, il s'avisa d'un expédient qui ne saurait guère tomber sous le sens, et dont un démon seul pouvait former le projet.

Il avait trois sœurs dans trois différents couvents de trois diverses villes de province, à qui le père et la mère avaient laissé cent mille francs à chacune pour leur dot, qui se trouvaient actuellement consignés chez un notaire de Paris. Il s'entendit avec son laquais pour lui faire jouer un rôle qu'il avait prémédité. D'accord avec lui, il écrivit à sa sœur l'aînée qu'il avait trouvé pour elle un parti tel qu'elle pouvait souhaiter ; c'est-à-dire un homme de condition qui jouissait de dix mille[1] livres de rente. La sœur répondit en conséquence de l'avantage qu'elle entrevoyait dans ce mariage. Le jour du départ de Paris et celui de l'entrevue furent marqués. Le valet qui était l'époux qu'il destinait à sa sœur fut habillé d'un habit de marquis de louage pris dans la rue de la Harpe.

On se rendit à la grille[2]. Jamais fille de couvent n'a trouvé prétendant désagréable, sans compter que la valetaille commençait alors d'avoir bonne façon. Le mariage fut arrêté. Le notaire sur l'avis de la demoiselle apporta cent mille francs, qu'elle compta tout de suite au valet qui les remit de la main à la main à son maître, à dix louis près qu'il était convenu de lui donner pour le rôle qu'il devait jouer.

---

1. Édition pirate : « vingt mille ».

2. La grille du parloir du couvent, qui sépare les religieuses de leurs visiteurs.

Jusque-là cette scène pouvait passer pour un moyen indigne d'avoir de l'argent. Mais le comble de l'abomination fut qu'il voulut lui-même consommer le mariage, et que voyant sa sœur prête à être déshonorée par un valet, il aima mieux la déshonorer lui-même. Il la mena à l'autel où la cérémonie du mariage se fit : ensuite la nuit étant venue il se substitua à la place du valet dans le lit de sa sœur. Le lendemain il se leva avant le jour, et disparut avec l'argent et le mari.

Six mois après, ayant dissipé les cent mille francs, il joua le même rôle avec sa seconde sœur, et comme il n'était pas homme à faire des jaloux dans sa famille, il se maria aussi dans le même goût avec la troisième.

Ce n'est là qu'un faible échantillon du caractère des Grecs qui entraient dans le nombre des cinquante législateurs.

Huit jours après on tint la première assemblée dans l'hôtel qu'on avait loué. Il fut d'abord délibéré qu'on commencerait par prendre une note de tous les Grecs actuellement existants à Paris, en attendant qu'on pût en avoir une générale de tous ceux du royaume ; ce qui ayant été exécuté, il se trouva que le nombre était d'environ vingt mille de toutes les classes, savoir : des Grecs, demi-Grecs ; en place, postulants, ou ceux qui avaient acheté des survivances[1] ; de ceux qui travaillaient en public, ou qui n'exerçaient leurs talents que dans le particulier. Grecs distingués, ou d'un rang ordinaire, comme seigneurs, marquis, comtes, barons, chevaliers, Grecs d'épée, ou de robe, et cette foule innombrable de filous de profession de la dernière classe ; en un mot, de tous ceux qui faisaient le métier de fripon honorablement, ou de tous ceux qui se déshonoraient en le faisant.

L'état des Grecs fait, on travailla à une seconde opération : ce fut de découvrir le gîte et la demeure des principaux de l'Ordre

---

1. *Survivance* : faculté de succéder à un homme à sa mort dans une fonction ou un titre.

pour les sommer verbalement de se rendre au lieu de l'assemblée générale. On déterra la demeure d'un certain nombre, mais comme l'exécution entière de cette seconde opération demandait du temps et de grandes recherches, il fut résolu qu'en attendant on travaillerait aux statuts.

Statuts de l'Ordre des Grecs

Aucun Grec à l'avenir n'en pourra porter le nom, s'il n'a été reçu auparavant par six chevaliers de l'Ordre, sans compter les deux parrains.

Il sera examiné par deux premiers professeurs, qui sur la capacité du candidat décideront s'il doit y être admis. Les preuves de suffisance faites, il lui sera remis une commission signée, et paraphée par les six Grecs qui l'auront reçu, et cachetée du propre sceau des armes de l'Ordre qui sera un Mercure protecteur des filous[1].

Il y aura cependant des exceptions pour l'examen, suivant les provinces du royaume où seront nées les personnes qui se présenteront. Par exemple un Gascon y sera reçu de plein droit[2] ; un Languedocien y sera admis sans examen ; un Comtois né à Besançon ne fera point de preuves.

[Les mêmes exceptions seront accordées aux étrangers de certaines nations.

Un Piémontais n'aura qu'à se présenter pour que sa commission lui soit expédiée sur-le-champ.

---

1. Le dieu romain Mercure est le protecteur des voleurs.
2. Les Gascons ont à l'époque la réputation d'être roublards et hâbleurs. Dans le passage qui suit comme ailleurs dans le texte, Goudar joue de la réputation des divers peuples européens à qui l'on prête alors une propension à la tricherie.

Un Napolitain y aura l'entrée libre. Un Vénitien (surtout s'il est noble) n'aura qu'à dire son nom pour être reçu, et généralement tous les Italiens sans examen pourront être brevetés.

Un Avignonnais n'aura qu'à se montrer pour être admis ; un Saxon qu'à parler ; et tous les Allemands y seront incorporés, et principalement ceux qui se font appeler baron.]

Il sera établi un signe dans l'Ordre, afin que tous les chevaliers se reconnaissent entre eux.

Avant qu'un Grec soit reçu, il faut qu'il ait fait apprentissage de filouterie, et soit parvenu par degrés à la maîtrise.

Pour son chef d'œuvre, il doit avoir gagné une somme considérable à un Gascon sur sa parole, et l'avoir fait payer.

Aucun Grec ne pourra à l'avenir être reçu dans l'Ordre s'il ne prête serment de fidélité sur un sizain de cartes, comme prenant investiture de ce seul département de filouterie, laissant toutes les autres friponneries à qui elles appartiennent de droit.

Il ne doit être permis à aucun particulier de quelle qualité et condition qu'il soit, lorsqu'il sera reconnu pour voleur, d'être reçu Grec, car quoique ces deux professions soient précisément les mêmes, elles ont cependant leurs districts différents.

Aucun Grec ne sera reçu dans l'Ordre, s'il ne prouve auparavant qu'il n'a pas entièrement perdu tout sentiment d'humanité, et que quoique Grec, il est encore homme.

Dans la seconde séance, il fut délibéré de faire des lois, pour fixer les qualités requises dans ceux qui voulaient devenir Grecs, pour obliger les Grecs à garder le secret ; pour fixer le nombre des Grecs, pour reformer les Grecs d'une certaine classe, pour anéantir les distinctions, et préséances parmi les Grecs.

Pour cet effet le marquis de Mont*** chef de la législation prit une autre fois la parole, et parla ainsi :

« On se plaint que les Grecs commencent à être décriés ; et le moyen, Messieurs, qu'ils ne le soient pas ? S'il y a un idiot, un sot, un stupide, un homme qui ne soit propre à rien dans une ville, et qui ne sache quoi devenir, son parti est pris, il se fait Grec.

« Paris est plein de Grecs, et quels Grecs ? Des gens qui ont la volonté de gagner de l'argent au jeu ; des maladroits, qui savent à peine se servir de leurs mains, des paralytiques, des hommes perclus de leurs membres, et qui n'ont pas plus tôt fait une friponnerie qu'elle est reconnue. Mais cet abus, Messieurs, n'est rien en comparaison d'un plus grand ; je veux parler du peu de mystère qu'on met dans la chose.

« Comme les anciens Grecs se lient tous les jours avec de jeunes étourdis, des écervelés, des gens indiscrets, les parties ne sont pas plus tôt faites qu'elles sont publiées.

« On n'a qu'à aller tous les matins au Palais-Royal, ou au café de Rochebrune[1], on lit ce qui s'est gagné la veille au jeu. La liste des sommes est sur la table, de même que le nom, surnom, qualités et patrie des intéressés. On lit cela ordinairement à la suite de la *Gazette de Hollande*.

« Je ne dis point, Messieurs, que ce soit un déshonneur d'être Grec. Je pense trop bien pour cela ; mais j'avance que la publicité des parties en arrête les progrès, et qu'étant fripon, il est de bonne politique de ne pas le paraître.

« Outre l'intérêt de la chose, il résulte un danger évident pour la Société. Un de ces Grecs indiscrets n'a pas plus tôt été arrêté, qu'on lui fait faire en prison une confession générale ; et alors la moitié de Paris est obligée de s'absenter. Or vous conviendrez, Messieurs, qu'il est bien désagréable de voyager sans avoir aucun goût pour les voyages.

---

1. Le quartier du Palais-Royal, lieu de promenade apprécié des Parisiens au XVIIIᵉ siècle, accueillait de nombreux cafés. Fréquenté par toutes les classes de la société, c'était aussi un haut lieu de la prostitution et du jeu. Le café de Rochebrune se trouvait à proximité, rue Saint-Honoré, en face de l'église collégiale Saint-Honoré, détruite en 1792. Son emplacement est aujourd'hui occupé par l'immeuble du ministère de la Culture.

« Il y a aujourd'hui un thermomètre sûr, pour découvrir la cause des exécutions de la police.

« Quand vous voyez murer des boutiques à café, enlever des femmes de condition, expédier des lettres de cachet, appliquer des amendes, soyez assuré que quelque Grec s'est laissé pincer, et qu'on le tient en cage, où on le fait jaser comme une pie borgne. On n'omet aucun fait sur sa conduite passée, on épluche les plus petites minuties de sa vie ; car je ne connais rien dans le monde de si curieux que ces *policiens*[1]. C'est une peste que ces gens-là pour dévoiler certains mystères qu'on avait toujours tenus cachés.

« Un autre abus, Messieurs, c'est le nombre illimité des chevaliers de notre Ordre : bientôt il y aura plus de Grecs que de joueurs de bonne foi. Dans toutes les sociétés, il faut de certaines bornes, sans quoi on donne dans le défaut du trop grand nombre, abus qui doit à la fin les détruire. Examinez les Compagnies de traitants[2], elles sont limitées. Il n'y a qu'une quantité fixe de personnes qui puissent y être reçues.

« Si tout le monde se fait fripon, à la fin, il n'y aura plus de dupes, et dès lors l'Ordre tombera de lui-même.

« Chaque fois qu'on admet un nouveau Grec, non seulement cela diminue les profits de la Société générale ; mais même chaque membre particulier perd le droit qu'il avait sur lui d'en faire une dupe.

« D'un autre côté la qualité des Grecs d'un rang supérieur, et qui augmente tous les jours, n'est pas moins préjudiciable à l'Ordre.

« La condition de ces Grecs qui leur donne entrée dans les premières maisons de Paris et du royaume les met à même de faire de grands coups, tandis que le reste des petits Grecs,

---

1. *Policiens* : policiers.
2. *Les compagnies de traitants* : les compagnies de fermiers généraux. Tout le passage est une satire de leur monopole.

qui en sont naturellement exclus, ne font que glaner dans le public. On sait la requête des filles de joie, qui se plaignaient de n'avoir plus de pratiques, depuis que les femmes de condition se mêlaient de faire leur métier.

« C'est précisément là notre cas ; si certains seigneurs ne dépouillaient eux-mêmes les dupes d'un rang distingué, le jeu les ferait descendre insensiblement dans la classe des Grecs ordinaires, et ils tomberaient à la fin dans nos filets.

« Alors deux ou trois cents Grecs subalternes se partageraient des sommes considérables, qui ne reviennent souvent qu'à un seul ; ce qui serait aussi avantageux à l'État qu'à notre Société ; car la circulation de l'espèce en serait alors bien plus grande[1].

« Il se perd tous les jours des sommes considérables à la Cour, et dans le premier grand monde, dont nous autres petits Grecs ne tâtons que d'une dent. On entend dire tous les jours que monsieur le D*** un tel, et monsieur le P*** tel ont gagné cent mille écus à un seigneur, cinq cent mille francs à un autre. Mais si un tel D*** et un tel P*** sont Grecs comme nous, pourquoi ne devons-nous pas avoir notre part de ces sommes ?

« Un autre inconvénient, Messieurs, et qui prend sa source dans celui-là même, c'est le défaut d'une certaine bienséance entre les chevaliers de l'Ordre. Car enfin un Grec de l'espèce dont nous venons de parler se croirait déshonoré pour toujours s'il en saluait un d'un rang ordinaire.

« Cependant il ne devrait y avoir entre eux aucune différence. Si la naissance met des distinctions parmi les hommes, les talents rétablissent le niveau, et les font tous égaux lorsqu'ils exercent la même profession.

[« Qu'importe après tout, qu'un Grec porte le nom de *Monseigneur*, ou celui de *Monsieur* ? Les titres ne font rien à l'affaire.

---

1. On retrouve ici un des thèmes favoris du proto-économiste qu'est Goudar.

On n'en est pas moins fripon parce qu'on a un cordon sur son habit, ou un ruban à sa boutonnière.]

« Je vous avoue, Messieurs, que mon amour-propre souffre de me voir méprisé par ceux qui, quoique nés dans un rang très élevé, sont néanmoins mes confrères.

« Cette distinction est d'une conséquence infinie pour l'Ordre. Elle avilit la Grèce subalterne ; car on a beau dire, on se croit toujours inférieur à ceux qui par des airs de hauteur nous font sentir qu'ils sont nos supérieurs ; jusque-là que j'ai vu de petits Grecs timides et interdits n'oser pas travailler devant ceux d'un rang distingué, quoique ceux-ci ne se gênassent point, et missent leurs talents à profit en leur présence.

« S'il doit y avoir quelque distinction, elle doit être pour ceux qui surpassent les autres par leurs talents ; et c'est encore ici, Messieurs, un autre défaut de notre Ordre : le Grec habile n'y est pas plus distingué que le Grec grossier et maladroit.

« Tout le monde sait qu'à Lacédémone[1], qui était une république non seulement grecque, mais même composée de Grecs, il y avait des places d'honneur pour ceux qui volaient adroitement. Il faut un aiguillon aux hommes, sans quoi ils tombent dans l'inaction. Ôtez l'émulation des sociétés, et vous les détruirez toutes ; car outre l'intérêt particulier, chaque homme recherche toujours quelque marque de distinction qui flatte sa vanité ; et c'est principalement à ces distinctions que tous les ordres doivent leurs grands hommes.

« Voyez la politique des financiers : un commis des Fermes n'a pas plus tôt établi une nouvelle méthode de perception, imaginé un monopole inconnu jusque-là qu'il est fêté, honoré, et distingué dans la Compagnie. On l'écrit aussitôt sur le catalogue

---

1. Lacédémone est l'ancien nom de Sparte ; Plutarque raconte dans un passage célèbre (*Vie de Lycurgue*, XXVIII) que les adolescents y étaient délibérément sous-nourris pour les pousser au vol de nourriture et développer ainsi leur hardiesse, et qu'ils n'étaient punis que pour s'être laissé prendre.

des illustres financiers. Tous les Fermiers généraux veulent avoir son nom, et le citent continuellement aux autres commis pour exemple. C'est en grande partie à cette maxime que la Compagnie doit ses grands sujets, et ce qui fait aussi qu'on trouve aujourd'hui dans les provinces des commis aussi durs, aussi cruels, et aussi impitoyables que leurs maîtres mêmes.

« Je conclus de ceci, Messieurs, la nécessité des lois et des règlements suivants :

Loi sur les qualités requises pour être Grec

Comme c'est une vérité incontestable que les aveugles ne sont point en état de juger des couleurs, et que les gens qui n'ont point de jambes sont dans l'impossibilité de marcher, il l'est également que des idiots, des stupides puissent faire des dupes au jeu. C'est parce que de pareilles gens se mettent dans l'intrigue qu'on voit, au grand scandale de notre Société générale, une foule de Grecs traînés tous les jours en prison.

À ces causes, et pour prévenir tous les abus qui peuvent en résulter, nous ordonnons que dorénavant aucun homme, de quelle qualité et condition qu'il soit, ne pourra être Grec s'il n'a les qualités requises pour être reçu commis dans les Fermes royales. En outre, ordonnons qu'il aura lu quelques pages de Machiavel, afin d'être en état de parler politique dans les cafés publics, et décider hardiment sur les intérêts des princes : ce talent étant très nécessaire pour faire connaissance avec les étrangers, pour les mener ensuite dans les tripots où ils doivent être dépouillés. Ordonnons également qu'aucun homme de quelle qualité et condition qu'il soit ne pourra être reçu Grec si au préalable il n'a appris auparavant à jouer des gobelets[1] pendant trois ans. Il faut aussi qu'il soit fin, rusé, adroit, et surtout qu'il ait

---

1. Voir p. 41, note 2.

des mains bien dégagées au bas de ses bras, et des doigts bien déliés au bout de ses mains, etc. Donné en notre hôtel, le, etc.

LOI POUR OBLIGER LES GENS À GARDER LE SECRET

L'indiscrétion étant un vice très dangereux, et le secret au contraire une vertu nécessaire dans un ordre, etc., nous ordonnons par le présent règlement qu'aucun particulier, à l'avenir, ne pourra être reçu Grec s'il est naturellement babillard, et comme on dit, un parleur impitoyable.

[En outre, pour être sûr qu'il se sera accoutumé de bonne heure à la circonspection, et à garder le secret sur l'Ordre, nous déclarons ici que nous n'en recevrons aucun qui n'ait été pendant six ans j***[1], ou ait vécu un pareil nombre d'années avec eux.]

Si ces précautions ne suffisent pas pour obliger au silence, nous déclarons ici que dorénavant, il y aura un chirurgien en titre, établi dans l'Ordre pour examiner le filet de la langue à tout homme qui voudra être reçu Grec. Donné en notre hôtel, le, etc.

RÈGLEMENT PORTANT FIXATION DU NOMBRE DES GRECS

Ayant remarqué qu'il n'y a point aujourd'hui de profession qu'on embrasse plus facilement que celle de Grec, ce qui multiplie si fort l'espèce dans le royaume, que bientôt la France

---

1. Jésuite. Les jésuites sont peu appréciés en France au XVIIIe siècle ; on leur prête de grands talents pour la manipulation, et on leur reproche d'œuvrer dans l'ombre pour accroître le pouvoir de la papauté en général, et de leur propre congrégation en particulier. Les jésuites sont bannis de France en 1762.

entière sera une république grecque, pour éviter l'inconvénient de la trop grande quantité, nous en fixons ici le nombre à dix mille seulement pour la ville de Paris ; cette quantité nous ayant paru suffisante pour dépouiller les dupes de cette capitale.

Ainsi nous réformons, cassons, exterminons, anéantissons par la présente tous les chevaliers qui sont de plus dans l'Ordre ; sauf à eux d'aller s'établir dans les autres États étrangers, ou différentes villes de province du royaume.

Nous déclarons cependant qu'au défaut de places vacantes dans l'Ordre, il leur sera permis de devenir coadjuteurs[1], et d'acheter des survivances[2], offrant pour cela de leur signer des bons, à condition toutefois que les postulants auront d'ailleurs les qualités requises pour être reçus Grecs. En notre hôtel, le, etc.

Loi qui réforme les Grecs d'une certaine classe

Comme de temps immémorial la profession de Grec a été dévolue aux cadets de famille de Gascogne, qui n'ayant pas de quoi subsister avec leur patrimoine avaient imaginé ce moyen pour vivre avec honneur et décence dans le monde, il est hors de propos et même contraire à un certain droit des gens[3] que des personnes de la première classe se fassent Grecs.

Pour remédier à cet abus qui peut avoir de terribles conséquences, puisqu'il ne tend pas moins qu'à réduire à l'hôpital[4] une foule de petits Grecs, nous ordonnons qu'à l'avenir aucun comte, seigneur, baron, marquis, ne pourra être reçu Grec, et

---

1. Voir p. 39, note 1.

2. Voir p. 59, note 1.

3. Le « droit des gens », calque du latin *jus gentium*, désigne traditionnellement les droits garantis aux étrangers.

4. Voir p. 45, note 2.

cela sous peine d'être montré au doigt, et désigné dans les assemblées publiques. En notre hôtel, le, etc.

RÈGLEMENT QUI ANÉANTIT LES DISTINCTIONS ET PRÉSÉANCES PARMI LES GRECS

Tous les ordres ayant pour principe l'égalité, c'est vouloir renverser l'ordre des choses, que d'y établir des distinctions, et des préséances, etc.

À ces causes nous ordonnons que tout Grec de quelle qualité et condition qu'il soit qui en rencontrera un autre d'une naissance inférieure le saluera, et cela parce que s'il n'est pas gentilhomme comme lui, il est Grec aussi bien que lui, et qu'en cette qualité toute supériorité cesse parmi eux. Et en cas de désobéissance, permettons à tout petit Grec de lui jeter son chapeau dans le parterre s'il est au spectacle, ou sur le pavé s'il le rencontre dans la rue. En notre hôtel, le, etc.

Quelques jours après cette première séance les principaux Grecs de la législation s'assemblèrent de nouveau, et le marquis de Mont*** reprit ainsi la parole.

Tous les statuts et les règlements que nous avons faits jusqu'ici, Messieurs, deviendront inutiles s'ils ne sont accompagnés de plusieurs autres aussi nécessaires que les premiers.

Parmi la foule des désordres qui existent encore dans l'Ordre, j'en trouve plusieurs de la plus grande conséquence. Un des principaux, selon moi, est l'avidité de gagner aux dupes des sommes considérables sur leur parole, qui n'étant pas ensuite payées, quoique l'association des Grecques ait un peu remédié à cet inconvénient, font beaucoup de tort non seulement aux Grecs en particulier qui perdent ces sommes, mais même à la Société générale des Grecs.

Je trouve par les états qui m'ont été présentés que trois chevaliers de l'Ordre ont gagné dans quatre mois à six particuliers douze cent mille livres. Que ne leur gagnaient-ils douze cents millions ? En vérité il est pitoyable, Messieurs, que des gens qui se donnent pour des hommes fins soient pris continuellement eux-mêmes pour dupes.

La police est remplie de pères de famille qui vont tous les jours se plaindre de ce que leurs fils ont perdu cinq cent mille francs, deux cent mille écus, et alors la sentence contre ceux qui ont gagné ces sommes, se trouve appointée : en voici le précis : *rien.*

Règle générale, Messieurs : toutes les fois qu'un joueur gagne une somme au-delà des facultés de celui qui l'a perdue, il est taxé de fripon, fût-il le plus honnête homme du monde. Et en cela il me semble que le public a raison ; car quelqu'un qui en ruine un autre dans une séance peut être considéré comme un meurtrier, un assassin qui tue civilement un homme d'un seul coup.

Outre qu'il expose toujours sa réputation en pareil cas, il perd encore ordinairement la somme qu'on lui doit.

L'honneur relatif aux dettes que l'on contracte au jeu a des bornes ; lorsqu'un Grec, en gagnant une somme trop considérable, passe ces bornes, il fait lui-même un malhonnête homme de celui qui ne l'était pas auparavant.

Par exemple, il y a des joueurs dont la probité à l'égard des dettes contractées au jeu va à mille écus ; d'autres à six mille francs ; il s'en trouve de dix mille, de quinze mille, et ainsi des autres, relativement à leurs facultés ; lorsqu'on va au-delà de ces limites, tous les plus honnêtes joueurs deviennent de mauvaise foi.

Je ne sais pas si on ne pourrait point fixer le dernier terme de la probité du plus honnête joueur à cent mille francs ; du moins on peut présumer qu'il n'y a peut-être pas six joueurs dans le royaume qui balançassent à l'appât[1] de se refuser à payer une pareille somme.

Outre que ceux qui ont fait de grosses pertes au jeu ont la ressource de dire qu'ils ont été volés, un homme qui se voit écrasé dans une seule séance fait son compte. Si je paye, dit-il en lui-même, je serai riche d'honneur, mais pauvre de biens ; si je ne paye pas, je serai riche de biens, mais pauvre d'honneur. Ruiné pour ruiné, il aime mieux choisir cette manière de l'être qui tourne le plus à son compte.

Outre cet inconvénient passif, il en résulte un autre actif ; je veux dire qu'un homme qui perd une somme immense qu'il ne paye point, ou ne paraît plus, ou ne joue plus, ce qui est pour nous la même chose ; et alors on perd la terre et le revenu. Car quelqu'un qui ne satisfait point aux engagements qu'il a contractés au jeu sous prétexte qu'il a été volé est toujours honteux. Tout le monde a beau lui dire qu'il a bien fait ; il sait bien lui-même qu'il a fait mal de ne pas payer, et cela lui suffit.

Presque tous les Grecs se perdent faute de connaître les hommes. S'ils avaient étudié l'économie des passions, ils sauraient que l'avarice a besoin d'être ménagée, et que lorsque ce vice est conduit, il peut procurer de plus grandes richesses que la prodigalité elle-même.

Personne de vous, Messieurs, n'ignore que le jeu n'est autre chose qu'une sordide avarice. Un homme qui perd une petite somme d'argent qu'il a payée comptant revient bientôt à la charge. Il emprunte, il engage, il vend pour rejouer dans l'espérance de se refaire de ce dont il est en avance.

Cette seconde perte le mène à une troisième, et ainsi des autres, jusqu'à ce qu'il ait entièrement perdu tout son bien ; chaque écu qu'il donne forme une pierre d'attente, à laquelle se lie insensiblement sa ruine.

---

1. C'est-à-dire : qui hésitent devant l'opportunité de ne pas payer qu'offre le caractère démesuré de la somme.

Si on eût gagné du premier coup une somme plus considérable sur sa parole à cet homme, il ne l'eût point payée, et n'eut
plus joué ; et par là il eût garanti tout son bien du naufrage
du jeu.

Dans l'Ordre, on a la fureur de vouloir faire apercevoir aux
dupes qu'elles s'écrasent [1]. Mauvaise politique, Messieurs, il
faut les ruiner insensiblement sans qu'elles s'en aperçoivent
elles-mêmes. Les affaires en gros appauvriront toujours les
Grecs. Le détail seul peut les enrichir.

L'impatience d'avoir tout fait qu'on n'a rien. En un mot,
Messieurs, dans les affaires du jeu comme dans toutes les autres
de la société, il faut donner du temps au temps.

Le second désordre qui émane du premier, c'est la diminution [2] pour ceux à qui on a gagné des sommes considérables
sur leur parole.

La plupart des Grecs sont si impatients d'avoir de l'argent
comptant que pour ne pas attendre, ils se contentent de tout
ce qu'on veut leur donner.

À combien croiriez-vous que six Grecs de ma connaissance
ont accommodé un gain de quatre cent mille francs qu'ils
avaient fait à quelqu'un qui contre l'usage ordinaire les aurait payés, s'ils avaient eu la patience d'attendre ? Chose in-
croyable ! À cent louis. Eh, le moyen, Messieurs, après cela que
les chevaliers de l'Ordre ne se décrient, et que les Grecs ne
passent pas pour Grecs ? Il y a une loi établie là-dessus ; il faut
la suivre.

Tout homme qui gagne une somme considérable au jeu, et
qui en remet la plus grosse partie à celui qui l'a perdue, s'accuse
lui-même devant la police, et met le public en droit de le taxer
de fripon, à moins qu'il ne se conte dans le monde que la

---

1. *Écraser quelqu'un* signifie figurativement à l'époque le ruiner entièrement.

2. *Diminution* : à l'époque, le mot peut s'employer de manière absolue
(sans complément).

solvabilité de la personne ne s'étend que jusqu'à la somme reçue ; car là où il n'y a rien à prendre que ce qu'on prend, on ne saurait prendre davantage.

Je voudrais, Messieurs, que tous les Grecs apprissent par cœur cette importante maxime : *qu'il faut gagner peu ; mais que lorsqu'on a gagné beaucoup, il ne faut pas se contenter de peu.* Ce sont les diminutions sur les sommes qui ont fait accoutumer enfin à ne plus en rien payer. Si lors des pertes considérables qu'on commença de se faire [*sic*] sur sa parole, on eût tenu bon, les dupes joueraient moins aujourd'hui, ou paieraient tout ce qu'elles joueraient.

Une douzaine de duels eussent mis la chose en règle. Mais le mal vient du besoin pressant d'argent où sont continuellement les Grecs : les gens de justice eux-mêmes n'en sont pas si affamés qu'eux, et ce besoin prend sa source dans les dépenses prodigieuses qu'ils font.

Un Grec n'a pas plus tôt dépouillé deux ou trois dupes, et gagné quelque centaine [*sic*] de louis, qu'il étale le lendemain un bel équipage. Sa garde-robe devient aussitôt une friperie entière. Tous les habits de la rue de la Harpe[1] sont chez lui. On le voit dans peu en liaison d'affaires avec le tapissier, le bijoutier, l'horloger, le galonnier, [le tailleur, le sellier,] l'orfèvre, le marchand, etc. Il tient table ouverte et fait le seigneur. S'il y a un hôtel magnifique dans Paris, il veut l'habiter ; s'il y a un colifichet dans un goût nouveau, il veut l'acheter ; s'il y a une demoiselle à l'Opéra qui coûte cher, il veut l'avoir. Toutes les entremetteuses sont à ses gages. On lui présente plus de petites filles qu'à un Fermier général.

On connaît aujourd'hui les chevaliers de l'Ordre, comme les ambassadeurs, à la dépense. Lorsqu'on voit un homme de

---

1. La rue de la Harpe avait à l'époque la réputation d'abriter de nombreux usuriers ; les habits en question sont sans doute ceux laissés en gage, et non récupérés.

mauvaise mine dans le fond d'un carrosse doré, et derrière quatre laquais à livrée et à plumet, on ne peut plus s'y tromper ; c'est un Grec. Mais dans peu sa maison est assiégée par les créanciers : son antichambre ne désemplit plus de gens qui viennent lui demander de l'argent ; la foule y est, on s'y porte. En exigeant son payement, chacun lui donne des titres relatifs au rang qu'il lui croyait dans le monde ; les uns l'ont pris pour un prince, les autres pour un grand seigneur ; ceux-ci pour un résident étranger, ceux-là pour un aventurier : *Monseigneur,* lui dit l'un, *vous savez qu'il m'est dû six mois de carrosse. Votre Excellence,* lui dit un autre, *n'ignore pas que j'ai nourri et logé ses gens pendant longtemps. Illustrissime,* lui crie un créancier italien, *per l'amor di Dio la suplico di ricordarsi di me. Monsieur,* lui dit le rôtisseur, *je viens vous présenter le compte des chapons et des poulardes que je vous ai fournis. Maître,* lui dit un fiacre à qui il est dû quelques courses, *il me faut de l'argent. Monsir,* lui dit un valet suisse à qui il est dû six mois de gages, *moi serfir fous, fous payer moi.*

Oh ça Monsieur le drôle, lui dit un cocher qui a été renvoyé sans régler ses comptes, *dégainons. Parlasembleu, je vous avertis que sur l'article de mes gages, je n'entends pas raillerie ; faute de paiement, je donne sur la face ; en pareil cas, je traite mes maîtres comme mes chevaux. On ne vit point de l'air. Entre le grison*[1] *et le bai, six enfants, ma femme et moi, nous dépensons un écu par jour. Je ne sors pas d'ici que vous ne me donniez au moins l'argent de l'avoine.*

Un Grec qui se trouve ainsi assiégé (et ils le sont presque tous de même) donnerait une créance de cent mille écus pour cinq cents francs ; cependant l'Ordre se décrie par là, parce qu'il ne paraît pas naturel qu'un homme qui a gagné à beau jeu une somme considérable se contente d'une si petite somme.

---

1. [NdA] Tous les cochers à Paris donnent des noms à leurs chevaux.

Ainsi Messieurs, reprit-il, je serais d'avis si vous le jugez convenable d'établir là-dessus dans l'Ordre les règlements dont voici la minute, et les ayant sortis de sa poche, sans autre préambule, il en fit la lecture :

Loi[1] écrite sur les sommes que les Grecs doivent gagner sur la parole relativement à la qualité, au rang, et aux distinctions des personnes

Pour éviter les abus qui naissent tous les jours à l'occasion des sommes qui se jouent sur la parole, nous avons cru nécessaire, pour le bon ordre, d'établir une pragmatique[2] afin de fixer une fois pour toutes ce que les Grecs doivent gagner à chaque classe de joueurs.

À cet effet nous défendons à tout chevalier de l'Ordre de gagner au-delà de 6 livres 10 sols sur la parole d'un Gascon, et de tout autre provincial qui sera né à deux lieues de la Garonne, nous étant aperçus que cette rivière a la même vertu que le fleuve Léthé, et que ceux qui après avoir bu de cette eau perdent au jeu, oublient toujours de payer.

Comme la Seine n'a pas tout à fait cette qualité, nous permettons à tout Grec de gagner à un Parisien sur sa parole, ou à tout autre né dans la province de l'Île-de-France 500 livres,

---

1. La « loi écrite » s'oppose à la loi non écrite, comme la légalité s'oppose à la légitimité. C'est Aristote qui introduit la distinction entre les deux dans l'*Éthique à Nicomaque*.

2. *Une pragmatique*, ou pragmatique sanction désigne au départ un édit d'un souverain qui tranche de manière définitive une question très importante pour le pays ; au XVIIIe siècle, l'expression sert plutôt à désigner des règlements ecclésiastiques. Elle est le plus souvent employée à propos de l'ordonnance de 1438 par laquelle Charles VII jette les fondements du gallicanisme.

mais non d'avantage, par la raison que pour bien plumer un poulet, il ne faut pas commencer par l'écorcher.

— À un petit-maître *rien*, à moins qu'il ne fasse sa cour à une douairière à coffre-fort.
— À un jeune abbé *rien*, à moins qu'il ne serve un bénéfice[1], c'est-à-dire qu'il ne soit entretenu par une vieille femme.
— À un fils de famille dont le père est en crédit à la Cour *rien*, et cela à cause de la sentence *de rien rendre*[2], toujours portée contre ceux qui leur gagnent de l'argent au jeu.
— Au parent d'un secrétaire d'État *rien*, et cela à cause de la mauvaise habitude où ils sont de lâcher des lettres de cachet.
— À un frère, oncle, neveu, cousin ou allié du lieutenant de police de Paris à la centième génération *rien*, et cela à cause de la maison située à une lieue de Paris qu'on nomme Bicêtre[3].
— À un petit-maître de robe, *peu de chose*, s'il n'a pas une charge à lui.
— Aux bourgeois de Paris *peu de chose*, s'ils n'ont pas de l'argent sur la place.
— À un marchand, négociant, commissionnaire, fabricant ou banquier, *beaucoup*, parce qu'on a la ressource de tirer des lettres de change sur eux.

---

1. *Bénéfice* : dans le domaine ecclésiastique, titre ou revenu accordé en échange de services.

2. Les mineurs sont protégés contre les emprunts, dont font partie les dettes de jeu, qui pourraient leur porter préjudice : dans une *restitution*, ils rendent le solde de l'argent éventuellement emprunté, mais sans rien rendre des sommes perdues ou dissipées.

3. Recevant les aliénés, les malades et toutes sortes de criminels, Bicêtre avait la réputation d'être la pire prison de Paris.

— À un orfèvre, bijoutier, *extraordinairement*, parce qu'on a droit de suite[1] sur les diamants.

— Aux étrangers, surtout aux Anglais qu'on appelle milords quoiqu'ils ne le soient pas, *tant qu'on peut.*

— Aux ambassadeurs et envoyés extraordinaires des cours, *carte blanche.*

Mais comme cette loi générale ne suffit pas, et qu'elle a besoin elle-même de restrictions, exceptions, limitations, nous mettons ici un tarif juste des sommes que les chevaliers peuvent gagner sur la parole relativement à la naissance, rang, qualité et emploi des personnes, savoir,

— À un prince : 500 livres
— À son intendant : 10 000 liv.
— À un seigneur de la Cour : 200 liv.
— À son homme d'affaires : 20 000 liv.
— À un noble de Paris : 600 liv.
— À un gentilhomme de province[2] : 6 000 liv.
— À un général d'armée : 1 000 liv.
— À un général des vivres : 100 000 liv.
— À un lieutenant général : 500 liv.
— À un régisseur des fourrages : 50 000 liv.
— À un colonel : 50 liv.
— À un garde-magasin : 5 000 liv.
— À un capitaine d'infanterie : 25 liv.
— Au plus petit employé de l'armée : 400 liv.
— À un président au mortier : 1 000 liv.
— À un commis des Fermes : 10 000 liv.
— À un conseiller au parlement : 100 liv.
— À un directeur des domaines : 50 000 liv.

---

1. Le *droit de suite* autorise le propriétaire légitime d'un bien ou d'une créance à exercer ses droits quelles que soient les mains entre lesquelles se trouve le bien.

2. Édition pirate : « À un gentilhomme de province ruiné ».

— À un Fermier général *point de bornes* ; c'est ici le gros lot de la Grèce. *Dix millions [s'il se peut].*

Deuxième loi écrite pour défendre les remises et diminutions des pertes qui se font au jeu sur la parole

Attendu qu'il est inutile à un Grec de gagner une somme considérable au jeu lorsqu'il se contente d'une petite, et que sur un gain de vingt mille francs qu'il laisse réduire à quatre cents livres, il y a un vide dans sa filouterie de dix-neuf mille cinq cents livres, ce qui fait alors que les onze douzièmes de son talent lui deviennent inutiles, nous ordonnons qu'à l'avenir les chevaliers de l'Ordre ne pourront faire grâce de rien aux dupes sur les sommes qu'ils leur gagneront au jeu, sous peine de démission et cassation de leur charge, sauf à eux à de ne pas jouer de grandes sommes sur leur parole, ou une fois qu'elles sont gagnées, courir tous les événements de la police, l'Ordre s'obligeant en cas de violence de la part de celle-ci de les entretenir en prison à ses dépens, quand ils y resteraient dix ans.

Troisième loi écrite pour diminuer les dépenses des chevaliers de l'Ordre

Comme le luxe, quoi qu'en disent certains politiques[1], est la cause première de la ruine des États, il l'est également des

---

1. La querelle du luxe a notamment opposé au XVIIIᵉ siècle Voltaire et Rousseau, le premier défendant le luxe comme marque de civilisation et facteur de développement économique, le second le pourfendant comme corrupteur. Montesquieu a reconnu l'utilité du luxe dans un état monarchique, et Helvétius a fait du luxe une aspiration nécessaire pour stimuler l'homme. Dans sa condamnation, même burlesque, d'un luxe ostentatoire

compagnies et des ordres particuliers. Pour prévenir celle du nôtre, nous avons jugé convenable d'établir une pragmatique, pour modérer et diminuer la dépense de chevaliers de l'Ordre.

À ces causes, nous ordonnons que tous les Grecs actuellement logés dans les appartements superbes de deux cents livres et cent écus par mois en délogeront incessamment, pour se mettre dans de petites chambres garnies, dont le prix ne soit point au-dessus de celui de dix francs.

Leur enjoignons en même temps de se défaire de leur carrosse de remise[1], et de marcher à pied dans les rues de Paris, comme une foule d'honnêtes gens qui n'ont pas d'autre voiture que leurs jambes. Car outre que la goutte pourrait attaquer la plupart d'entre eux faute d'exercice, il est d'une conséquence infinie pour l'Ordre de réformer cette dépense particulière de cent écus par mois, qui combinée par la totale, en fait une annuelle de plus de 150 000, y ayant actuellement plus de cinq mille Grecs dans Paris qui ont des carrosses de remise, ce qui absorbe le plus liquide des profits qui se font au jeu, et fait que ce ne sont pas les Grecs, mais les loueurs de carrosses qui filoutent.

Il sera libre aux chevaliers de l'Ordre de se servir des fiacres pour aller plus vite dans les endroits où sont les dupes ; d'autant plus que ces voitures ont été destinées de tout temps pour le département général des parties des filles de joie, et de celles de filouterie, et qu'il n'y a pas dix ans que les Grecs les ont quittées pour prendre des remises. Par le même règlement, nous défendons à tout chevalier de l'Ordre de se mettre en habit brodé ; car outre que jamais habit en broderie ne s'est

---

néfaste à la richesse des nations, Goudar préfigure dans le champ économique les physiocrates. Sur le sujet, voir R. Trousson, « Art et luxe au XVIIIᵉ siècle », *Annales de la Société Jean-Jacques Rousseau*, 45, 2003, p. 1536.

1. *Carrosse de remise* : carrosse loué à la journée ou au mois, pour se déplacer dans et autour de Paris.

trouvé juste à la taille d'un Grec[1], cette dépense est toujours considérable par elle-même.

Leur permettons d'acheter pour leur usage des habits unis de la seconde main ; le sieur Cahuet, à l'enseigne du Turc[2], peut en fournir à tout l'Ordre à un prix raisonnable, c'est-à-dire à trois fois plus qu'ils ne lui coûtent.

Ordonnons après la lecture du présent règlement à tous les Grecs de faire divorce avec les diamants, rubis, émeraudes, grenats, jacinthes[3], aigues-marines, boîtes d'or, étuis de vermeil, attendu que tous ces bijoux qu'on leur vend très cher dans le temps de leur prospérité, se revendent pour rien dans celui de leur adversité, c'est-à-dire dans ces moments critiques où il faut fondre la cloche et faire argent des meubles. Revirements de parties[4] qui causent des vides épouvantables dans les finances des chevaliers de l'Ordre.

Mais afin que les Grecs ne soient point entièrement privés d'avoir des bijoux, nous leur permettons de porter des bagues de belles pierres de strass.

Il ne sera permis à l'avenir à aucun chevalier de l'Ordre d'approcher, frayer, lier connaissance avec aucune fille de spectacle, et encore moins de l'entretenir à cause de vingt louis qu'il faut donner par mois à ces créatures, lesquels vingt louis ruinent la plupart des chevaliers.

---

1. L'habit brodé, très élégant mais extrêmement cher s'il est fait sur mesure, n'est pas exactement à la bonne taille parce que le Grec l'a acheté d'occasion à un fripier, pour un prix moindre – ou qu'il l'a gagné au jeu.

2. Il a, semble-t-il, existé un cabaret « à l'enseigne du Turc » rue aux Ours à Paris au XVIIe siècle. Plus vraisemblablement, la mention du « Turc » renvoie ironiquement au caractère impitoyable et cruel qui est prêté à ce peuple à l'époque.

3. *Jacinthes* : on préfère aujourd'hui employer l'orthographe « hyacinthes » pour la pierre précieuse de ce nom.

4. *Revirement de parties*, ou virement de parties : opération qui consiste à régler une dette par le transfert d'une créance de même montant.

Mais afin que le corps de la Grèce soit toujours galant, et ne devienne point barbare, nous fixons le département de ses plaisirs aux soubrettes des comédiennes, dont l'entretien n'est pas si considérable.

Bien entendu cependant qu'il sera toujours permis aux chevaliers de l'Ordre de s'intriguer chez les riches veuves, chez les jeunes demoiselles à marier, chez les héroïnes d'amour, chez les femmes à sentiment, et chez les vieilles dames de condition, qui entretiennent au lieu d'être entretenues.

À l'égard de la dépense pour la table, afin de n'être pas obligé de faire ici des lois somptuaires[1], nous ordonnons par la présente loi qu'aucun Grec ne pourra aller manger à un ordinaire[2] au-dessus de huit[3] sols, attendu qu'une soupe, un bouilli et une assiette de bœuf doivent suffire pour donner à vivre à tout homme qui n'a d'autre revenu que celui de son industrie ; d'autant plus que la Grèce étant sujette à d'étranges vicissitudes et à de grandes révolutions, il convient qu'un Grec s'accoutume de bonne heure au bœuf à la mode[4]. En notre

---

1. Lois limitant les dépenses de luxe.

2. *Ordinaire* : ce qu'on a l'habitude de servir pour le repas. Désigne ici ce que nous appellerions le plat du jour de tel ou tel établissement.

3. Édition pirate : « dix ».

4. *Bœuf à la mode* : cette belle tranche de bœuf, bardée de lard et cuite dans son jus avec des aromates, est des plus antiques : la recette se trouve déjà dans *Le Cuisinier françois*, premier livre de recettes moderne publié par La Varenne en 1651. Ce plat a longtemps été typique des tables parisiennes s'adressant à ce qu'on ne nommait pas encore la classe moyenne. Son succès était tel, que comme nous l'apprend le *Dictionnaire universel français et latin* de 1743, on l'emploie alors comme surnom pour désigner le bourgeois de Paris : « On appelle à Paris le simple bourgeois, du *bœuf à la mode* ; ce terme est bas et populaire. "Allons nous promener au Luxembourg. Oh ! Non, répondra une précieuse du bas étage, à l'heure qu'il est il n'y a que du *bœuf à la mode* au Luxembourg." » En 1843, Auguste Wahlen, dans son *Nouveau dictionnaire de la conversation*, relève encore : « On a donné le nom de *bœuf à la mode* à certain ragoût trop connu dans Paris pour qu'il soit nécessaire d'en entreprendre ici l'analyse. C'est le plat confortable de plus d'un modeste individu, pour qui la quantité en matière

hôtel, etc.

Après que le marquis de Mont*** eut fini cette lecture, le chevalier qui devait *les douze cents côtelettes de mouton sur le gril* à la gargote, s'étant levé, prit ainsi la parole :

« Messieurs, jamais Démosthène[1] ne parla avec tant d'éloquence que l'illustre Grec que venez d'entendre. On trouve plus de justesse et de précision dans ses lois que dans celles de Lycurgue[2] et de Solon même ; mais il me permettra cependant de lui représenter qu'il n'est pas encore remonté à la source du principal inconvénient qui se trouve dans notre Ordre, et qui peut le faire périr à chaque instant. Je veux parler du défaut de protection de la part d'un certain juge. Vous le savez, Messieurs, il n'y a aucune compagnie en France qui n'ait son patron. « Par exemple, les Fermes royales sont protégées par le Roi même ; celles des Indes ont pour elles les ministres, et ainsi des autres jusques à celles des coches et diligences publiques. Il n'y a que nous qui n'en avons point. Il est cependant bien aisé de vous démontrer que, tandis que nous serons sans appui, nous serons en quelque façon sans existence. « Je sais, Messieurs, que la filouterie est aussi ancienne que l'univers, et que tant que le monde existera on filoutera. Je connais trop les hommes pour pouvoir douter un moment de cette vérité. Je ne suis pas en peine qu'il manque jamais de Grecs ; ce que je crains c'est qu'on n'ôte à la fin les moyens de l'être ; car il y a une grande différence, Messieurs, entre l'inclination déterminée à exercer une profession, et la puissance de l'exercer. Ce sont là

culinaire est préférable à la qualité ; c'est la providence de ces restaurants de second et de troisième ordre qui abondent dans la capitale du monde civilisé : bœuf à la *mode*, mode bien vieille sans doute, puisqu'on n'en retrouve nulle part l'origine ; mais qui doit, je pense, son nom harmonieux à ce que, semblable au phénix, elle se renouvelle et se reproduit sans cesse. »

1. Démosthène (384-322 av. J.-C.), parangon de l'éloquence, est considéré comme l'un des plus grands orateurs grecs.

2. Voir p. 65, note 1.

deux choses tout à fait différentes. « Notre Ordre serait un des plus nombreux de la France, il aurait autant de membres que celui des financiers, si la police n'avait un œil continuellement attentif sur lui, ne tenait en respect le génie des chevaliers. Ce sont les recherches réitérées de ce tribunal qui engourdissent les talents de la part de ceux de notre profession. Une foule d'honnêtes gens se feraient Grecs, s'ils n'entrevoyaient le péril qu'il y a de l'être. « Outre les dangers évidents, pour l'Ordre il y a des pertes toujours évidentes. La plupart des dupes nous échappent dans Paris par la protection que leur accorde contre nous la police : celle-ci est pour leur bourse un meilleur sauf-conduit que si elles étaient escortées par toutes les maréchaussées de France. Leurs louis jouissent par là d'une espèce d'immunité car il n'y a aucun de nous si affamé d'argent qu'il puisse être, qui ose toucher à celui que M. d'Argenson [1] [2] prend sous sa protection. « Pour moi, Messieurs, je crois que la Grèce ne jouira d'un état florissant que lorsque ceux qui se déclarent contre elle seront pour elle. Ainsi le plus court arrangement serait de prendre des arrangements avec la police, [et pour cela, Messieurs, je ne vois qu'un seul expédient, c'est de faire Grec le lieutenant de police de Paris. Le lieutenant de police grec ? s'écria toute l'assemblée, en faisant un éclat de rire. Oui, Messieurs, reprit froidement l'orateur ; et sans se déconcerter : oui, le lieutenant de police grec. Et pourquoi non ? ajouta-t-il d'un ton affirmatif ; il n'y a qu'à lui donner une part au gâteau, et je vous réponds de lui [3]. « Ces gens-là ne sont contre nous que

---

1. [NdA] Le Lieutenant de Police de ce temps-là.

2. Édition pirate : « M. d'Argenson » remplacé par « le lieutenant de police de Paris ».

3. D'après E. Belmas, c'est de René Hérault, lieutenant de police de 1725 à 1739, que se moquerait ici Goudar ; sa complaisance vis-à-vis des maisons de jeu lui valut de nombreuses accusations de corruption, qui finirent par lui coûter sa place. Voir *Jouer autrefois : essai sur le jeu dans la France moderne (XVIe-XVIIIe siècle)*, p. 200.

parce que nous ne sommes point pour eux. Nous voulons nous approprier tout l'argent des dupes sans leur en faire part ; c'est les regarder comme tels. Je vous demande, Messieurs, si cela est juste ? Il faut que tout le monde vive. On n'est pas lieutenant de police pour rien. « Ce n'est qu'en partageant avec eux les dépouilles des dupes que les filles de joie sont sûres à Paris ; et nous ne le serons qu'en leur rendant compte de clerc à maître de celles que nous ferons au jeu. « Par exemple, il y a actuellement plusieurs tripots dans cette capitale où l'on vole au jeu en toute sûreté. Pourquoi ? C'est qu'ils abonnent avec ce juge. Il y a une taxe pour cela. Le tarif est dressé ; c'est tant par friponnerie. Or si le prix de l'abonnement particulier est établi, dites-moi, Messieurs, pourquoi ne pourrions-nous pas nous abonner pour le total ? Car enfin le lieutenant de police aimera bien mieux cent mille écus que dix mille francs[1]. Il augmentera de cette manière ses revenus, et nous augmenterons les nôtres. « En un mot, Messieurs, quand nous ne ferions par-là que nous délivrer de cette malheureuse vermine d'espions de la police dont Paris fourmille, ce serait pour nous un grand coup d'État. Je n'ai jamais vu des gens si physionomistes ; ils découvrent les chevaliers de notre Ordre en les regardant. Ils ont un nez de diable. Ils sentent un Grec à une lieue loin. Ils nous flairent à l'odorat ; il est vrai que cela n'est pas bien difficile, la plupart de ces coquins-là ont été Grecs eux-mêmes ; car lorsqu'un fripon, après s'être enrichi au jeu, s'est ruiné avec une fille de spectacle, il a sa retraite toute prête. Il se fait espion de la police. Il est vrai qu'elle n'en est pas plus avancée pour cela ; car en pensionnant ces gens-là, on est sûr d'eux. »

Toute l'assemblée se rendit à son sentiment. On convint en effet que si le lieutenant de police de Paris se faisait Grec, ce serait une grande acquisition pour l'Ordre. Il fut d'abord résolu qu'on ferait quelques démarches pour cela.

---

1. Un écu vaut trois francs au début du XVIIIe siècle.

Il n'y avait qu'une petite difficulté, qui embarrassait l'assemblée ; c'était de trouver un chevalier qui voulût se charger de lui en faire la proposition. C'est quelque chose d'étonnant que l'ascendant que ce juge a sur les Grecs.

Un chevalier de l'Ordre se présentera lui seul au combat contre quatre spadassins sans être intimidé, et il ne saurait paraître devant le lieutenant de police de Paris sans que son sang ne se glace dans ses veines.]

Deuxième partie

L ES PERSONNES qui avaient été chargées de faire la recherche des Grecs dans Paris avaient rempli leur commission. Après un an d'un travail assidu, on était parvenu à faire la découverte du corps général de la Grèce de cette capitale.

On ne saurait croire combien d'espèces différentes de Grecs il se trouva dans l'Ordre.

On s'imaginerait d'abord que l'art de corriger la fortune au jeu ne forme qu'une seule classe de fripons. Dans le fond, cela est vrai ; mais il ne l'est pas moins cependant que celle-ci est susceptible d'une infinité de divisions et subdivisions, qui en ont encore d'autres au-dessous d'elles. Or, toutes ces branches forment autant de génies et de caractères différents.

Quoi qu'il en soit, le corps général de la Grèce se trouva divisé en vingt-cinq branches ; savoir :

Les anciens Grecs, les nouveaux Grecs, les Grecs supérieurs, les Grecs inférieurs, les Grecs connus, les Grecs inconnus, les Grecs à nom, les Grecs sans nom, les grands Grecs, les petits Grecs, les Grecquillons, les Grecs à talent, les Grecs sans talent, les Grecs d'esprit, les Grecs à imagination, les Grecs beaux génies, les Grecs voyageurs, les Grecs sédentaires, les Grecs cérémonieux, les Grecs révérencieux, les Grecs querelleurs, les Grecs pacifiques, les Grecs duellistes, les Grecs poltrons, les Grecs reconnus et avisés, etc.

Les anciens Grecs étaient les piliers de l'Ordre, qui avaient blanchi sous le harnois[1], et qui étaient anciens dans l'art de corriger la fortune.

Les nouveaux Grecs étaient ceux qui n'avaient encore qu'une faible connaissance de la filouterie ; mais qui mettaient tous leurs soins à se perfectionner, pour prendre ensuite leur rang d'ancienneté.

Les Grecs supérieurs formaient cette classe de joueurs qui tiennent à la Cour par une charge, et à la Ville par une alliance ; qui fraient avec les premiers seigneurs du royaume, mangent à leur table, sont toujours en habit brodé, et se placent sur le théâtre à l'opéra et à la comédie[2] ; joueurs qui en imposent par leur faste, à qui le spectacle de leur train vaut un sauf-conduit, et la décoration tient en respect la police même.

Les Grecs inférieurs étaient ceux qui n'avaient ni train, ni carrosse ; qui allaient à pied, qui ne connaissaient point les Grands, qui n'avaient point l'entrée dans les premières assemblées, qui se faisaient décrotter les souliers tous les jours, et changeaient de chemise tous les mois ; qui, à l'opéra, se plaçaient au paradis, et allaient au parterre à la comédie[3].

Les Grecs connus étaient ceux qui avaient une réputation faite dans la filouterie, dont la renommée avait souvent vanté les exploits ; fripons tranquilles, qui après avoir pendant vingt ans corrigé la fortune se reposaient à l'ombre de leurs lauriers, et jouissaient paisiblement du fruit de leur travail.

Les Grecs inconnus étaient ceux qui n'avaient pas encore percé dans l'Ordre, qui étaient au commencement de leur car-

---

1. *Harnois* désigne l'armure d'un soldat ; l'expression *blanchi sous le harnois* désigne figurativement un homme expérimenté.

2. À l'époque, les places les plus chères étaient des chaises installées directement sur la scène.

3. Au *parterre*, en contrebas de la scène, le public au XVIIIe siècle est debout ; ce sont les places les moins chères, avec celles du *paradis*, galerie du théâtre la plus éloignée de la scène, tout contre le plafond.

rière, et dont on ne disait presque rien, parce qu'ils n'avaient pas fait encore grand-chose.

Les Grecs à nom étaient cette classe de joueurs qu'on n'a qu'à entendre nommer, pour être au fait de leur profession. Du nombre de ceux-ci étaient Nog***, Lagar***, le chevalier de Saint S***, le marquis d'A***, dont les noms étaient parlants.

Les Grecs sans nom étaient les nouveaux débarqués dans l'Ordre, de qui on était obligé de demander, en parlant d'eux : qui sont ces gens-là ? Connaissez-vous ces hommes-là ?

Les grands Grecs étaient les colonnes de l'Ordre ; de ces joueurs avantageux, savants dans l'art de tramer, mettre au jour et exécuter une friponnerie nouvelle. Génies vastes, propres aux grandes combinaisons de duperie, et capables de faire réussir un coup de main de la dernière importance : en un mot, les hommes d'État de la Grèce.

Les petits Grecs étaient ceux dont les connaissances étaient bornées, qui ne se mêlaient que dans les parties d'un ordre subalterne, et qui ne sortaient pas de la moyenne région de la friponnerie.

Les Grecquillons composaient cette foule innombrable de petits fripons qui rampent devant les Grecs du premier ordre, et qui sont plutôt leurs esclaves que leurs collègues ; qui ne sont pas précisément Grecs par leur savoir-faire, mais qui auraient envie de le devenir.

Les Grecs à talent étaient ces Grecs qui avaient un art admirable pour dépouiller les dupes. Ils avaient parcouru longtemps l'Europe pour se perfectionner. On les aurait pris pour des Italiens tant ils étaient subtils. Il est vrai qu'ils avaient fait leur premières classes à Naples, à Rome, à Venise, à Florence, à Milan, à Turin, et autres villes d'Italie où les universités de filouterie sont dans un état florissant, et où un Grec qui veut se distinguer doit aller recevoir ses grades, à peu près comme on va aujourd'hui à Montpellier pour y prendre le bonnet de docteur.

Les Grecs sans talent étaient les benêts de l'Ordre qui, voulant faire des dupes au jeu, l'étaient souvent eux-mêmes.

Les Grecs beaux-esprits formaient cette classe de fripons qui font profession ouverte de dire des bons mots autour d'une table à jeu ; gens à relations historiques, où ils falsifient autant les faits que les principaux événements et par là aussi filous dans les lettres qu'aux cartes. Ces Grecs, si on excepte quelques dupes qu'ils raccrochaient dans les cafés et qu'ils donnaient à dépouiller aux chevaliers de l'Ordre, étaient plus onéreux à la société qu'ils ne lui étaient utiles.

Les Grecs à imagination étaient ceux qui n'exécutaient point les tours de filouterie, mais qui inventaient des moyens pour les faire exécuter. Ceux-ci rendaient de grands services à l'Ordre. Témoin la machine[1] du *trente-quarante*.

Les Grecs beaux génies composaient les savantasses[2] de l'ordre, ceux qui savaient par cœur les vaudevilles et chansons, qui étaient en état de réciter tous les vers galants, bouts-rimés, énigmes, et épigrammes nouvelles.

Cette classe était presque composée en entier d'écrivains à brochures, surtout d'auteurs à feuilles périodiques critiques, n'y en ayant aucun alors, comme peut-être encore aujourd'hui, qui ne fût Grec, fripon honoraire, et qu'on ne gardait dans l'Ordre qu'afin que, dans leurs pièces fugitives, ils gardassent un profond silence sur les grandes filouteries qui faisaient beaucoup de bruit dans le monde.

Les Grecs voyageurs, étaient ceux qui n'avaient point de domicile et d'habitation fixe, et qui logeaient dans les coches et diligences publiques. On les voyait continuellement aller de Paris à Bordeaux, de Bordeaux à Toulouse, de Toulouse à Montpellier, de Montpellier à Lyon, etc. C'étaient les Juifs

---

1. [NdA] C'est un tuyau de fer-blanc que les Grecs mettent le long du bras, qui contient deux jeux de cartes qui se glissent dans leur main.

2. *Savantasses* : cuistres, pédants.

errants de la Grèce, fripons sans demeure permanente, et qui disparaissant d'un pays presque aussitôt qu'ils y étaient arrivés se mettaient par là à l'abri des perquisitions de la police.

Les Grecs sédentaires, étaient ceux qui avaient, en quelque façon, la France pour prison, ayant été bannis d'Espagne, congédiés de Pologne, renvoyés de Bavière, chassés de Hollande, et exilés d'Allemagne ; Grecs que la justice de tous les États étrangers avait, pour ainsi dire, repoussés dans Paris. Ceux-ci avaient de grands ménagements à garder avec la police, ne pouvant, dans le cas d'exil, aller ni en avant, ni en arrière.

Les Grecs cérémonieux étaient ceux qui se piquaient d'une politesse consommée, filous bien élevés qui avaient dans le caractère une douceur et une modestie sans égales. Les dupes étaient dépouillées par eux avec tout le cérémonial imaginable.

Les Grecs révérencieux ne différaient pas beaucoup des cérémonieux. Ceux-ci ne découvraient pas plus tôt une dupe à cent pas d'eux, qu'ils l'accablaient de révérences, liaient insensiblement connaissance avec elle ; et dès lors, ne la quittaient plus qu'ils ne l'eussent livrée aux Grecs à talent.

Les Grecs querelleurs composaient cette classe de brouillons qui cherchent dispute aux dupes, même en les dépouillant ; avec qui, pour éviter de se couper la gorge, on a plus tôt fait de se laisser filouter que d'employer des moyens pour s'empêcher de l'être.

Les Grecs pacifiques étaient ceux qui se conduisaient par des maximes contraires, qui plumaient la poule sans la faire crier [1] ; filous prudents, qui ne dépouillaient que ceux dont la timidité et le défaut de courage leur étaient connus.

Les Grecs duellistes étaient les braves de l'Ordre, gens d'honneur qui après avoir filouté étaient toujours prêts à mettre

---

1. Goudar, renvoyant une nouvelle fois dos à dos impôt et tricherie au jeu, reprend ici une célèbre formule prêtée à Colbert : le ministre de Louis XIV aurait déclaré que l'art de l'imposition revenait à « plumer l'oie sans la faire crier ».

l'épée à la main contre ceux qui osaient les soupçonner. Lorsqu'il était question de quelque cas avec les dupes, voici quel était leur langage ordinaire : *hé bien ! il n'y a qu'à se couper la gorge ensemble ; allons, Monsieur, sortez avec moi.*

Les Grecs poltrons formaient cette foule de lâches dont en général l'Ordre est rempli. On peut dire que ceux-ci friponnaient, en quelque façon, en toute sûreté de conscience, risquant leur vie à chaque filouterie qu'ils faisaient ; joueurs timides et sans fiel, qu'on pouvait, après leur avoir donné cent coups de bâton, obliger à en faire le reçu.

Les Grecs connus et avérés étaient la classe la plus nombreuse. Celle-ci était composée de joueurs d'avantage qui avaient entièrement levé le masque, et qui faisaient profession ouverte de filouterie.

Presque tous ces Grecs avaient été condamnés aux galères, au fouet ; quelques-uns même des plus distingués parmi eux avaient frisé la corde, et d'autres avaient échappé à la roue ; en un mot, il n'y avait aucun de ces messieurs-là qui n'eût son certificat de vie et mœurs.

La découverte générale du corps universel de la Grèce ne servit qu'à exciter davantage l'attention des législateurs.

Il y eut au bureau plusieurs projets nouveaux de réforme sur le tapis. À la première assemblée qui se tint quelques jours après, un Grec qui n'avait pas encore parlé, et qui avait gardé un profond silence dans toutes les précédentes délibérations s'exprima ainsi :

« Ce qui porte, Messieurs, un grand préjudice à l'Ordre est le défaut d'avis sur l'arrivée des étrangers dans cette capitale. Paris est un monde. Avant que les chevaliers de notre Ordre aient fait la découverte de ces nouveaux débarqués, ils sont dépouillés par les filles de l'opéra ; de façon que quand ils tombent entre nos mains, ce sont des corps sans âme.

« Comme il est de la dernière importance que nous soyons d'abord informés de leur première apparition dans cette ville, ainsi que des hôtels où ils vont loger, de même que de leur rang et condition, du temps de leur séjour dans Paris, de la qualité et quantité de leurs lettres de change, par qui elles sont tirées, et sur qui, et d'autres particularités qui nous sont nécessaires, je juge à propos, Messieurs, sauf votre meilleur avis, d'envoyer des Grecs honoraires dans toutes les villes du royaume, pour qu'ils nous donnent des avis sur le départ et l'arrivée des étrangers, et des jeunes gens de province qui viennent faire des voyages à Paris, afin qu'à leur sortie du coche ou de la diligence, nous puissions nous en emparer, et ne les remettre aux filles de joie que lorsqu'ils ne risqueront plus d'être dépouillés par elles. »

Toute la compagnie applaudit à cet établissement. On fit partir un chevalier de l'Ordre pour chaque ville principale du royaume. Leur commission portait qu'ils ne devaient se mêler d'autre chose que de donner des avis sur les voyageurs, et sur les personnes qui se rendaient à Paris. Pour cela, ils devaient s'intriguer[1], et faire des connaissances dans les principaux hôtels où logeaient les étrangers, et surtout dans les bureaux des diligences et des coches. Il était dit dans leurs instructions que la compagnie leur passerait la dépense des espions au cas qu'il fallût en payer, etc.

Pour agir en règle, et faire en sorte que cet établissement eût un point d'appui, on choisit un Grec pour correspondant général ; et c'était à lui que devaient s'adresser toutes les lettres des chevaliers de province. Celui-ci eut ordre d'en faire part au bureau une fois chaque mois.

Cette délibération finie, le Grec à réflexion, qui avait passé toute sa vie dans les différentes prisons du royaume, s'étant levé sur son séant : « Messieurs, tous vos statuts et règlements seront inutiles, lorsque vous ne déterminerez pas le talent, et que vous n'indiquerez pas à chaque joueur la filouterie à laquelle il est propre.

---

1. *S'intriguer* : s'agiter, se donner beaucoup de mal.

« Je trouve un grand vice dans l'Ordre. Il est libre à chaque Grec de s'adonner au jeu qu'il veut, étant le maître de choisir celui qu'il juge à propos, et c'est presque toujours le hasard qui le décide ; ce qui fait que la plupart des joueurs sont déplacés, et qu'on voit tous les jours de certains chevaliers de l'Ordre qui n'étaient propres qu'à une certaine combinaison de jeu être employés à une autre. Il ne faut pas chercher ailleurs la source du désordre qui se trouve aujourd'hui dans la république des Grecs. C'est à ce seul défaut qu'il faut l'attribuer.

« Lorsqu'on confond les talents, tout est perdu. Chaque homme, Messieurs, se trouve en naissant propre à une certaine chose ; il ne peut même bien faire que celle-là. Lorsqu'il s'adonne à une autre, il se trouve hors de sa sphère. Toute sa vie alors n'est qu'un tissu d'abus et de contrariétés.

« La prospérité de chaque société, de même que celle de chaque ordre et de chaque compagnie, dépend de l'économie des talents de ceux qui les composent. D'où vient que celle des financiers fait aujourd'hui de si grands progrès ? C'est qu'on n'y confond point les genres de génies, et que chaque sujet y est à sa place. Par exemple, ne vous imaginez pas de trouver des commis tendres et compatissants dans des postes où il en faut des cruels et d'impitoyables. Chaque directeur, régisseur, receveur, contrôleur, inspecteur, a l'esprit et le génie de son emploi. On dirait que la Compagnie a une fabrique d'hommes, et qu'elle en fait faire pour chaque commission. Je dis, Messieurs, qu'il ne faut point employer à certains jeux les Grecs qui n'y sont point propres. Par exemple, je trouve hors de propos qu'un Grec vif, emporté, qui se pique facilement, joue le *piquet*. On me dira que cet homme sait prendre les as[1]. À la bonne heure. Mais sa trop grande vivacité, d'un autre côté, lui fera perdre un grand nombre de points ; il oubliera de compter son jeu, de montrer une tierce, une quatrième ; il jouera mal les cartes

---

1. Voir p. 56, note 4.

par étourderie ; et par cette balance de profits et de pertes, les dupes lui échapperont, ou il ne les dépouillera qu'à moitié ; au lieu qu'un Grec flegmatique, patient, combinateur, et qui joint à cela le talent d'escamoter de temps en temps les as, les mettra nues comme la main.

« Les jeux de hasard ont besoin de Grecs d'un génie différent de celui de ceux qui doivent être employés aux jeux de commerce. Les premiers sont obligés de travailler des mains ; au lieu que les seconds ne doivent souvent travailler que de la tête. Tout se passe dans un clin d'œil dans ceux-là ; au lieu que dans ceux-ci, on ne réussit que par le temps. C'est comme un général qui gagne d'abord une bataille par un premier choc, tandis qu'un autre détruit l'armée ennemie par des marches consécutives. Un Grec, dans les jeux de hasard, après avoir fait une mêlée, escamoté, ou substitué des cartes, n'a rien à faire, pour le moment, qu'à recueillir l'argent des dupes, et se reposer à l'ombre de ses lauriers. Mais le Grec des jeux de commerce n'a aucune pause. Outre les petits coups de main, légers et réitérés, il faut qu'il ait continuellement l'œil sur son antagoniste ; qu'il ne le perde pas un seul instant de vue ; qu'il l'essaye, qu'il le tâte, qu'il gagne sur lui tous les avantages, et qu'il n'en perde aucun. Or tout cela demande des talents différents. Ainsi de tous les autres jeux, dont il serait trop long ici de vous détailler le contraste. Nous avons un grand exemple devant les yeux, Messieurs. Pourquoi ne le suivons-nous pas ? Je veux parler des Fermes générales [1] ; car je ne saurais trop vous mettre ce modèle devant les yeux. Tout se fait, dans cette Compagnie, par départements. Chaque fermier a sa province. Le district de l'un n'est pas le district de l'autre ; ni le monopole de celui-ci, le monopole de celui-là. Chacun a sa manière de faire.

« Tous les jeux qui se jouent actuellement dans Paris, comme dans le reste du royaume, sont le pharaon, le lansquenet, la

---

1. Voir p. 37, note 4.

dupe, le trente-quarante, le passe-dix, le trictrac, les petits paquets, le quinze, le brélan, le piquet, le quadrille, l'ombre, la comète, le reversi, etc. Car pour la [*sic*] triomphe, l'impériale, et la briscanbille, il y a longtemps que les corps de garde en ont pris possession, et il n'y a guère que les sots ou les provinciaux qui perdent leur argent à ces jeux-là. Vous me demanderez peut-être, Messieurs, comment connaître les joueurs dont l'esprit et le génie peuvent s'accorder avec chacun de ces jeux ? Mais, Messieurs, j'en fais mon affaire. Par exemple, pour le *pharaon*, je vous donnerai douze Grecs d'Avignon, qui sont des gens sûrs, et dont je réponds.

« Ces douze Grecs seraient en état eux seuls, de dépouiller tous les pontes de l'univers entier. Je ferai servir le *lansque-net* par cinquante chevaliers de l'Ordre dont la dextérité m'est connue. On peut compter sur eux à ce jeu, leur pratique est certaine ; depuis vingt ans, ils n'ont pas manqué une seule ré-jouissance. Trente Grecs que je vous nommerai, et dont alors vous ne pourrez plus douter de la supériorité des talents auront le département général de la *dupe*. Leur métier est de faire de voles [1] en plein. De douze cartes qu'ils déploient aux pontes, ils en laissent, pour l'ordinaire, une. Deux cents chevaliers d'un mérite distingué auront celui du *trente-quarante*. Les habiles gens ! C'est quelque chose de prodigieux, Messieurs, que leur savoir-faire ! Le plus petit point que je leur aie encore vu don-ner aux pontes, c'est trente-neuf [2]. Ils sont si francs de collier, qu'ils obligent tout le monde de mêler ; et ils ne joueraient point si, à chaque coup, ils n'avaient auparavant fait passer les cartes. Je vous nommerai, Messieurs, soixante Grecs pour

---

1. Voir p. 21, note 4.

2. Au *trente et quarante*, le banquier retourne devant lui une série de cartes, dont la valeur ne doit être ni inférieure à trente et un points, ni supérieure à quarante. Une seconde série de cartes est retournée devant les joueurs ; la série à la valeur la plus faible gagne. Trente-neuf est donc un très mauvais tirage, qui ne peut que rarement être dû au hasard.

le *passe-dix*. Ce sont des chevaliers immanquables. Pour être plus sûrs de leur fait, ils fabriquent eux-mêmes leurs dés. Ils en font de deux espèces : ceux qu'ils donnent pour jouer, avec lesquels ils ruinent les dupes, et ceux dont ils jouent eux-mêmes, avec lesquels ils les écrasent. J'emploierai un pareil nombre de chevaliers aussi habiles au département du *trictrac*. Pour vous donner, en un mot, une idée juste du talent de ceux-ci, je vous dirai qu'ils gagnent par voie de commandement. Ils ordonnent aux dés de faire les points qu'ils veulent.

« À l'égard des *petits paquets*, on n'a pas besoin d'y employer de grands génies. Ce jeu-là est si fripon par lui-même, que le talent le plus médiocre suffit pour y faire jouer en dupe. Mais le département du *quinze*, Messieurs, a besoin des plus habiles gens. Je ne connais que vingt chevaliers dans l'Ordre, qui soient en état de le bien jouer, je veux dire, d'y gagner sûrement ; et cela contre l'enfer même. Il est vrai qu'après eux, comme on dit, il faut tirer l'échelle [1]. Ce sont des naturalistes, de ces hommes à physionomie, qui lisent votre jeu sur votre visage. Ils ne soupçonnent pas votre carte : ils la devinent. À l'égard de la précaution que l'on prend ordinairement de faire mettre des gants [2] pour empêcher qu'on ne connaisse la figure, ce n'est point un inconvénient pour eux : ils la connaîtraient quand on leur ferait mettre des gants de fer. Je donnerai le *brélan* à soixante Grecs d'un mérite distingué, et qui sont sûrs de leur fait. Ceux-ci ont à ce jeu un coup unique. Si la partie est composée de quatre joueurs, ils donnent à l'un brélan de rois, à l'autre, brélan de valets, et au troisième, brélan de dix ; et ils prennent la peine de réserver pour eux brélan d'as. Je ferai servir le département général du *piquet* par deux cents Grecs

---

1. *Après lui il faut tirer l'échelle* : expression qui signifie « nul ne peut surpasser son exploit. »

2. Certains joueurs, dans l'espoir de mieux déchiffrer du bout des doigts les figures imprimées sur les cartes, allaient jusqu'à mettre leur derme à vif en s'ôtant la couche superficielle de la peau.

d'un rare génie, de ces hommes qui, en jouant vingt-quatre heures de suite, ne perdent jamais un point, et en gagnent toujours, qui deviennent plus de sangfroid à mesure que leur joueur s'étourdit ; Grecs qui ne vont jamais au talon sans as ; et qui, s'ils n'en prennent que trois en donnant, c'est qu'ils ont bien voulu vous faire grâce du quatrième. Vous avez beau vous tenir sur vos gardes avec eux, et user de précautions : lorsqu'on leur mêle le plus[1], c'est alors qu'ils en donnent le moins.

Les Grecs que je chargerai de la direction générale du *quadrille* ne seront pas moins habiles. Ils ne savent ce que c'est que de jouer sans les matadors[2]. Les as noirs sont à leurs gages ; et lorsqu'ils vous permettent d'avoir le ponte[3], on peut regarder cela comme une faveur de leur part. J'emploierai un pareil nombre de Grecs pour l'*ombre*. Comme, pour y gagner, il faut à peu près le même génie qu'au quadrille, ces Grecs auront les mêmes talents. Mais il faut des génies supérieurs pour tromper à la *comète*. Ce jeu qui semble fait pour jouer avec des enfants ou des nigauds a de grandes finesses, et demande beaucoup de réflexion. Les cinquante Grecs que j'y emploierai sont eux-mêmes de véritables comètes, qui présagent toujours des malheurs à ceux avec qui ils jouent.

« À l'égard du *réversi*, comme toute l'habileté consiste à prendre le *quinola*[4], ou à savoir dans quelle main il se trouve, je chargerai de son département deux cents Grecs d'un génie ordinaire, etc. »

---

1. On peut à l'époque dire simplement *mêler* pour *mêler les cartes.*

2. Au jeu de l'hombre, dont le quadrille est une variante, les *matadors* sont les trois atouts les plus forts du jeu : l'*espadille* ou *spadille* (l'as de pique), la *manille* (la carte la plus faible de la couleur choisie comme atout), et la *baste* (l'as de trèfle).

3. Au jeu de l'hombre, le *ponte* est l'as de cœur ou de carreau quand une de ces couleurs est l'atout.

4. Le valet de cœur, nommé *quinola*, tient effectivement une place essentielle au jeu de réversi (ou réversis) : seul le joueur qui le détient peut remporter les mises.

Ce nouveau système de dépouiller les dupes par départements plut beaucoup à l'assemblée. On trouva qu'il mettrait à l'avenir plus d'ordre dans la filouterie générale, et on convint qu'après cet établissement les chevaliers de l'Ordre navigueraient, en quelque façon, avec une boussole. On désigna les Grecs qui devaient prendre l'investiture de chaque jeu, et on les breveta. Ensuite on fit des lettres circulaires pour défendre aux Grecs de jouer aux jeux qu'ils ne connaissaient pas, et pour lesquels ils n'avaient pas assez de talent pour bien dépouiller les dupes. Mais les meilleurs établissements ne sont pas toujours ceux qui réussissent le mieux. Ces lettres circulaires manquèrent d'allumer une guerre civile entre les Grecs. La plupart de ceux qui avaient été exclus de certains jeux prétendirent qu'on leur avait fait injustice, et qu'ils étaient aussi capables de les exercer que ceux à qui on en avait donné l'investiture. Un Grec du Comtat protesta contre tout ce qui avait été résolu làdessus, déclarant qu'il donnerait des preuves qu'il était aussi habile filou au *trente-quarante*, au *lansquenet* et à la *dupe* qu'au *pharaon*, et que tous ces départements lui revenaient de droit. Comme il y eut à ce sujet plusieurs autres plaintes, on nomma des commissaires pour examiner les talents des prétendants, etc.

Un mois s'étant écoulé depuis qu'on avait fait partir des Grecs pour chaque ville du royaume, qui devaient donner avis des arrivées des étrangers à Paris, on fit appeler le Grec de la correspondance, à qui on ordonna de faire part au bureau de ses dépêches. Il en fit ainsi la lecture, en nommant le nom de chaque ville.

CALAIS

Monsieur,

Il débarqua hier ici deux milords, venant de Londres, et allant à Paris. Ils partiront ce soir à huit heures, et arriveront probablement demain à deux heures après midi. Ils vont loger à l'hôtel d'Antragues [*sic*], rue Tournon[1]. Leur bourse et leur portefeuille sont des plus cossus. Outre deux ou trois mille guinées qu'ils ont en argent comptant, ils ont encore des lettres de change, payables à vue, pour plus de quarante mille francs. Ils m'ont payé ici quatre cents guinées pour leur droit de passage, et je les aurais dépouillés entièrement, s'il n'était du bon ordre que les grands coups de filouterie se frappassent à Paris.

Je suis, etc[2].

ORLÉANS [3]

Monsieur,

Il partit hier de cette ville, pour Paris, deux jeunes gens de famille, qui vont voir le monde. Ils portent avec eux six mille livres en argent, dont nos Grecs pourront disposer une heure après leur arrivée ; car on n'a pour les faire jouer qu'à leur montrer des cartes.

Je suis.

---

1. La rue de Tournon, dans le quartier de l'Odéon à Paris, a conservé son nom jusqu'à aujourd'hui. L'hôtel d'Entragues se trouve aux numéros 12-14.

2. *Je suis, etc.* : abréviation pour « Je suis votre serviteur », qui avec ses variantes est alors la formule de politesse usuelle pour terminer une lettre. Il n'est guère poli de l'utiliser ainsi sous sa forme abrégée.

3. Cette lettre est absente de l'édition pirate.

STRASBOURG

Monsieur,

Un gros Allemand (sauf votre respect) part ce soir pour la capitale. Son hôtel, à Paris, sera celui du Suisse. Je ne sais point l'argent qu'il a ; mais il m'a montré l'état de sa dépense courante. Il boit par jour trois pots d'eau de vie, douze bouteilles de vin, et il mange quatorze livres de viande à chaque repas. Cet homme joue. Je vous donne avis de son arrivée, afin qu'en lui dégraissant la bourse, vous le mettiez un peu à la diète.

Je suis.

LYON

Monsieur,

Il part après-demain pour Paris un négociant de cette ville, qui va y établir des correspondances. Comme il n'a pas le temps d'y faire un long séjour, je lui ai remis une lettre pour vous, étant persuadé que la meilleure correspondance qu'il pût avoir dans Paris pour finir au plus tôt ses affaires, c'était la vôtre.

On peur lui gagner jusqu'à vingt mille francs en galons, et trente mille en étoffes de soie.

Je suis.

Perpignan

Monsieur,

Je vous donne avis qu'il part demain[1] de cette ville, pour Paris, un Espagnol qui doit y passer l'hiver. Il a demeuré vingt ans au Mexique. Cet homme est lui-même un Pérou. Lorsque nos chevaliers de l'Ordre auront lié connaissance avec lui, on peut dire que ce sera de même que s'ils avaient découvert une mine d'or.

Comme il ne fait aucune dépense, ne vivant que d'ails et d'oignons, et qu'il est si petit qu'on pourrait le perdre dans la foule de Paris, je vous envoie son signalement.

C'est un homme de quatre pieds et demi de haut, extrêmement maigre et sec, le teint basané, tirant sur l'olivâtre, les yeux noirs et vifs, quoiqu'enfoncés. Il ne joue pas d'autres jeux que le *cacio*[2].

Quoique ce jeu ne soit pas connu en général de nos chevaliers, il ne faut que demi-heure à un habile Grec pour y apprendre à filouter.

Je suis.

Toulon

Monsieur,

Il débarqua hier, dans ce port, un Italien qui paraît extrêmement riche. En arrivant, il demanda d'abord à jouer ; mais comme il ne trouva pas à faire sa partie aussi gros jeu qu'il voulait, il se détermina à passer tout de suite à Paris, où il arrivera probablement dans huit jours. Je vous en donne avis,

---

1. Édition pirate : « dans quelques jours ».
2. [NdA] C'est un jeu espagnol.

non pas pour que les Grecs de notre ordre cherchent à en faire leur dupe, mais pour éviter qu'eux-mêmes ne deviennent la sienne ; car j'ai appris que c'est un Piémontais.

Je suis.

MARSEILLE

Monsieur,

Je crois devoir vous informer qu'il part d'ici, dans trois jours, deux Marseillais qui vont passer l'hiver à Paris avec une somme considérable, pour y jouer contre tout venant. Vous pouvez, en conséquence, faire avertir les principaux chevaliers de l'Ordre de prendre garde à eux. Ce n'est point qu'absolument parlant, les Marseillais soient plus fripons que le reste des provinciaux ; mais ils se tiennent si fort sur leurs gardes, qu'ils empêchent les autres de l'être. On a ce désavantage, en jouant avec eux, que sans être filous, ils connaissent toutes les filouteries.

J'ai vu ici, Monsieur, la sépulture de nos plus fameux chevaliers de l'Ordre ; car c'est ici le tombeau des Grecs. Le fameux Dum*** y échoua. Le célèbre abbé de L*** y laissa son manteau et ses chemises ; l'invincible Fon*** y perdit jusqu'aux boucles de ses souliers ; et en dernier lieu, il fallut faire une quête générale pour faire retourner à Paris le chevalier M***, l'un des plus habiles Grecs qui soit actuellement dans l'Ordre. Je suis.

Avignon [1]

Monsieur,

Il part demain de cette ville un particulier pour Paris, avec une somme considérable. Il y va pour jouer. Je n'ai rien à vous dire, si ce n'est que c'est un Avignonnais.

Je suis.

Nîmes

Monsieur,

Ces jours passés il partit de cette ville un fabriquant de bas, allant à Paris, qui a une grande propension pour le jeu. Plusieurs Grecs, en passant ici, lui ont donné des leçons ; mais il ne se corrige point. On peut lui gagner jusqu'à soixante mille paires de bas de soie à grand page, et quarante mille à cadet.

J'ai cru que je devais saisir cette occasion pour faire faire à l'ordre des Grecs une remonte [2] générale de leur chaussure, la plupart manquant de bas, comme moi en mon particulier, qui suis.

Montpellier

Monsieur,

Il a dû arriver à Paris, le quinze du mois passé, quatre enfants de Montpellier, qui sont porteurs d'une somme considérable, et qui ne refusent point de jouer contre tout venant.

---

1. Lettre absente de l'édition pirate.

2. *Remonte* : Fait de pourvoir en chevaux frais une unité de cavalerie ; par extension, « faire provision de ».

Si l'avis n'arrive trop tard, et que nos chevaliers de l'Ordre ne soient pas déjà aux prises avec eux, je crois qu'il ne serait pas mal de renoncer à l'entreprise d'en faire des dupes ; car ces enfants de Montpellier sont bien les drôles les plus alertes, pour le jeu, qu'il y ait dans le royaume. Ils défendent le terrain de leur argent pied à pied. Il n'y a pas moyen, Monsieur, de rien faire avec eux. À l'égard des tours que les Grecs parisiens regardent comme des mystères de la Grèce, à dix ans, tous les enfants de cette ville les savent par cœur [1].

Je suis.

PÉZENAS

Monsieur,

Je ne vous écris que pour vous écrire ; car je n'ai point des avis à vous donner de cette ville. Il ne part d'ici pour Paris que des barons de la crasse [2].

Je suis.

BÉZIERS

Monsieur,

Comme toutes les richesses de ce continent sont en vin muscat, je vous adresse un particulier, joueur, qui va à Paris en vendre une grosse partie. Si nos Grecs ne veulent pas attendre

---

1. Rappelons que Goudar lui-même a passé toute son enfance à Montpellier.
2. *Baron de la crasse* : Se dit d'un homme mal vêtu et peu imposant qui se donne de grands airs.

qu'il en ait fait la vente, on peut lui en gagner hardiment jusqu'à quatre-vingt-dix mille bouteilles ; ce qui mettra en bonne humeur la société générale des Grecs.

Je suis.

Toulouse

Monsieur,

Quoique cette ville soit au bord la Garonne, elle peut cependant, de temps à autre, fournir quelque bon sujet dans notre capitale. Le marquis de Saint L***, qui vient de vendre dans la Guyenne une terre seigneuriale avec un beau château, part demain pour Paris, pour y briller. Il y arrivera le vingt du courant ; et il ne sera pas bien difficile aux chevaliers de l'Ordre d'en faire la découverte ; son air et son accent provincial le donneront bientôt à connaître. Il parlera d'abord de millions ; mais c'est là le ton ordinaire de ceux qui confinent avec la Gascogne. Qu'on lui gagne seulement vingt mille francs, et je vous le garantis ruiné de fond en comble.

Je suis.

Bordeaux

Monsieur,

Six Bordelais, arrivés de l'Amérique, doivent se rendre incessamment à Paris avec des sommes considérables qu'ils portent de ce nouveau monde. Ils sont tous fraîchement débarqués, et n'ont aucune connaissance du nouvel art de corriger la fortune ; car les Grecs de la Martinique suivent les rites des anciens filous. C'est ici une affaire essentielle, et un coup d'État pour le corps de la Grèce de Paris.

En les dépouillant tous les six, on peut leur gagner cent mille écus d'argent comptant, deux cents nègres et six habitations considérables dans l'Amérique. Comme je ne doute point que les Grecs que le bureau nommera pour cette expédition ne leur fassent perdre tout cela, je me réserve, outre ma portion de l'argent comptant, la direction générale des trois habitations.

Je suis.

NANTES

Monsieur,

Un capitaine de vaisseau est parti d'ici ces jours passés pour Paris avec une somme considérable. Il se rend dans cette capitale avec l'intention de jouer ; ainsi il aura bientôt fait connaissance avec nos chevaliers de l'Ordre, et on en viendra d'abord aux prises[1]. Je n'entrevois qu'une petite difficulté dans cette partie ; c'est que le capitaine est un des plus fins Grecs qu'il y ait en Europe, et qu'il n'a jamais perdu que lorsqu'il n'a pas voulu gagner.

Je suis.

LA ROCHELLE

Monsieur,

Il part demain de cette ville deux nouveaux mariés pour aller faire des emplettes à Paris. Ils portent avec eux une somme de vingt mille francs. Ils sont joueurs l'un et l'autre. Il y a plus ; la femme est grecque. Elle vendrait son père pour avoir de l'argent ; imaginez-vous si elle épargnera son mari ? Un de nos

---

1. En termes de marine, une *prise* est un bateau pris à l'ennemi.

chevaliers n'aura qu'à s'entendre avec elle, et elle consentira qu'on lui gagne les vingt mille francs, à condition qu'on lui en donnera la moitié.

Je suis.

Rouen

Monsieur,

Je vous donne avis d'un complot que j'ai fait ici avec un fils de famille pour vous livrer une dupe, et cette dupe est son père. Ne pouvant tirer d'argent de lui, il a résolu, au premier voyage qu'il ferait avec lui à Paris, ce qui sera incessamment, de le livrer aux chevaliers de notre Ordre.

Le vieillard, qui ne joue que par avarice, peut perdre une somme considérable. Son fils se prêtera à la lui faire perdre telle que l'on voudra ; car c'est un garçon fort raisonnable, et qui n'est point attaché au bien [*sic*] de ce monde. Il abonnerait [1] avec nos chevaliers à un écu sur chaque cent qu'on gagnerait à son père. Cependant, comme c'est un jeune homme très rangé, qui aime le jeu, les filles, et le vin, et qu'il lui faut de l'argent pour satisfaire ces trois passions, il a imaginé cet honnête expédient pour en avoir. Il vous portera une lettre de ma part ; et nos chevaliers de l'Ordre s'arrangeront avec lui en conséquence.

Je suis.

---

1. *Abonner* signifie comme aujourd'hui convenir d'un prix fixe pour une transaction régulière, mais peut alors s'employer sans pronom réfléchi.

DE L'ORIENT [1]

Monsieur,

Il part aujourd'hui deux négociants pour Paris, venant de la vente [2]. Je vous en donne avis, attendu que c'est une occasion des plus favorables pour faire des cravates et des tours de col à tous les Grecs de l'Ordre, ayant avec eux deux mille pièces de mousseline.

Je suis.

Après que le Grec de la correspondance eut fini cette lecture, la législation voulut savoir si les statuts et règlements établis jusque-là avaient eu leur effet. Après un mûr examen de la chose, on trouva que la plupart des objets n'avaient pas été remplis.

Depuis la création de la première loi, portant qu'aucun joueur ne pourrait porter le nom de Grec sans se faire recevoir dans l'Ordre, aucun ne s'était encore présenté.

La seconde, qui ordonnait que les chevaliers ne pourraient être brevetés s'ils ne prouvaient auparavant qu'ils n'étaient point un peu voleurs, se trouva également sans effet, parce qu'aucun chevalier ne s'était trouvé en état de faire ses preuves.

La même difficulté se rencontra à l'égard de ceux qui, pour devenir Grecs, devaient avoir des attestations qui certifiassent qu'ils n'avaient pas entièrement perdu tout sentiment d'humanité.

On remarqua même qu'il se trouvait des lois dans ce nouveau code, qui, eu égard à la nature des choses, ne pouvaient avoir

---

1. Nous écrivons aujourd'hui Lorient. Rappelons que le célèbre port breton fut fondé en 1664 pour subvenir aux besoins de la Compagnie des Indes orientales nouvellement créée, qui lui donna son nom.

2. *Vente* désigne ici la place publique où l'on vend les marchandises, le marché.

lieu. Par exemple, celle qui ordonnait de garder le secret était impraticable, attendu que les femmes étaient admises dans l'Ordre ; et ainsi de plusieurs autres.

D'un autre côté, il y eut des représentations[1] au bureau de la part de certaines classes de Grecs. La première était des joueurs maladroits. Leur requête était écrite humblement, à la manière de ceux qui veulent obtenir leur demande. Elle était adressée au corps de la législation. En voici les termes.

    « Nos Seigneurs,

« Nous, Grecs à talents médiocres, supplions humblement que la loi qui ordonne qu'un Grec, pour être reçu dans l'Ordre, doit avoir *des mains bien dégagées au bas de ses bras, et des doigts bien déliés au bout de ses mains*, soit abrogée, attendu que si elle a lieu, deux ou trois mille joueurs ordinaires vont se trouver tout d'un coup sans emploi.

« Il n'est pas permis, Nos Seigneurs, *à tout le monde d'aller à Corinthe*[2]. Dans tous les arts et métiers, lorsqu'on fait ce qu'on peut, et qu'on met en usage ce qu'on sait, on n'est pas tenu à davantage. Parce qu'un Grec aura moins de dextérité qu'un autre, pourquoi faut-il qu'il soit exclu de l'Ordre ? Dans ce cas, cinquante joueurs des plus habiles pourront s'emparer des parties de Paris, et s'approprier exclusivement tout l'argent des dupes.

« Si nous ne sommes pas d'habiles fripons, Nos Seigneurs, nous en avons du moins l'envie. En travaillant, nous pouvons

---

1. *Représentations* : ici, protestations respectueuses.

2. L'expression *il n'est pas permis à tout le monde d'aller à Corinthe* signifie qu'il n'est pas donné à tous de réussir dans une entreprise donnée, devant les inégalités de talent, d'habileté, ou de fortune. Elle traduit directement l'adage latin *non licet omnibus adire Corinthum*, souvent abrégé en *non licet*. Corinthe dans l'Antiquité était réputée pour ses plaisirs de toutes natures.

nous perfectionner ; au lieu que si on nous met hors de service, nous ne serons ni Grecs, ni non Grecs.

« *Signé,*

« Les Grecs maladroits. »

La seconde requête demandait la cassation de la loi portant fixation des Grecs dans la ville de Paris.

« Nos Seigneurs,

« Représentons humblement, que la loi portant fixation des Grecs dans la ville de Paris, va causer un dérangement considérable dans l'Ordre, attendu que son exécution va ruiner un nombre infini de chevaliers.

« Dix mille Grecs, dit-on, suffisent pour la ville de Paris. Mais s'il y a plus de dupes dans cette capitale que dans tout le reste du royaume, pourquoi y limiter le nombre de fripons ?

« Paris est une mine d'or où les joueurs découvrent tous les jours quelque nouvelle veine : plus on y travaille le terrain, et plus il rend.

« Il est vrai que l'ordonnance dit qu'au défaut de places vacantes dans l'Ordre, il sera permis d'acheter des survivances [1] ; mais, pour survivre, il faut vivre. Les coadjutoreries ne sont bonnes que pour ceux qui ont déjà du pain coupé [2], et qui, en attendant que les autres meurent, ont le moyen de s'empêcher de mourir eux-mêmes. Mais un joueur qui n'a que son industrie et qu'on empêche de la faire valoir est perdu sans ressource.

« Un Grec vaut un autre Grec. Ils sont aussi honnêtes gens les uns que les autres. En un mot, le soleil, Nos Seigneurs, doit être levé pour tout le monde. »

La troisième requête était des gens titrés, qui se plaignaient de ce qu'on les excluait de l'Ordre. Ils s'exprimaient ainsi :

---

1. Voir p. 59, note 1.
2. Édition pirate : « quelque chose devant eux ».

« Nos Seigneurs,

« Jamais les titres n'ont déshonoré les Ordres ; mais au contraire, ils les ont toujours honorés ; cependant, nous avons vu, dans la quatrième ordonnance, que vous les excluiez de celui des Grecs. Autant valait-il, Nos Seigneurs, le réformer entièrement, puisqu'aujourd'hui il n'est composé que de *chevaliers, de barons, de marquis, de comtes, de vicomtes, etc.* Si cette ordonnance a lieu, il faudra donc que chaque Grec qui voudra être reçu porte avec lui ses lettres de roture, nouveauté qui n'a point d'exemples dans aucune société établie pour s'approprier indirectement le bien d'autrui. D'ailleurs, si vous n'admettez que de malhonnêtes gens, ou, ce qui est la même chose, que des gens vils, il n'y aura plus ni sentiment, ni honneur, ni probité chez les fripons.

« Nous vous supplions humblement, Nos seigneurs, de faire attention à nos représentations. »

Mais la quatrième remontrance était dans un goût différent. Elle était datée de Versailles, et paraissait avoir été écrite par un grand seigneur grec de la Cour. Celle-ci était sans doute au sujet de ce que les nouveaux législateurs avaient prétendu soumettre les joueurs avantageux d'un rang distingué aux mêmes lois que l'étaient les inférieurs. Voici les propres termes du seigneur :

« Messieurs les drôles,

« Je vous ferai rouer à coups de bâton par mes gens, si j'apprends qu'à l'avenir vous vous avisiez encore de confondre dans vos règlements de [*sic*] gens de la première distinction. Vous êtes une plaisante canaille, de ne prétendre faire aucune différence de vous à nous ! Que vous fassiez des lois entre vous, petits fripons, à la bonne heure : vous êtes les maîtres dans vos tripots subalternes ; mais que vous vouliez y soumettre des joueurs d'un rang distingué, et qui n'ont rien à démêler avec vous ni de près, ni de loin, c'est ce qui mérite châtiment. Vous dites que nous autres seigneurs Grecs gagnons des sommes considérables, et à cause de cela, vous êtes jaloux.

« Mais s'il vous fallait, comme nous, entretenir à gros frais des filles d'opéra ; avoir une maison montée à la cour et à la ville ; donner des gages à vingt domestiques ; payer des hommes d'affaires, des maîtres d'hôtel, des intendants qui nous pillent, qui nous volent ; vous trouver au coucher et au lever du Roi ; être tantôt à Trianon, tantôt à Marly, etc., vous verriez alors qu'un louis d'or nous vaut moins qu'à vous un écu.

« Je veux bien, pour la première et dernière fois, vous donner un avis salutaire, qui est de vouloir vous guérir de la maladie que vous avez de vouloir figurer avec les Grecs du premier rang ; car si j'apprends que vous les mêliez davantage dans vos discours et vos ridicules lois, je parlerai moi-même au lieutenant de police de Paris, pour le porter à vous exterminer vous, votre hôtel, et tous vos règlements. Donné en mon hôtel de Versailles, le, etc. »

Cela est précis, Messieurs, dit un Grec de la législation après cette lecture. Voilà ce qu'on appelle, en bon français, donner un avis au lecteur. Mon sentiment serait de plier bagage, et de rengainer notre compliment sur la réforme de Grecs.

Ne vous épouvantez pas, Messieurs, dit le marquis de Mont***, je connais l'auteur de ces menaces ; c'est un Grec qui a la fureur de trancher du grand. Il gagna cent mille écus, il y a deux ans, à un milord anglais, et aussitôt la tête lui tourna. Il a oublié depuis ses confrères. Il couche une nuit à Fontainebleau, et l'autre à Versailles ; et parce qu'il galope continuellement la Cour[1], il s'imagine d'en être. Il a un train de Jean de Pa-

---

1. À l'époque, *galoper quelqu'un* signifie familièrement le chercher dans tous les lieux où on pourrait le trouver.

ris [1]. Tous les seigneurs se demandent tout haut : qui est cet homme-là ? Je n'en sais rien, dit l'un. Ça m'a l'air d'un fripon, dit l'autre. Il n'a pas gagné un seul écu depuis qu'il a quitté le pavé de Paris ; et quoiqu'il ait dépensé plus de cent mille francs pour faire des connaissances dans le grand monde, il n'y a pas encore réussi. Avant qu'il soit six mois, je vous le garantis ruiné de fond en comble ; et alors il sera bien heureux si nous voulons le recevoir au nombre de nos confrères. Ainsi, Messieurs, sans nous étourdir là-dessus, nous pouvons toujours aller notre train, et continuer la réforme des Grecs.

Les législateurs se trouvant rassurés par ce discours, plusieurs se préparaient à faire la lecture des nouveaux règlements, dont ils portaient avec eux les minutes, lorsqu'un Grec anglais, qui avait quitté Londres pour avoir été trop attaché au parti de ***, rompant tout d'un coup en visière [2] à l'assemblée, dit brusquement :

« Messieurs, je trouve que le meilleur règlement qu'il puisse y avoir parmi nous, c'est de n'en avoir aucun. L'homme est né pour la liberté. Il n'y a aucune loi, quelque bien combinée qu'elle paraisse, qui ne fasse plus de mal à la société qu'elle ne lui fait du bien ; car si elle procure un avantage d'un côté, elle cause toujours un plus grand dommage de l'autre.

« Ce n'est point par amour de l'ordre qu'on établit des règlements ; c'est une maladie du siècle. Tous les gouvernements politiques, comme les plus petites sociétés particulières, en

---

1. Le proverbe, qu'on applique à un homme qui vit avec faste, vient d'un roman du début du XVIe siècle, *Jehan de Paris*, popularisé par sa publication dans la Bibliothèque bleue, collection populaire vendue par colportage. Jehan, fils du roi de France, parvient à subjuguer une Infante d'Espagne qui lui est promise mais que lui dispute le roi d'Angleterre en faisant son entrée dans Burgos à la tête d'un magnifique cortège.

2. *Rompre en visière* : d'après l'édition de 1762 du *Dictionnaire de l'Académie française*, l'expression a d'abord signifié au sens propre « rompre une lance dans la visière du casque d'un adversaire » ; figurativement, elle signifie prendre brutalement quelqu'un à partie.

sont attaqués. Ceci soit dit en passant, et permettez-moi cette réflexion, Messieurs, quoiqu'elle ne soit pas précisément du ressort des Grecs : on a fait plus de règlements dans notre monde politique, depuis vingt ans, qu'on n'en avait fait chez toutes les nations de l'Europe depuis vingt siècles. Bientôt, faute d'autre sujet, on en fera sur la pluie et sur le beau temps. Aucun État aujourd'hui n'en est exempt.

« J'ai quitté l'Angleterre, parce que je n'ai pu voir sans une sorte d'indignation la nation autrefois la plus libre, être aujourd'hui aussi esclave que les autres. Le parlement, aux gages du roi, ne s'assemble que pour diminuer la liberté de la nation par quelque nouveau règlement. On croit par là remédier aux abus. On se trompe. Tout est combiné dans la nature. Il n'y a qu'à laisser aller le monde de lui-même, et il ira bien. S'il s'affaisse de temps en temps d'un côté, il se redresse autant de l'autre.

« C'est en vain qu'on voudrait empêcher ou prévenir les abus. Il y a une cause première dans ceux-ci jusqu'à laquelle les règlements ne sauraient remonter. Si l'on fait attention à ce qui perpétue certains désordres dans la société, on le trouvera tout à fait indépendant des moyens qu'on peut mettre en usage pour les arrêter. Tout a dépendu d'un premier mouvement dans la société civile. Celui-ci une fois établi, il n'a plus été au pouvoir des hommes de le diminuer ou de l'augmenter ; et s'il en était autrement, toutes les sociétés seraient aujourd'hui anéanties ; car la plupart des législateurs ont si mal entendu les intérêts des peuples, qu'ils auraient par leurs règlements détruit chaque société, si ces règlements avaient pu les détruire.

« Depuis un siècle, il a paru partout une foule de petits législateurs, qui ont semblé appréhender que l'univers ne tombât en défaillance, faute de règlements. Ils n'ont pas plus tôt aperçu un abus dans quelque branche de la société, qu'ils ont aussitôt formé un système de réforme. Je ne sais pourquoi ils n'ont pas encore établi quelque règlement pour donner un nouveau cours au soleil et à la lune, afin d'éviter par là l'inconvénient des éclipses. Il y a des génies réformateurs à qui tout fait ombrage ; les moindres irrégularités leur offusquent la vue ; ils voudraient faire en sorte que le système de la Société générale, pour m'exprimer ainsi, fût de plein pied [*sic*], et qu'il n'y eût ni à monter ni à descendre. S'il était en leur pouvoir, ils établiraient qu'il ne fît jamais nuit, pour éviter l'incommodité qu'il y a le soir d'allumer de la chandelle. On peut dire que le dérèglement de notre siècle est venu de celui des règlements. C'est à force d'ordre, qu'on est parvenu enfin[1] à établir le désordre.

« On s'imagine toujours que le monde finirait s'il n'était réglé ; mais on imagine mal. Il ne tombera dans un certain état d'anéantissement, au contraire, que par ce grand nombre de moyens qu'on met continuellement en usage pour empêcher qu'il ne s'anéantisse. Du moins, il est certain que son système de propagation, de qui dépend de sa durée, serait bien en meilleur état, s'il n'était environné d'une foule de règlements qui le gênent de toutes parts. Les bêtes, qui n'en connaissent aucun, et qui suivent simplement l'instinct de la nature, se perpétuent dans un ordre admirable ; au lieu qu'on voit une foule de nations qui font tous les jours de nouveaux règlements se détruire et disparaître presque en entier de dessus la terre.

[« Cette manie aujourd'hui est universelle ; elle a gagné jusques aux coteries bourgeoises. Si une douzaine d'hommes s'unissent ensemble pour former une assemblée d'amusement, voilà aussitôt une foule de règlements qui paraissent, et une espèce de code sur la manière de s'y comporter.

« Il n'y a point aujourd'hui en Angleterre de *clobs* [*sic*], lieu où l'on s'assemble pour boire, qu'on n'y trouve imprimé derrière la porte un règlement ; et comme les Anglais sont plus originaux que les autres hommes sur leurs institutions, vous ne serez peut-être pas fâché que je vous rapporte un de ces

---

1. À la fin, pour finir.

règlements. » Aussitôt il sortit un papier de sa poche, et en fit la lecture.

Règlement pour maintenir le bon ordre dans la société des buveurs de Sarincross[1]

Article I

Chaque membre de la société, en entrant dans le *clobs*, demandera une bouteille de vin, et ira s'asseoir autour d'une table pour la boire.

Article II

Aucun membre ne pourra se placer à une table pour boire à côté de ses confrères sans leur adresser ainsi la parole : *Hau didou, gentemens*[2] *?* Et ceux-ci seront obligés de leur répondre : *weri wel at jour service*[3].

---

1. *Sarincross* [*sic*] : Charing Cross, célèbre intersection du cœur de Londres. La suite du passage conserve la transcription phonétique de Goudar pour les mots anglais.
2. [NdA] Comment vous portez-vous, Messieurs ?
3. [NdA] À votre service.

Article III

Après ce premier compliment, il observera un profond silence, jusqu'au quatrième verre de vin ; et alors il lui sera permis de parler.

Article IV

Les sujets de la conversation ne seront pas déterminés. Un chacun, faute d'autre matière, pourra parler d'abord de la pluie et du beau temps.

Article V

Si une mouche pique au gras de la jambe un des membres du *clobs*, il la tuera doucement et sans faire du bruit.

Article VI

Si quelqu'un de l'assemblée parle haut avant que d'avoir bu la troisième bouteille de vin, il payera une amende *d'un demi-schelin*.

Article VII

Si un membre cherche dispute à quelque autre, il sera mis sur-le-champ à la porte, à moins que le maître du *clobs* n'atteste qu'il vient d'avaler quatre bouteilles de vin de Lisbonne.

Article VIII

Si deux membres ont querelle ensemble, ils ne se prendront pas au collet dans l'assemblée ; mais ils sortiront à la rue pour se battre.

Article IX

Aucun membre ne pourra boire quatre bouteilles de vin, sans manger deux onces de pain.

Article X

Les membres du *clobs* ne pourront parler politique que jusqu'au douzième verre de vin inclusivement ; tout ce qui se dira au-delà sur l'administration du gouvernement, sera regardé comme nul, et incapable de pouvoir être d'aucune utilité à l'État.

Article XI

Toutes les santés au roi George, au prince *de Walls*, et au reste de la maison royale, ne pourront se porter que jusqu'à la sixième bouteille de vin.

Article XII

On ne pourra injurier les Français en paroles, dans le *clobs*, et les appeler *franc-dogs*[1], qu'à la douzième bouteille de vin qui paraîtra sur la table.

Article XIII

Tout membre qui aura trop bu pourra demander une chambre en particulier, pour y dormir deux heures, et y cuver son vin.

Article XIV et dernier

Celui qui sera ivre mort sera accompagné chez lui par deux garçons du *clobs*, à qui il payera le lendemain à chacun *deux pennes*[2].]

« Savez-vous de quelle source part, dans notre siècle, cette maladie générale des règlements ? Ce n'est autre chose qu'un esprit de despotisme qui s'est introduit partout. Je vous ai vu faire continuellement des règlements depuis l'ouverture de

---

1. [NdA] Chiens de Français.
2. [NdA] Deux sols.

nos assemblées. De quel principe vous imaginez-vous qu'ils partent ? Pensez-vous que ce soit par un sentiment d'ordre, ou par amour pour la chose ? Non. Vous vous tromperiez si vous le croyiez ainsi ; ce n'est que pour vous distinguer de vos confrères, et vous rendre supérieurs à eux. Vous voulez usurper la royauté, et devenir absolus dans l'Ordre des Grecs. Cromwell n'eut pas plus tôt détruit le parti de la tyrannie, qu'il devint lui-même un tyran. Vous dites que la république des Grecs est pleine d'abus et d'inconvénients, et vous proposez d'en faire un état despotique : remède qui est pire que le mal.

« À votre avis, c'est la liberté que les Grecs ont de faire ce qu'ils veulent, qui les empêche de faire ce qu'ils doivent. Mais en supposant que ce que vous appelez désordres en soient véritablement, comptez-vous que vos règlements pourront les prévenir ? Les meilleures lois ne sont pas toujours en état de contenir les peuples les plus policés. Comment pouvez-vous donc vous flatter de régler des gens qui n'ont eux-mêmes aucune police ? Vous dites que c'est un grand mal que chaque Grec puisse agir à sa fantaisie ; et moi je dis au contraire, que c'est un grand bien, et que cela seul soutient l'Ordre. Il y a plus ; et j'avance que lorsque la république des Grecs sera gênée, elle sera détruite. Un gouvernement clandestin, qui n'existe que furtivement et à l'insu des autres, ne peut se soutenir que par le génie supérieur de chacun de ses membres. Or, l'indépendance seule peut donner ce génie supérieur. Un joueur avantageux, qui est libre, indépendant, et ne rend compte de ses filouteries à personne, est un roi grec. Or, les rois, en général, ont plus de force d'esprit que le commun des hommes. Il n'y a rien qui avilisse plus l'âme que la dépendance. On est toujours humilié lorsque l'on est subordonné.

« De cet état à celui d'engourdissement général, il n'y a point d'intervalle. Pourquoi vouloir établir de la subordination là où il n'en faut point ? Qu'importe, après tout, qu'il y ait une forme pour dépouiller les dupes ? Qu'un Grec filoute par *bémol* ou par *bécarre*, cela ne revient-il pas au même ? Pour moi, Messieurs, je suis pour la liberté, et soutiens que pour que la république des Grecs devienne florissante, il ne faut ni gêne, ni contrainte, et que chacun doit être le maître de ses actions. »

Ce raisonnement plut à tous ceux qui composaient l'assemblée. Il n'y eut que le marquis de Mont***, et le chevalier qui devait les douze cents côtelettes de mouton à la gargote qui firent la grimace.

Ces deux derniers allaient prendre la parole, pour démontrer, avec leur éloquence ordinaire, le vide du discours de l'orateur anglais, et insister sur la nécessité de faire de l'Ordre de Grecs un État policé ; mais plusieurs chevaliers, qui craignaient déjà que la république des Grecs ne dégénérât en un gouvernement despotique, profitèrent de la disposition qui se trouvait dans les esprits, pour empêcher que les principaux législateurs ne fissent de nouvelles harangues sur l'utilité des règlements.

Le chevalier qui vient de parler, dirent-ils d'une commune voix, a raison.

Liberté. Voilà quelle doit être la devise de notre ordre. Que les financiers, ajoutèrent-ils, s'érigent en compagnie, et aient une forme dans leur manière de piller l'état, à la bonne heure : ces Grecs ont besoin d'un gouvernement politique et civil ; mais pour nous, nous ne voyons pas que notre système d'administration soit susceptible d'aucune police. Ainsi, Messieurs, plus d'assemblée, plus de lois, plus de règlements ; que chacun fasse comme il l'entendra, et se conduise comme il le jugera convenable à ses intérêts.

Ainsi finit la république des Grecs, avant même qu'elle fût achevée de se former.

Une anecdote particulière d'un Grec de ce temps-là, dit qu'il y avait là un dessous de cartes, que les femmes grecques n'ayant pas été appelées à cette assemblée avaient formé le dessein de la détruire, et que pour cela, elles avaient suborné la plupart des chevaliers de législation. Quelque temps après il y eut une grande révolution chez les Grecs. La plupart des chevaliers s'étant aperçus que les femmes qu'ils avaient associées à leur tripot les ruinaient par des dépenses aussi vaines qu'extravagantes, firent une réforme générale de ces femmes ; ou pour mieux dire, il se fit une transmigration des Grecques. Celles qui étaient au service des uns passèrent au service des autres. Les unes augmentèrent en rang, les autres déclinèrent. Les *Louisons*, les *Fanchons*, les *Janetons*, les *Marions*, devinrent des *marquises*, des *comtesses*, des *baronnes*, des *vicomtesses* ; et les femmes titrées reprirent leurs premiers noms de soubrettes. Le même changement survint dans leurs finances. L'argent auparavant destiné pour les unes, passa dans les coffres des autres. Par une suite nécessaire, la même révolution survint dans les talents.

Telle Grecque qui avait été unie à un habile Grec se vit alors associée à un Grec maladroit. Jusque-là, la Grèce française n'avait tiré de ressources que d'elle-même ; aussi ses talents, quoique distingués, eût égard aux temps précédents, n'étaient pas des plus supérieurs. Ces Grecs, en général, n'avaient eu encore aucune communication avec la partie du monde où la filouterie est comme naturalisée.

L'Italie, depuis la grande paix générale[1], avait été séparée de la France ; mais la succession au royaume de Naples[2] ayant occasionné de nouveau la guerre, les Grecs des deux nations furent par là à portée de se communiquer leurs talents. La Grèce française était passée presque en entier en Italie. Comme

---

1. *La grande paix générale* : les traités d'Utrecht (1713) et de Rastatt (1714), qui mettent fin à la Guerre de Succession d'Espagne.

2. Sans doute la Guerre de Succession de Pologne (1733-1738), refermée par le traité de Vienne, qui fait passer Naples sous la domination des Bourbons d'Espagne.

celle-ci avait des commencements[1], et marchait sur de bons principes, les professeurs italiens n'eurent pas beaucoup de peine à la former. Ce fut de cette école que nous vint cette foule de grands hommes qui osèrent ensuite le disputer aux plus habiles filous du monde. Cette guerre procura un autre avantage aux chevaliers de l'Ordre, je veux dire la réunion d'une foule de régisseurs, capitaines des vivres, gardes-magasins, et autre commis de toutes les espèces, remplis d'or et d'argent.

Ces vivriers, pour la plupart, étaient des hommes qui venaient de je ne sais où, et se trouvaient là je ne sais comment. Ils n'étaient point Grecs ; c'étaient d'honnêtes gens dans un autre genre. Plusieurs avaient eu à Paris pendant plusieurs années la surintendance des menus plaisirs des Grands, et en cette qualité avaient mérité une retraite, c'est-à-dire un emploi dans les vivres. Les uns s'étaient poussés à l'armée par une jolie sœur. Les autres étaient parvenus à avoir des appointements aux dépens de l'honneur de leurs mères, de leurs tantes, de leurs nièces, ou de leurs cousines. Quelques-uns des plus jolis garçons parmi eux avaient gagné leurs commissions par des voies plus honteuses encore.

Ces hommes, qui ne connaissaient pas la valeur de l'argent parce qu'ils n'en avaient jamais eu auparavant, le perdaient avec une facilité extrême. La plupart des commis, à la fin de la campagne, finirent par être Grecs, c'est-à-dire qu'au lieu d'être malhonnêtes gens en ligne collatérale, ils le devinrent en ligne directe. Une autre acquisition considérable que fit la Grèce fut celle des Grecs militaires. Jusque-là, on n'avait pas compté (du moins, qu'on le sût) un seul officier parmi les joueurs avantageux, si on en excepte quelques mauvais sujets qui avaient été chassés de leurs corps, et qui ne sachant que devenir s'étaient faits Grecs. Mais pendant cette guerre, la contagion commença

---

1. *Avoir des commencements dans une discipline* : en avoir les premières notions.

à gagner les officiers en place. Ce fut alors qu'on remarqua une chose qui ne s'était pas encore vue dans le monde, c'est-à-dire qu'on pût être tout à la fois fripon et honnête homme, et qu'on vit des gens couverts de gloire et d'ignominie. Cette association était très nécessaire aux Grecs. Il leur fallait une protection dans les troupes, et ils ne pouvaient en avoir une meilleure à l'armée que celle des officiers, qui donnent là le ton, comme les financiers le donnent partout ailleurs. On trouvait peu de régiments où il n'y eût quelque Grec. On se méfiait d'autant moins d'eux qu'ils ne travaillaient point, tout leur emploi étant de lier les parties, et de faire perdre l'argent de leurs camarades. Ce fut alors qu'on vit ces grands prodiges dans les armées, que les commandants des corps ne pouvaient pas comprendre ; je veux dire, de simples capitaines, souvent des lieutenants même, sans autre secours que celui de leur paye, figurer autant que les généraux, et aller du pair[1] avec eux par la dépense. Il est vrai qu'on cassa tous ceux qu'on reconnut, ou même qu'on soupçonna d'avoir quelque connivence avec les filous ; mais il fut impossible de couper entièrement la racine du mal ; d'autant plus que la plupart tenaient, par leurs dépenses, une espèce de rang, et ne paraissaient pas ce qu'ils étaient.

Depuis cette union, il y eut guerre ouverte au jeu entre les officiers et les munitionnaires généraux des vivres. Outre l'ancienne inimitié qu'il y a toujours eu dans ces deux états, ceux-ci, à qui l'argent ne coûtait rien, faisaient une dépense considérable, tenant table ouverte, et faisant les petits seigneurs, ce qui augmentait davantage la haine qu'on avait pour eux. Les Grecs militaires vengèrent l'armée : plusieurs de ces vivriers furent dépouillés ; on leur laissa à peine de quoi acheter du papier pour rendre leurs comptes.

La paix faite, tous les Grecs qui étaient à l'armée regagnèrent

---

1. *Aller du pair* : on pouvait à l'époque employer indifféremment *de* ou *du* dans cette expression.

les villes. Toutes celles des provinces en furent d'abord remplies. Paris surtout en regorgea ; car le corps général de la Grèce, qui comme on vient de le voir, avait fait beaucoup de prosélytes, s'était considérablement accru. Il était naturel qu'à mesure que les joueurs avantageux augmenteraient en nombre, leurs profits particuliers diminuassent. Cela arriva en effet ainsi. La France se trouvant alors pour eux un État trop peu étendu, ils formèrent le dessein d'établir de nouvelles colonies hors du royaume. Les Grecs se partagèrent entre eux l'Europe entière. Il en passa un grand nombre en Angleterre, en Hollande, en Espagne, en Portugal, en Allemagne, en Suède, en Danemark, en Prusse, en Russie, etc. Quelques-uns même passèrent en Asie, d'autres en Afrique, et un très grand nombre dans l'Amérique. En un mot, leurs établissements s'étendirent aussi loin que les colonnes d'Hercule. Le progrès de leurs friponneries chez l'étranger n'est pas de mon ressort. Il me suffira de dire qu'on en vit revenir un très grand nombre, plusieurs années après, chargés de richesses ; ce qui excita l'émulation des joueurs sédentaires, qui, à leur tour, commencèrent à entreprendre les mêmes voyages de long cours. Ce fut alors qu'on vit une chose surprenante, et que sans doute la postérité aura de la peine à croire, je veux dire des joueurs de profession aller aux Indes et au Japon pour y faire des spéculations sur le jeu, comme on y avait été jusque-là pour en faire sur la porcelaine ou sur le thé. Après que ces filous avaient fait fortune, ils se retiraient dans le royaume, où l'État jouissait de leurs richesses. Ce fut à cette occasion qu'un Grec, venant de l'étranger avec une somme considérable en argent, et qui fut arrêté en arrivant à Paris, à la réquisition du ministre [1] d'une certaine cour de l'Europe, présenta une fameuse requête par laquelle il prétendait prouver que bien loin de mériter quelque châtiment, la Cour de France devait au contraire lui donner une récompense. La requête était

---

1. Ici, l'ambassadeur.

adressée directement au ministre des Affaires étrangères. Voici comme ce Grec, homme d'esprit, s'y exprimait.

« Monseigneur,

« De tout temps, et dans tous les gouvernements du monde, ceux qui ont contribué à augmenter les richesses de l'État ont été considérés comme bons citoyens.

« Quelles que soient les voies qu'ils aient employées pour acquérir ces richesses, les gouvernements habiles ne doivent pas s'en apercevoir ; car comme il suffit qu'elles existent de plus dans l'État, pour qu'elles aient procuré un bien réel, il s'ensuit que celui qui les a introduites mérite une récompense [*sic*].

« Si on se conduisait par d'autres idées, et qu'on allât chicaner[1] sur la nature des moyens, il faudrait dans chaque gouvernement faire le procès à la moitié des sujets. Ce n'est pas tout ; il faudrait que chaque état politique se le fît à soi-même. Car si l'on remonte à l'origine des moyens que presque tous les gouvernements mettent en usage pour s'approprier les richesses les uns des autres, on verra qu'il y en a bien peu de légitimes, et que la plupart ne sont rien moins (je vous supplie, Monseigneur, de me passer cette expression) que des filouteries d'État.

« Pour s'en convaincre, il suffit d'établir un seul principe. Il est décidé aujourd'hui, dans tous les systèmes de l'Europe, que les richesses sont les seuls nerfs de la puissance des États ; par conséquent, un gouvernement qui dépouille un autre de ses richesses lui ôte sa vie politique, et l'anéantit civilement. Or il n'est pas plus permis à un État d'en détruire un autre qu'à un particulier de tuer un particulier. Ainsi, si le principe par lequel on dépouille un État est illégitime, il faut nécessairement

---

1. Édition pirate : « scrutiner ».

que tous les moyens qu'on emploie pour y parvenir le soient de même, quelque licites qu'ils paraissent.

« On sait que la république de Venise, c'est-à-dire le gouvernement le plus sage, le plus prudent, et le plus politique de l'Europe se sert du jeu pour augmenter ses richesses générales.

« Si l'on arrête, en France, les joueurs qui viendront des autres pays avec des sommes considérables, l'État se privera par là d'une richesse annuelle de plusieurs millions.

« Les étrangers se plaignent de ce que les Français viennent les dépouiller dans leur propre patrie ; mais pourquoi souffrent-ils que nous leur servions de valets de chambre ? Quoique je ne me pique pas de savoir, et que je ne connaisse guère d'autre science que celle du jeu, j'ai lu quelque part [1], Monseigneur, que les marchands chinois ont deux balances ; l'une courte, pour tromper ceux qui ne veillent pas sur leurs intérêts ; et l'autre juste, pour ceux qui se tiennent sur leurs gardes. Si les étrangers soupçonnent que nous voulions les faire nos dupes, pourquoi jouent-ils avec nous ? Et s'ils jouent avec nous, pourquoi n'ont-ils pas les mains aussi déliées que nous ? Si je ne craignais de dégrader ici le style grave et sérieux qui convient aux requêtes, je vous citerais, Monseigneur, le proverbe des Italiens qui dit *chi è minchione, resti à casa* [2]. Je finis, Monseigneur, en vous suppliant de me faire accorder ma liberté. »

Voici la réponse du ministre, qu'il écrivit lui-même au bas du mémoire :

---

1. On trouve cette anecdote dans *L'Esprit des lois*, au chapitre XX, intitulé « Explication d'un paradoxe sur les Chinois » : « Celui qui achète doit porter sa propre balance, chaque marchand en ayant trois, une forte pour acheter, une légère pour vendre, et une juste pour ceux qui sont sur leurs gardes. » Montesquieu est une des références favorites de Goudar.

2. *Minchione*, dérivé de *minchia*, qui signifie le sexe masculin dans les dialectes du sud de l'Italie, sert à désigner un idiot, une andouille. Traduction libre : « Quand on est couillon, on reste à la maison. »

« Avant les représentations ci-dessus, le joueur détenu pour filouterie dans le pays étranger était condamné à trois ans de prison ; mais ayant lu son mémoire, je le condamne aux galères à vie. »

Depuis ce temps-là, aucun Grec n'a présenté de requête.

Les Grecs sédentaires du royaume se donnèrent des grands mouvements pour tirer avantage de leur profession. Les facultés de médecine du royaume, qui le dirait ? contribuèrent sans le savoir à augmenter le nombre des filous, et à enrichir ceux qui l'étaient déjà.

Les eaux minérales s'étant trouvées, selon plusieurs médecins, le seul spécifique pour un grand nombre de maux, ils ordonnèrent à tous les malades qui en étaient attaqués de les aller boire sur les lieux. Bagnères, Cauterets, Barèges, Balaruc, Aix-la-Chapelle, Vals[1], lieux auparavant peu fréquentés, devinrent dans certaines saisons de l'année des villes remplies d'habitants. Comme il avait d'abord été dit par les médecins que pour que les eaux fissent un effet salutaire, il fallait beaucoup se dissiper, un chacun tâchait d'apporter dans ces lieux au moins une certaine gaieté machinale, et telle qu'elle peut naître des ordonnances des médecins. On mêla les plaisirs du bal et du jeu. Une grande quantité de gens qui ne connaissaient pas auparavant ces amusements s'y adonnèrent, et en firent d'abord leur passe-temps. Mais comme la modération est une vertu inconnue aux hommes, et qu'ils passent toujours d'une extrémité à l'autre, ce qui dans les commencements avait servi d'amusement devint une passion violente. On dansa sans mesure, et on passa les nuits au jeu. Les joueurs de profession du royaume furent bientôt avertis des nouveaux prosélytes que les descendants d'Esculape leur avaient formés.

---

1. La prépondérance des villes du sud-ouest de la France (avec l'exception curieuse d'Aix-la-Chapelle, qui s'explique sans doute par son statut de très grand centre balnéaire européen) rappelle les origines montpelliéraines d'Ange Goudar.

En général, ce qui retarde les progrès des Grecs, c'est le défaut de liaison avec les honnêtes gens qui jouent gros jeu dans les villes. Pour se trouver avec eux, il faut un prétexte ; et tous ne sont pas également bons pour cela. Mais, dans ces assemblées de malades, le prétexte était tout trouvé. On disait qu'on venait prendre les eaux ; et en disant cela, tout était dit.

Dans les villes, pour si grandes qu'elles soient, tout le monde se connaît à peu près ; et si un Grec qui y réside n'est pas deviné, du moins, il y est presque toujours soupçonné ; et cela suffit pour qu'on se tienne sur ses gardes avec lui. Mais dans ces lieux d'eaux minérales, comme tout le monde y est étranger, et qu'un chacun y est d'une ville différente du royaume, on ne saurait avoir aucun soupçon parce qu'on y est dénué de conjectures.

Là où personne ne dit d'un malhonnête homme qu'il est un fripon, qui que ce soit ne s'avise de le croire tel. D'ailleurs, une société de gens malades, et qui se trouvent ensemble pour employer les mêmes remèdes, est en quelque façon liée par la nature. Or, de toutes liaisons, celle-ci est celle où, de part et d'autre, on se soupçonne le moins.

Depuis que ces eaux devinrent à la mode, il n'y eut point de Grec en France qui ne déclarât être attaqué de la *pierre*[1], de la *gravelle*, ou de quelque autre maladie de commande.

Les joueurs les parcoururent continuellement toutes les années. Quelques-uns même, pour s'épargner les incommodités des voitures, ainsi que les longueurs, les dépenses, et les inconvénients des voyages, s'y établirent entièrement. Ils attendaient là patiemment la saison du jeu, comme un fermier attend une récolte qui doit lui donner à vivre le reste de l'année. Les rentes des Grecs, au temps de ces eaux, étaient pour eux si assurées qu'ils renvoyaient à ce temps-là le payement de toutes leurs

---

1. *Attaqué de la pierre* : souffrant de calculs, rénaux ou pancréatiques par exemple.

dettes. Je vous paierai, disaient-ils à leurs créanciers, à la saison de Bagnères, de Vals, d'Aix-la-Chapelle, de Balaruc, de Barèges, à peu près comme un marchand dirait à ses correspondants : je solderai avec vous en payement *des Saints, de Pâques,* ou *des Rois*[1].

Les trois lettres suivantes font foi de ceci... Je les ai copiées sur les originaux mêmes. Ce sont des débiteurs grecs, qui demandent quartier à leurs créanciers jusques au temps de ces eaux.

« Monsieur,

« Je ne puis vous payer à présent les deux cents louis d'or que je vous dois ; mais vous pouvez compter sur cette somme dans le temps des eaux de Bagnères ; car on m'assure qu'il y aura cette année beaucoup de monde, et par conséquent j'y gagnerai beaucoup d'argent. Prenez patience jusqu'à ce temps-là. En attendant,

« Je suis. »

« Monsieur,

« Il m'est impossible de vous payer actuellement l'argent que je vous dois ; mais soyez tranquille, mes affaires iront bien. Il y a tout plein de malades dans le royaume ; ainsi, les eaux auront vogue cette année, et par conséquent ma recette y sera considérable.

« Je suis. »

---

1. Les paiements des Saints, de Pâques et des Rois sont les trois principales dates où les négociants du royaume paient les lettres de change tirées sur eux ; ces périodes de paiement correspondent aux dates des grandes foires, propices à de tels échanges. À Lyon par exemple, les créances exigibles au paiement des Saints sont payables dans les trois premiers jours de janvier, celles du paiement de Pâques dans les premiers jours de juillet, et celles des Rois dans les premiers jours d'avril.

« Monsieur,

« J'étais inquiet sur les six mille francs que je vous dois ; mais j'apprends que la gravelle, grâce à Dieu, fait de grands progrès dans le royaume. Je vous donne avis que si les choses restent dans la position avantageuse où elles sont, et que les maladies augmentent, vous pouvez tirer sur moi pour le temps des eaux, et tout honneur sera fait à votre traite.

« Je suis. »

Le commerce contribua aussi à rendre l'état de Grecs florissant. Le grand nombre de gens qui à certains temps marqués de l'année, se rendaient aux foires, et le nouvel établissement de quelques-unes dans le royaume, augmenta le nombre de leurs parties, et multiplia par conséquent leurs revenus. Les joueurs de profession y arrivaient en foule de toutes parts. Ils y avaient leurs comptoirs, leurs recettes, et leurs payements à faire, comme les marchands. Ils n'acquittaient leurs billets qu'à la fin de la foire, c'est-à-dire, lorsque le jeu finissait, et que les dupes étaient dépouillées. Dans les assemblées des marchands, il y avait ordinairement deux sortes de jeux : les publics et les particuliers. Les publics rendaient bien quelque chose aux Grecs, mais comme tous les commerçants qui s'y trouvaient se connaissaient entre eux, et étaient liés d'affaires ensemble, ils étaient gênés dans leurs pertes, n'en pouvant faire de considérables, crainte d'exposer leur crédit et leur réputation. Mais les particuliers étaient beaucoup plus avantageux. Tous les grands coups de main se faisaient dans ceux-ci. On n'y admettait que de gros négociants qui avaient de la disposition à se ruiner. C'est dans ce réduit surtout où la Grèce brillait, et où on plumait la poule sans la faire crier. Ce fut dans ces parties privées des foires que prirent naissance ces banqueroutes fréquentes, et où se forgèrent une foule de bilans. Les Grecs étaient là encore à leur aise pour le prétexte, car outre qu'à toutes ces foires il se rend une quantité de gens des environs, qui sans être marchands, y vont jouir de la compagnie, on y a toujours celui d'y faire des emplettes. Les Grecs se servaient ordinairement de ce dernier prétexte. Ils ne logeaient, ni ne mangeaient point ensemble. Ils ne se saluaient point dans les rues lorsqu'ils se rencontraient, et affectaient dans les parties publiques de ne pas se connaître. Enfin, ils s'entendaient, ainsi que le proverbe vulgaire le dit, *comme des voleurs en foire.*

Ce ne serait pas encore ici une petite affaire que de donner le détail des filouteries des Grecs à ces foires. Plusieurs *in-folio* ne suffiraient pas pour cela.

Dès lors les Grecs furent des gens d'importance. Avant qu'ils se rendissent à ces assemblées de commerce, et se mêlassent de ce qui s'y passait, on les regardait comme des aventuriers sans ressource. Mais dès le moment qu'ils allèrent tenir les foires comme les marchands, on commença à avoir de la confiance en eux. Leurs payements furent encore portés au temps de ces foires. Les joueurs remirent l'acquit[1] de leurs dettes à Beaucaire, à Bordeaux, à L'Orient[2], ainsi que les marchands. Comme l'argent, dans ces foires, est plus abondant qu'ailleurs, parce qu'un chacun y vient acheter ou vendre, les occasions de filouterie, pour les Grecs, y sont plus fréquentes. Le défaut d'argent peut même leur servir de moyen pour en gagner, comme on peut voir par ce qui suit.

Deux Grecs ayant su qu'un marchand d'étoffes de soie, qui aimait le jeu, et qui avait beaucoup de marchandises invendues, était à la veille de faire banqueroute, faute d'une somme de vingt mille francs en argent comptant qui lui manquait pour faire honneur à ses engagements, l'envoyèrent chercher dans leur chambre.

---

1. *Acquit* : action d'acquitter quelque chose, ici de payer leurs dettes.
2. Voir p. 109, note 1.

— Monsieur, lui dit l'un d'eux, nous sommes de gros négociants flamands. Mon associé, que vous voyez là, et moi,
voudrions vous acheter pour dix mille livres d'étoffes ; mais
comme notre dessein est de vous les payer comptant, nous les
voudrions à un prix raisonnable.

— Il n'y a rien que je ne fasse, dit le marchand, lorsque je
vous vendrai comptant, ayant un extrême besoin d'argent.

— Faites porter ici, lui dit le Grec, une centaine de pièces
d'étoffes de soie, de ce que vous avez de plus beau, et nous
verrons, sur leur qualité, de régler le prix.

Le marchand courut à son magasin ; et une demi-heure après,
il revint, suivi de quatre portefaix chargés d'étoffes de soie. Le
Grec qui dans cette scène jouait le rôle de marchand examina
les marchandises, et en fit le prix. On en mit à part pour dix
mille francs. À peine cette opération était-elle finie, qu'on servit
à dîner.

— Monsieur, lui dit le Grec, vous mangerez la soupe avec
nous ; car nous autres marchands flamands, nous ne faisons
aucune affaire sans boire ensemble. C'est là notre usage ; sans
quoi nous croirions que le marché fût nul.

— À Dieu ne plaise, dit le marchand d'étoffes, que je veuille
le rompre ; s'il ne faut que cela pour que l'affaire ait lieu, j'y
consens.

Il se mit à table avec eux. On ne pensa d'abord qu'à se ré-
jouir ; les deux Grecs, persuadés qu'ils tenaient une dupe dans
leurs filets ; et le marchand, qu'il venait de faire une bonne
affaire. Il se but considérablement ; car chez les Grecs, c'est
ordinairement le premier acte de la grande pièce de la filouterie. Et en effet, c'est presque toujours un moyen immanquable
pour réussir. Tel homme qui ne jouerait pas un sol à jeun
perdrait tout son bien après avoir bu. On peut comparer les
habiles joueurs aux bons médecins qui savent bien préparer
leurs malades. Sans Bacchus, Mercure, le dieu des filous, serait un dieu inconnu parmi les hommes. Ses autels ne seraient

presque point encensés. On avait à peine desservi, qu'il entra dans la chambre un troisième Grec. Celui-ci, à qui on avait distribué le rôle, et qui ne devait paraître qu'à la fin de la comédie, était habillé comme l'est ordinairement un marchand. « Eh bien, Monsieur, dit-il, en s'adressant au Grec qui avait fait le marché des étoffes, voulez-vous que je vous donne votre revanche ? Je le veux bien, répondit l'autre ; allons, qu'on apporte des cartes. Alors, adressant la parole au marchand d'étoffes : vous voyez en Monsieur, en lui montrant du doigt celui qui venait de proposer la revanche, un négociant de mon pays qui me gagna hier deux mille écus ; mais je veux tâcher de me racquitter aujourd'hui. Et, sans lui donner le temps de répondre : êtes-vous heureux au jeu, continua-t-il ? Si vous l'étiez, nous jouerions de moitié ; cela ferait peut-être changer la fortune ; dans ce cas, vous tiendriez les cartes à ma place. Je le veux bien, répondit le marchand ; et aussitôt on en vint aux prises.

Dans deux heures le marchand d'étoffes de soie perdit dix mille francs.

Ici le Grec qui les gagnait fit une pause.

« Monsieur, dit-il au marchand, comme je ne sais avec qui j'ai l'honneur de jouer, et que voilà une somme déjà assez considérable de perdue, vous me permettrez de vous demander qui me paiera ? Allez, Monsieur, reprit l'autre Grec, je fais bon pour Monsieur, je vous réponds de tout ce qu'il perdra. Je lui dois dix mille francs pour des étoffes qu'il m'a vendues, et que j'ai reçues.

Voilà qui est clair, par exemple, dit le Grec qui avait fait l'objection. Je n'ai rien à dire à cela. Dans ce cas, ajouta-t-il en reprenant les cartes, je vais continuer.

Il continua en effet, et lui gagna vingt mille francs, ce qui faisait la somme de dix mille livres pour le marchand ; c'est-à-dire celles des étoffes de soie vendues. Mais comme il y en avait pour davantage, et que ce n'était pas la peine de les faire rapporter dans son magasin, on joua le reste, et le Grec le gagna.

Outre les foires qui se tiennent régulièrement tous les ans dans différents endroits du royaume, les Grecs se rendaient assidûment à certains gros marchés qui se tiennent toutes les semaines dans plusieurs districts de la France, de même qu'aux fêtes et jours des patrons des lieux où les jeux sont tolérés. En un mot, ils se trouvaient dans toutes les assemblées où ils supposaient qu'il y avait à gagner.

Je croirais qu'il y aurait une imperfection dans cet ouvrage si je ne régalais le lecteur de plusieurs stratagèmes que les Grecs mirent en usage pour accrocher les dupes et leur gagner leur argent.

Je vais seulement en rapporter quelques-uns, car l'histoire générale de ceux-ci formerait un ouvrage de plus de deux cents volumes *in-folio*.

J'ai choisi ceux que j'ai cru être moins connus du public.

J'avertis que ce sont des faits détachés, qui n'ont aucune liaison ensemble, arrivés en différents temps, mais presque tous à Paris.

Il y avait plus d'un an que deux Grecs cherchaient le moyen de raccrocher un médecin riche, qui aimait le jeu, mais qui était si occupé de ses malades qu'il ne leur avait pas été possible de le joindre.

Un troisième Grec, ayant su leur embarras, vint les trouver. « Parbleu, Messieurs, leur dit-il, pour des hommes fins, vous êtes bien maladroits ! Y a-t-il des gens dans le monde plus faciles à avoir que les médecins ? Ils sont au service du public ; on les a lorsqu'on les veut ; il n'y a pour cela qu'à les faire appeler. Si vous voulez me donner ma portion de l'argent que nous gagnerons au docteur, je vous le garantis dépouillé dans trois jours. » Les autres deux Grecs appointèrent sa requête. Le lendemain, ce même Grec se mit au lit, feignant d'être malade. Il envoya chercher le médecin en question. Le docteur arriva.

La première chose qu'il fit, en s'approchant de son lit, fut de le prendre au poignet.

« Parbleu, Monsieur, lui dit-il, après avoir tâté s'il avait la fièvre, j'ignore quelle est l'indisposition pour laquelle vous m'avez fait appeler, mais pour un homme malade, voilà un pouls qui se porte bien. De quoi vous plaignez-vous donc ? Ah ! Monsieur le docteur, répondit le Grec alité, je me plains d'une lassitude répandue par tout mon corps. Et comment vous est-elle venue, cette lassitude ? reprit le médecin. Avez-vous fatigué beaucoup ? Extraordinairement, Monsieur, répondit le malade. Il y a six mois que je cours dans Paris après un diable d'homme sans pouvoir le joindre. Cet homme a donc à faire à vous ? lui dit le médecin. Non, Monsieur, répondit le Grec ; mais c'est la même chose, j'ai affaire à lui. Mais, grâce à Dieu, me voilà malade. Je l'ai fait avertir : il viendra me voir tous les jours, et c'est là où je l'attends. »

Le médecin lui ayant tâté le pouls une seconde fois, lui ordonna une saignée et une purgation, ne sachant pas qu'on devait bientôt le purger lui-même.

L'ordonnance finie, l'Esculape le quitta disant qu'il viendrait le voir le lendemain à la même heure. « Je vous en supplie, Monsieur, lui dit le Grec alité, en lui mettant un gros écu dans la main ; car si vous y manquiez, vous déconcerteriez toutes mes mesures. Vous pouvez compter sur moi, ajouta le médecin. » À peine le docteur fut sorti, que le Grec se leva pour aller conférer avec ses confrères. Il fut arrêté que le lendemain il y aurait un pharaon dans la chambre du malade, à l'heure que le médecin arriverait. Plusieurs autres Grecs, qui devaient jouer un rôle dans cette partie, furent assignés à comparaître pour le temps de la visite.

Le docteur ne manqua pas de se rendre à l'heure indiquée. Il voit, en entrant dans la chambre de son malade, une partie de jeu. Il demande ce que cela signifie. Le Grec alité lui répond que ce sont quelques amis qui sont venus lui tenir compagnie, et qui s'amusent une heure entre eux. Le médecin, après avoir tâté le pouls au malade, lui demanda comment il se trouvait de la saignée et de la purgation qu'il lui avait ordonnées. « À merveille, répondit le Grec. Si tous les remèdes étaient faits aussi à propos que ceux-ci, on ne verrait pas mourir tant de gens. Votre visite d'aujourd'hui détermine ma convalescence. On a bien raison de dire qu'un médecin vaut mieux qu'une médecine. Lorsque je vous vois, je suis tout consolé. Il semble que votre présence seule me met du baume dans le sang. »

Cependant les autres Grecs continuaient de jouer entre eux, sans paraître faire attention au discours du malade. La banque était de deux cents louis, et on n'y jouait qu'à l'or. « Monsieur le médecin, lui dit le Grec, vous avez la physionomie heureuse ; voudriez-vous me faire le plaisir de ponter dix louis pour moi au pharaon ? Je le veux bien, dit le docteur. » Le Grec lui donna les dix louis ; et aussitôt, il se mit à jouer. Il était en effet si heureux, qu'il ne mettait sur aucune carte sans gagner. Toute la partie était surprise de son bonheur. En moins d'un quart d'heure, il gagna cinquante louis d'or. Il s'approcha du lit pour les compter au malade, et lui dit qu'il n'était pas fâché qu'il eût gagné lui seul cette somme ; mais qu'il avait été tenté de profiter un peu pour lui-même de son bonheur, et ayant eu plusieurs fois envie de lui proposer d'être de moitié. « Ah ! Mon Dieu, Monsieur le médecin, dit le malade, j'en suis au désespoir ; que n'avez-vous parlé ? J'aurais été charmé de partager avec vous ce petit profit. Mais ce qui est différé n'est pas perdu. Vous n'avez qu'à revenir demain à la même heure : ces Messieurs seront ici, et nous jouerons ce que vous voudrez ensemble. »

Le docteur n'y manqua pas. Il s'associa avec son malade qui ce jour-là se portait assez bien pour être autour de la table. On laissa d'abord gagner quelques louis au médecin pour la forme, mais dans peu la chance tourna. Il perdit cent louis de suite.

Le Grec malade le voyant enfilé[1], et considérant qu'il était inutile de continuer alors la société, d'autant plus que cela diminuait sa perte de la moitié, lui cria : « Bride en main, Monsieur le médecin, je ne veux pas me ruiner. Continuez pour votre compte, si vous voulez, pour moi je ne joue plus. Je le veux bien, répondit le docteur d'un air piqué. Monsieur le banquier, dit-il tout haut, je fais bon. Tout ce que je perdrai me regarde en propre. Cela suffit, Monsieur, répondit gravement le Grec sacrificateur. »

Le banquier le mena si bon train, que dans deux heures, monsieur le docteur eut perdu deux cents louis, y compris les cinquante de la société.

Comme on ne connaissait pas bien le fonds de ses finances, et que d'ailleurs il y avait moins de fièvres et de maladies épidémiques cette année que les précédentes, on jugea à propos de couper la scène, crainte que si on chargeait trop le premier acte de la tragédie, quelque catastrophe de la police ne servît de dénouement à la pièce.

On quitta monsieur le docteur, sous le prétexte ordinaire de tous les joueurs qui ont fait leur coup, c'est-à-dire qu'il est trop tard ; qu'on joue depuis longtemps ; qu'une autre fois on donnera la revanche, etc.

Le médecin était trop impatient d'avoir la sienne, pour ne pas se rendre le lendemain auprès de son malade. Il débuta, en entrant dans la chambre, par une ordonnance qui non seulement mit du baume dans le sang du Grec malade, mais même dans celui de toute la compagnie. Il paya les deux cents louis d'or qu'il avait perdus la veille.

Comme on vit que le docteur y allait beau jeu et bon argent, on donna ce jour-là un tour de plus à la roue de son malheur.

---

1. *Être enfilé, s'enfiler* : avoir mal joué, de telle sorte qu'il est certain que la ou les mains suivantes seront perdantes. L'expression s'emploie le plus souvent au tric-trac.

On la monta sur le pied de quatre cents louis, que le médecin paya exactement le lendemain, comme les deux cents du jour précédent. Enfin, on le mena si bon train, qu'en moins de huit jours, on lui fit perdre vingt mille francs qu'il avait gagnés à la sueur de son corps ; ou, pour mieux dire, à celle du corps de ses malades, car les étuves étaient presque le seul remède qu'il ordonnait.

Ainsi un feint malade lui fit rendre gorge de l'argent de tous ceux qu'il avait visités jusque-là mal portants.

Trois Grecs voulant gagner de l'argent à un usurier, l'un d'eux fut le trouver et lui dit : « Monsieur, vous voyez en moi un joueur décidé. J'ai gagné considérablement à plusieurs enfants de famille de cette ville. Comme je suis prêt à faire un voyage de long cours, et que j'ai une somme de cinquante mille francs en argent comptant, je viens vous prier de me la prendre en dépôt jusqu'à mon retour. »

L'usurier entendant parler d'une somme si considérable, sur laquelle il pouvait gagner considérablement en la faisant valoir, lui répondit que quoiqu'il n'eût pas l'honneur de le connaître, il lui rendrait volontiers ce service, et qu'il pouvait, dès ce moment, compter sur une place dans son coffre-fort pour cette somme. Tout autre que moi, ajouta-t-il, ferait payer un intérêt pour le dommage qu'il y a toujours de se charger de l'argent d'autrui ; mais pour moi, j'en agis rondement. Je vous déclare par avance que je ne vous demande rien, quand même vous me laisseriez ces cinquante mille francs pendant trente ans. Mais, Monsieur, où avez-vous ces cinquante mille francs ? Et en quelles espèces sont-ils ? Ils sont chez moi, répondit le Grec, et en beaux louis d'or. Si vous voulez vous donner la peine d'y passer demain sur les deux heures après midi, je vous compterai la somme, et vous m'en ferez votre reconnaissance. Il n'y a rien de plus juste, répondit l'usurier ; lorsque je serai nanti de l'argent, je vous en passerai ma déclaration dans les formes. Là-dessus le Grec lui donna son adresse, et celui-ci se retira.

Il fut délibéré dans l'assemblée des trois Grecs, qu'au moment que l'usurier viendrait pour prendre l'argent, l'un d'eux ferait le rôle de fils de famille, et que celui qui devait remettre le dépôt jouerait contre lui. L'usurier ne manqua pas de se trouver à l'hôtel à l'heure marquée avec un sac pour mettre les louis.

« Soyez le bienvenu, Monsieur, lui dit le Grec qui lui avait parlé la veille ; donnez-vous la peine de vous asseoir, et je suis à vous dans le moment. Je finis une partie de piquet avec Monsieur, qui mérite quelque attention. » Et adressant en même temps la parole à celui qui jouait avec lui : « c'est donc quatre cent soixante louis que vous me devez à présent ? Oui, Monsieur, lui répondit l'autre : et si vous voulez, nous en jouerons cent par partie. Je le veux bien » répondit le premier ; et dans six minutes, le Grec qui devait confier le dépôt eut gagné cent louis de plus.

L'usurier en entendant parler de quatre cent soixante louis, et voyant en gagner si facilement cent autres ouvrait de grands yeux ; il ne savait que s'imaginer. Il tira à part le troisième Grec qui était là debout, simple spectateur.

« Monsieur, lui dit-il, sans être trop curieux, pourriez-vous me dire ce que c'est que ces quatre cent soixante louis qui sont dus, et ces cent qui viennent de se gagner si facilement en ma présence ?

— Vous dire ce que c'est, Monsieur ? Je vais vous l'apprendre. C'est un Pérou, un second Mississippi ; en un mot, un bon de Fermier général. Cela n'est pas bien clair, dit l'usurier : expliquez-vous mieux. Eh bien, Monsieur, puisqu'il faut vous dire les choses par leur nom, c'est un fils de famille des plus riches de Paris, qui joue d'un guignon étonnant. Il y a dix contre un à parier qu'il va perdre, cet après-dîner, deux mille louis avec mon ami, qui est de moitié avec moi.

— Et comptez-vous la partie sûre ? Dit l'autre. Oh, plus que sûre, reprit le Grec. Si au moment que je vous parle vous

vouliez me donner huit cents louis pour ma part du profit, je
ne vous la céderais pas.

— Oh, dans ce cas, puisque la partie est sûre, je vous prie
de faire en sorte que votre ami m'y intéresse. Je lui promets,
en revanche, de lui prendre encore en dépôt la somme qu'il
gagnera au fils de famille, sans qu'il lui en coûte un sol. »

On appela le Grec, qui fit d'abord de grandes difficultés ;
mais enfin il se rendit. L'usurier fut reçu pour un tiers dans
cette partie. La société ne fut pas plus tôt formée, que la chance
tourna. On ne vit jamais un malheur si marqué et si constant.
Dans quatre heures, le fils de famille gagna trente mille francs,
et quitta le jeu ; ce qui faisait, selon Barême [1] et tous les auteurs
qui ont écrit jusques ici sur l'arithmétique, dix mille livres de
perte pour l'usurier.

Il n'est pas facile d'exprimer l'étonnement de cet homme :
c'était de la rage, de la fureur, et du désespoir mêlés ensemble.
Le comble de la disgrâce pour lui, était que celui qui avait
perdu l'apostrophait encore.

« Parbleu, Monsieur, lui disait-il, vous auriez bien pu vous
dispenser de m'associer avec vous. On n'a jamais vu une fatalité si marquée. Vous n'avez pas plus tôt été intéressé dans
cette partie, que je n'ai pu gagner une seule fois. Lorsqu'on est
aussi guignon que vous l'êtes, on ne devrait jamais demander à
s'intéresser dans le jeu d'un quelqu'un [sic] ; c'est vouloir faire
perdre l'argent des autres avec le sien.

— Hélas ! Monsieur, répondait l'usurier consterné, que pou-
vais-je savoir si j'étais heureux ou malheureux ? Puisque c'est
la première fois en ma vie que j'ai joué ; et je n'aurais pas

---

1. François Barrême (1638-1703), auteur de plusieurs livres d'arithmétique appliquée, est surtout connu comme l'auteur du *Livre nécessaire pour
les comptables, avocats, notaires, procureurs, négociants, et généralement
à toute sorte de conditions* (1671), réédité ensuite sous le nom de *Barême
universel*, d'où nous vient le mot « barème » (on notera au passage la perte
d'un « r », puis la transformation de l'accent).

commencé aujourd'hui si on ne m'avait dit que la partie était sûre. »

Le receveur de dépôts se voyant engagé dans une mauvaise affaire voulut s'en tirer par un effacement de corps.

« Je vous prête le bonjour, Messieurs, dit-il, en gagnant la porte ; demain au matin je vous apporterai la somme que j'ai perdue. Halte-là, Monsieur l'usurier, lui dit le Grec qui l'avait attiré chez lui, en le retenant par le bras. Avant que de nous quitter, nous avons une petite cérémonie à faire ensemble. Nous sommes responsables, Monsieur et moi, de l'argent qui vient de se perdre ici. Comme ceux de votre profession ont la mémoire fort courte dans les affaires de la nature de celles-ci ; crainte que vous ne l'oubliiez, vous aurez, s'il vous plaît, la bonté de me faire une reconnaissance de dix mille francs. » Alors l'usurier, se voyant pris au trébuchet[1], dit au Grec : « Monsieur, il y a une chose à faire. Englobons la somme de dix mille francs dans celle de quarante mille, et je vous ferai, en touchant celle-ci, ma reconnaissance pour cinquante mille. Point du tout, lui répondit le Grec. J'ai perdu la confiance que j'avais en vous. Un homme qui perd dix mille francs dans une séance ne me paraît point propre à garder des dépôts. » N'y ayant plus d'échappatoire, l'usurier fit son billet, et le paya le lendemain.

Six Grecs étaient aux aguets depuis longtemps pour raccrocher un banquier de Lyon qui était venu passer quelque temps à Paris, et qui avait la réputation d'aimer le jeu. Mais comme celui-ci savait que cette ville était pleine de filous, il se tenait sur ses gardes. D'ailleurs le lieutenant de police, à qui il avait été recommandé, lui avait donné deux de ses espions qui, en lui servant de domestiques, étaient un sauf-conduit pour sa bourse.

---

1. *Prendre quelqu'un au trébuchet* signifie figurativement le persuader de se livrer à une démarche qui lui est désavantageuse. Le trébuchet dont il est question ici est une sorte de petit piège à oiseaux.

Cependant, les Grecs en voulaient faire leur dupe. Ils en avaient même juré, en buvant ensemble, par le fleuve Styx[1]; et en fait de filouterie, les joueurs ne sont pas gens à violer leur serment. L'un d'eux ayant su le jour de son départ pour Lyon dans la diligence[2] y alla arrêter sept places pour le même temps, de façon que le banquier se trouva embarqué avec sept Grecs seulement lorsqu'il se mit en route.

Ces messieurs, en entrant dans la voiture, se traitèrent avec le cérémonial qui se pratique ordinairement entre gens qui ne se connaissent point, et qui doivent faire un voyage de plusieurs jours ensemble. Les premiers cahotages passés, les sept Grecs commencèrent à se faire réciproquement des questions qui tendaient, d'une manière indirecte, à savoir qui ils étaient.

Par leurs réponses, l'un se trouva colonel au service étranger, l'autre un seigneur qui voyageait *incognito* pour son plaisir, et qui avait voulu essayer cette voiture publique seulement par curiosité. Celui-ci était le parent d'un ministre; celui-là d'un duc et pair; et ainsi des autres.

Le banquier de Lyon, qui n'avait aucune alliance à la Cour, ne tenait presque point de place dans la voiture, tant il était petit auprès de gens d'une si grande considération. Il ne s'était trouvé de sa vie en si bonne compagnie.

On arriva à la dînée[3]. Tous ces seigneurs se mirent à table

---

1. Dans la mythologie grecque, les dieux prêtent leurs serments les plus graves « sur le Styx », fleuve séparant les Enfers du monde des vivants. Le serment prêté par les Grecs a donc ici une valeur héroïcomique; il rappelle un épisode célèbre de *Gil Blas* (1715), roman picaresque de Lesage dont le héros, alors valet, jure lui aussi sur le Styx avec quelques-uns de ses compagnons de ne plus servir que des maîtres nobles (livre III, ch. IV).

2. L'itinéraire en diligence de Paris à Lyon est à l'époque considéré comme l'un des plus commodes d'Europe. Le trajet prend cinq à six jours au milieu du XVIIIe siècle, dans des voitures ne pouvant accueillir que six à huit voyageurs.

3. D'après P. Charbon, dans son ouvrage *Au temps des malles-postes et des diligences*, [Paris] : J.-P. Gyss, 1979, p. 18, le premier *dîner* (c'est-à-dire

avec le Lyonnais, à qui ils firent beaucoup de politesses, comme c'est l'usage aux gens de condition, surtout lorsque les roturiers qui se trouvent avec eux sont banquiers.

Il ne fut point question de jeu, parce que la séance de la dînée est trop courte, et que les cochers ne donnent pas le temps aux filous qui se trouvent dans cette voiture de faire des spéculations sur l'argent de ceux sur qui ils ont jeté un dévolu.

Mais, à la couchée, leur premier soin, en arrivant, fut d'abord de demander des cartes. Ils se mirent à jouer entre eux, sans inviter le Lyonnais. Mais l'occasion était trop belle pour lui, pour ne pas en profiter. Il se mêla dans la partie ; et on peut bien s'imaginer qu'il ne gagna pas.

La première perte fut de cent louis, qui était tout l'argent comptant qu'il avait dans sa bourse.

Le lendemain, on commença l'attaque du portefeuille.

Les lettres de change sur toutes les places du royaume furent produites sur table. On lui en gagna, non pas tant qu'on voulut, mais tant qu'il en eut.

On en était à la dernière lettre de change du banquier lorsqu'on arriva à Lyon.

Là, messieurs les intéressés se partagèrent l'argent comptant et les lettres ; après quoi ils cherchèrent s'il n'y avait pas quelque autre banquier qui voulût faire avec eux le voyage de Paris dans la diligence.

Il y avait longtemps qu'un Grec cherchait l'occasion de raccrocher un homme d'affaires qui jouait lorsqu'on savait lui faire naître une partie. Le Grec n'avait jamais pu y réussir à cause de la multiplicité d'affaires dont l'homme qu'il avait en vue se trouvait accablé. Il arriva que le maltôtier, qui était extrêmement débauché avec les femmes, eut une maladie vénérienne.

à l'époque le repas de midi) sur la route de Paris à Lyon avait d'ordinaire lieu à Chailly.

Les médecins lui ordonnèrent de passer par le remède [1]. « Bon, dit le Grec, qui sut l'ordonnance : voilà mon affaire ; je ne puis plus manquer mon homme ; je n'ai qu'à passer aussi par le remède, et je ne risque rien en cela ; il n'y a pour moi au contraire qu'à gagner à ce marché. Il est incertain si je n'ai pas la même maladie ; et il est sûr que je lui gagnerai son argent. Tous les médecins disent qu'il faut s'amuser pendant le cours de ce remède ; je l'amuserai moi d'une manière même intéressante. »

Après avoir déterré le chirurgien qui devait passer [2] l'homme d'affaires, il fut le trouver, pour devenir son patient. Le chirurgien qui ne voulait traiter cette maladie que sur de bonnes preuves demanda au Grec quel était son médecin, et par quelle ordonnance il venait passer. « Par celle, répondit-il, de dix à douze filles de l'Opéra que je vois régulièrement depuis dix ans. Ma maladie vous paraîtra-t-elle équivoque après cela ? Non, parbleu, répondit le chirurgien. Votre certificat de vérole est dans les formes ; cela vaut mieux que l'attestation de trente médecins. »

Le chirurgien mit le Grec avec l'homme d'affaires, car dans ces maisons, les derniers venus font toujours chambrée ensemble. Deux hommes attaqués d'une même maladie et qui doivent se servir des mêmes remèdes ont d'abord fait connaissance. Dès le premier jour, ils se trouvent liés d'amitié. Comme il faut une préparation de quelques jours avant que de se familiariser avec le mercure, le Grec, crainte que son homme ne mourût dans

---

1. Le *remède* ou *grand remède*, dans ce contexte : traitement à base de mercure, qui passait pour guérir les maladies vénériennes. Sa grande toxicité incommodait cruellement le patient, et l'état de faiblesse induit par la cure exigeait souvent qu'il se retire dans un endroit discret. On dit *passer par le remède*, *passer le remède*, voire comme Goudar au paragraphe suivant simplement *passer*.

2. Voir note précédente.

le remède, profita de cet intervalle pour purger sa bourse, en attendant que le spécifique purifiât son sang.

Il lui gagna tout l'argent comptant qu'il avait ; et durant le cours du remède, une somme de cinquante mille francs, dont il retira ses engagements. Ainsi, au bout de soixante jours, l'homme d'affaires sortit de la maison du chirurgien guéri radicalement et des femmes et du jeu.

Plusieurs Grecs unis ensemble, voulant gagner de l'argent au jeu par quelque trait brillant et nouveau, s'avisèrent d'un plaisant stratagème. Ils choisirent une Grecque qui tenait un tripot dans Paris, et la firent résoudre à voyager avec eux sous le titre d'une princesse grecque dont la souveraineté avait été envahie par le Grand Seigneur[1]. Ils lui firent pour cela un espèce d'équipage, et l'habillèrent à la manière des Levantines.

Cette femme avait elle-même une figure orientale, c'est-à-dire, de grands yeux qui ne disaient rien, un nez aquilin, avec des traits longs qui ne finissaient point ; en un mot, c'était une de ces figures antiques que les peintres emploient dans leurs tableaux pour représenter le temps du siège de Troie.

Il ne lui manquait que le titre de princesse pour être en effet une princesse grecque.

On désigna le caractère que chaque Grec devait prendre dans cette nouvelle comédie. L'un devait jouer le rôle de secrétaire d'État de Son Altesse ; l'autre celui de son écuyer ; un autre devait être son gentilhomme ; un autre, son maître d'hôtel, etc.

On acheta deux grandes voitures, et on se mit en chemin.

La marche fut dirigée vers l'Allemagne, comme le seul pays de l'Europe qu'on déniaise toujours, et qui est toujours à déniaiser. On traversa la France en grand silence ; et ce ne fut qu'après avoir passé le Rhin que Son Altesse déploya ses titres, et commença à entrer en caractère.

---

1. Le Sultan, l'empereur des Turcs.

Chaque acteur prit alors l'habit qui convenait au rôle qu'il allait jouer. Enfin, la comédie commença ; et voici dans quel ordre.

Lorsqu'on fut prêt d'arriver dans la première petite ville ou bourg où la princesse devait faire quelque séjour, son premier gentilhomme prit le devant, pour aller avertir le bourgmestre du lieu que Son Altesse allait arriver. La communauté, étourdie du titre et présumant que ce pouvait bien être quelque souveraine qui voyageait *incognito*, débuta par lui désigner le plus beau logement de l'endroit. Elle lui vint au-devant, et le bourgmestre lui fit compliment à la porte en allemand. Personne de la suite grecque, à l'exception d'un seul, ne savait cette langue.

La réponse de la princesse se fit en langue franque[1], que le bourgmestre ni aucun de sa suite n'entendait.

Il était impossible de rien imaginer de mieux pour la cour grecque ; car, pour bien s'entendre, il ne fallait pas s'entendre.

Dans ce premier bourg, la noblesse vint en corps rendre visite à Son Altesse, et fit demander au secrétaire d'État, par le moyen d'un interprète, à quoi se divertissait ordinairement la princesse, et quel était son plus agréable amusement. *Il giucco*, dit le secrétaire. Le jeu l'amuse donc beaucoup ? *Molto, Signori*, répondit-il en langue franque ; *lo piu gran piacere che potetegli fare è di far-la giuoccare*[2]. Aux jeux de commerce, sans doute, dit l'interprète ? *Che commercio*, dit le secrétaire, *noi altri non intendiamo lo commercio*. C'est donc aux jeux de hasard que la princesse joue ? *Si, Signori*. Et quels sont ceux qu'elle entend ? dit l'interprète. *Tutti, Signori*, dit le secrétaire ; *la basseta, il pharaone, linsechenetto, la dupa*, etc.

La noblesse ayant été informée de ce qui amusait le plus Son Altesse, six gentilshommes furent députés de la part de la

---

1. [NdA] C'est un Italien corrompu, dont les Levantins se servent.

2. [NdA] Le plus grand plaisir que vous pouvez lui faire, c'est de la faire jouer.

communauté pour faire sa partie. Il fut encore ici besoin de l'interprète. On fit demander au secrétaire d'État quel était le jeu que Madame jouait ordinairement. *Tutto quello che vorrano loro*, répondit-il ; *cento milla franchi sopra una carta, si vogliono. Gli stati di Sua Altessa rispondono di sue perdite, fino à cento millioni*[1].

Comme messieurs les allemands n'avaient pas des États qui pussent cautionner de si grandes pertes, ils se contentèrent de jouer un jeu modéré. Son Altesse se mit à jouer avec eux ; et comme elle était une des plus fines Grecques de l'Ordre, elle les dépouilla tous.

Ces messieurs, qui n'étaient pas accoutumés à ce bonheur oriental, se regardaient entre eux, en se témoignant l'un à l'autre leur surprise.

La princesse, dont la souveraineté avait été envahie par le Grand Seigneur, resta dans ce bourg tant que les gentilshommes qu'on avait nommés pour l'amuser eurent de l'argent ; mais lorsqu'elle comprit qu'il n'y avait plus rien dans leur bourse, elle songea à la retraite, d'autant plus qu'il commençait déjà d'y avoir quelques soupçons sur le compte de Son Altesse, quelques-uns la prenant pour une aventurière, et toute sa cour, pour une compagnie de fripons.

Le bourgmestre, dont le fils avait perdu quatre cents sequins pendant son séjour, se trouvant piqué de cette perte, voulut la haranguer à son départ, comme il l'avait fait à son arrivée. À cet effet, il l'attendit à la porte. Là ayant fait arrêter sa voiture, et croyant que personne de sa suite n'entendait l'allemand, il commença ainsi sa harangue :

« Nous sommes très flattés, illustre princesse, de l'honneur que vous nous avez fait de séjourner quelques jours dans notre bourg ; mais quand Votre Altesse n'aurait fait qu'y passer, nous

---

1. [NdA] Tout ce que vous voudrez ; cent mille livres sur une carte ; les États de Son Altesse répondent de ses pertes au jeu jusqu'à cent millions.

n'en serions que plus heureux. Une partie de notre noblesse ruinée, et mon fils en particulier, qui m'a volé quatre cents sequins pour jouer, sont des preuves convaincantes de l'avantage qu'il y aurait eu pour nous de vous faire fermer les portes de notre bourg lors de votre arrivée. Mais c'est pour nous un avis au lecteur, qui doit nous servir pour nous faire tenir à l'avenir sur nos gardes contre les princesses grecques dont le Grand Seigneur a envahi la souveraineté. Au reste, Madame, nous prions le Seigneur qu'il veuille vous rétablir bientôt dans vos États ; car, pour peu que vous voyageassiez dans ceux d'Allemagne, vous les ruineriez. »

Ayant fini là sa harangue, il fit signe au postillon de poursuivre son chemin. Un Grec de la bande qui entendait l'allemand, ayant compris le sens de ce discours, en fit part au conseil de Son Altesse. Il fut résolu sur le champ de changer de route, crainte que le bourgmestre ne donnât des avis dans les villes où Son Altesse avait dit qu'elle voulait passer. La cour prit un chemin de traverse, qui la conduisit dans plusieurs villages allemands où elle eut les mêmes honneurs, mais non pas les mêmes profits ; car on manquait là d'interprètes. Monsieur le secrétaire eut beau dire, en parlant des amusements de Son Altesse, que, *lo piu grand piacere che potetegli fare, è di farla giuocare*, personne, dans ces endroits, n'entendait la langue franque. On quitta ces petits villages barbares où on ne connaissait d'autre idiome que celui du pays, pour aller dans des lieux où la cour trouvât plus de ressources.

On arriva, deux jours après, dans une petite ville remplie de noblesse. Ici Son Altesse exhiba de nouveau ses titres ; et, ce qu'elle n'avait pas encore fait, elle donna une relation circonstanciée de la révolution qui lui avait fait perdre ses États. Malheureusement pour Son Altesse, il y avait dans cet endroit un écrivain qui venait de donner tout nouvellement en allemand une histoire générale des différentes révolutions survenues dans les pays de l'Empire ottoman, et il n'avait pas dit un mot de celle des États de Son Altesse. La princesse grecque errante, et actuellement existante dans cette ville, était un monument parlant de l'ignorance de l'historien.

Les auteurs ne sont pas les gens du monde le moins susceptibles de vanité. Celui-ci crut qu'il y allait de son honneur d'éclaircir le fait. Il se frotta les yeux, prit des lunettes, et relut de nouveau l'histoire de l'Empire ottoman. Ce n'est pas tout : il se fit apporter la carte où étaient tous les États enclavés dans ceux du Grand Seigneur ; et malheureusement pour Son Altesse, il se trouva que sa souveraineté s'était fondue, et qu'il n'en restait pas sur la terre le moindre vestige.

C'eût été un miracle qu'un écrivain eût eu raison une fois en sa vie sans faire un grand éclat. Il prouva démonstrativement à toute la ville que la princesse grecque et ceux qui composaient sa suite étaient une bande de fripons.

La cour, ayant été informée des discours de l'historien, délogea le soir sans tambours ni trompettes. Elle arriva le lendemain à un grand bourg, où il lui arriva une aventure aussi désagréable. Il y avait dans ce bourg une véritable Grecque, qui s'y était retirée depuis quelque temps, et qui vivait là avec un petit revenu qu'on lui envoyait tous les ans du Levant. Elle avait un plaisir charmant lorsqu'elle pouvait rencontrer quelque personne de son pays, et aurait fait cinquante lieues pour parler trente paroles dans sa mère-langue. Elle ne sut pas plus tôt qu'une princesse grecque se trouvait actuellement dans le bourg, qu'elle accourut aussitôt à l'auberge où elle était pour la voir. L'hôte lui indiqua sa chambre. Elle y entra sans se faire annoncer ; et s'approchant d'elle, elle enfila une tirade de grec qui ne finissait plus. La princesse qui, quoique Grecque, n'entendait pas un mot de grec, se trouva un peu embarrassée. Elle crut remédier à l'ignorance où elle était de cette langue en donnant un louis d'or à cette Levantine. « Tenez, lui dit-elle en bon français en le lui mettant dans la main : je ne suis point Grecque de nation, gardez-moi le secret. » Mais cela ne servit au contraire qu'à le faire divulguer. La Grecque, vaine et superstitieuse, comme sont la plupart de celles de sa nation, trouva dans cette imposture une espèce d'ignominie pour son pays. Elle alla dénoncer l'aventurière au magistrat qui, sans vouloir approfondir la chose, pria poliment la cour de vouloir bien aller faire sa résidence ailleurs.

Cette dernière aventure dégoûta Son Altesse du métier de princesse. Elle dit à sa cour qu'elle aimait encore mieux reprendre son tripot à Paris que de se voir exposée à la fin à quelque tragique événement. Que sur les grands théâtres étaient les grands dangers. Il y a, ajouta-t-elle, une espèce de fatalité à ceci. Depuis que je suis sortie de Paris, tout le monde me refuse le titre de Grecque ; au lieu que dans cette ville, il n'y a personne qui ne me l'accorde. On se partagea l'argent qu'avait procuré le premier acte de la pièce, et chacun revint dans cette capitale.

Le fils d'un riche apothicaire de Champagne était venu à Paris pour faire un mariage avec une fille noble. Son père, qui avait purgé et clystérisé pendant quarante ans toute sa province, se trouvant fort riche, voulait décrasser le sang de ses descendants de la rhubarbe et du séné[1]. Il avait à cet effet envoyé ce fils à Paris avec une somme considérable, pour voir s'il ne trouverait pas quelque fille de naissance qui voulût entrer dans la pharmacie. Le jeune apothicaire était un vrai *Thomas Diafoirus*[2], c'est-à-dire un grand nigaud planté sur ses pieds, et qui était tout décontenancé lorsqu'il n'avait pas une seringue à la main.

---

1. La rhubarbe et le séné sont une métaphore bien choisie de ce décrassage symbolique, puisque les deux plantes ont des vertus purgatives. L'expression *passe moi la rhubarbe, je te passerai le séné*, pour indiquer un échange de services réciproques, existe déjà à l'époque.

2. Le fils du célèbre médecin dans *Le Malade imaginaire*, de Molière (1673).

Deux Grecs qui surent le sujet de son voyage résolurent de lui proposer un parti noble, à condition que, par le moyen du jeu, ils se paieraient de leurs soins et peines.

Ils furent le trouver le lendemain à son hôtel. « Monsieur, lui dit l'un d'eux, vous voyez devant vous les deux plus habiles négociateurs d'hyménées qu'il y ait en Europe ; il n'y a pour nous rien d'impossible dans ce genre : en fait d'unions conjugales, nous unirons le feu avec l'eau. En un mot, je crois que si nous nous en mêlions, nous parviendrions à marier l'Opéra avec la Comédie.

Je sais ce qui vous amène ici, continua le Grec ; une personne de votre province m'en a instruit. Vous voudriez vous marier à une personne de condition, n'est-ce pas ? J'ai trouvé votre affaire. La fille de madame la marquise de *Pharaon* est ce qu'il vous faut. Imaginez-vous si sa maison vient de loin : ce fut un de ses ancêtres qui inventa le jeu dont elle porte le nom. Oh ! C'est une maison très ancienne dans le jeu. »

Le Champenois interrompant ici le négociateur d'hyménées, lui dit : « je savais bien, Monsieur, qu'il y avait d'anciennes maisons d'épée et de robe ; mais je n'avais pas encore appris qu'il y eût d'anciennes maisons de jeu. Cela ne me surprend pas, reprit le Grec ; vous autres provinciaux vous vivez dans une ignorance crasse sur toutes choses. Vous ne savez pas la moitié de ce que nous savons à Paris. Il est vrai que cette noblesse est une nouvelle découverte dont le blason vient d'être enrichi. Si la chose prend, comme il y a toute apparence, on ne sera plus si embarrassé à composer des armes ; car les douze figures qui sont dans un jeu de cartes fourniront à l'infini de quoi faire de nouveaux écussons. »

On proposa au provincial s'il voulait voir la jeune personne de condition sur qui on avait jeté les yeux pour illustrer sa famille. Il répondit qu'il n'en serait pas fâché. Là-dessus, on le quitta, en lui disant qu'on viendrait le prendre le lendemain pour le présenter dans cette maison de condition.

Madame la marquise de *Pharaon* n'avait point de filles, mais elle en eut bientôt une. Elle envoya chez la Flor*** qui lui en envoya une toute dressée au manège, et en état de jouer tel rôle qu'on voudrait : on l'instruisit du sujet de la pièce, et aussitôt elle fut au fait.

Le lendemain, à l'heure indiquée, les deux Grecs furent chercher le provincial. Ils lui dirent que le parti leur ayant paru pour lui très convenable, ils avaient disposé les choses de façon que dans huit jours il épouserait, et qu'il pouvait agir en conséquence dans cette première visite.

L'apothicaire débuta, en entrant chez madame la marquise, par le *qui pro quo* de Monsieur Thomas, dans *Le Malade imaginaire*. Il prit la mère pour la fille, et l'apostropha par un compliment qui n'était pas pour elle. Les Grecs lui firent apercevoir sa bévue, en lui montrant la fille, qui était à côté de la mère. Le Champenois, sans se déconcerter, fit demi-tour à gauche, et recommença à la fille, mot pour mot, le compliment qu'il venait de débiter à la mère. Quoique la fille postiche de madame la marquise eût au moins quinze ans de manège, elle avait l'air d'une innocente et d'une jeune personne toute neuve ; ce qui joint à sa grande noblesse plut beaucoup au provincial. Il se sentit épris.

Jusque-là les Grecs se trouvaient neutres dans cette scène. Ils voulurent commencer aussi leur rôle. Ils firent signe à madame la marquise de *Pharaon* ; et aussitôt on vit paraître une table et des cartes.

À cette apparition, la petite fille parut aussitôt toute réjouie. Le Champenois s'en aperçut, et témoigna en être surpris.

« Que cela ne vous étonne point, Monsieur, dit alors la prétendue mère ; tous ceux de notre famille aiment le jeu ; c'est pour nous un goût décidé. Il y a plus : un homme qui ne jouerait point ne saurait plaire à mademoiselle Pharaon. N'est-il pas vrai, Agnès [1] ? dit-elle, en adressant la parole à celle qui jouait le rôle de sa fille. Oui, ma chère maman », répondit celle-ci en se levant, et lui faisant une profonde révérence avant que de se rasseoir.

Alors un Grec s'approchant du champenois, lui dit à l'oreille : « Monsieur, il ne faut pas au moins refuser de jouer ; sans quoi je vous préviens que votre mariage manque net. Monsieur, lui répondit celui-ci, à peine connais-je les cartes ; d'ailleurs, je n'ai jamais pu souffrir le jeu. Tant mieux, dit le Grec, le sacrifice en sera plus grand, et en surmontant cette répugnance, vous prouverez par là le cas que vous faites de l'alliance de madame la marquise de *Pharaon*. »

Le Champenois était converti lorsque la petite fille lui présenta elle-même un livret [2] pour ponter. Il le reçut, et se mit à jouer.

Il perdit tout l'argent qu'il avait dans sa bourse, qui consistait en cinquante louis. Ici il mit un point et une virgule à sa perte et ne joua plus, faute d'argent. Madame la marquise, qui vit son embarras, lui offrit cent louis. Il ne voulut point d'abord les accepter. Mais la dame lui ayant dit que ce serait l'offenser que de refuser son argent, il se rendit à cette raison, et prit les cent louis, qu'il perdit comme les autres.

On n'en offrit point d'avantage, parce qu'on voulut voir comment monsieur l'apothicaire se tirerait de ce premier mauvais pas.

Il en sortit fort bien ; car le lendemain il paya, et perdit autant que le soir précédent. Les deux Grecs furent le voir le troisième jour, et lui demandèrent comment il trouvait la

---

1. Le prénom est emprunté à une autre comédie moliéresque : Agnès est l'ingénue promise à un mauvais mariage dans *L'École des femmes*.

2. Le mot *livret* au pharaon et à la bassette désigne les treize cartes, une de chaque valeur, que reçoit le joueur pour pouvoir indiquer sa mise. Elles ne servent qu'à cette fonction et ne proviennent pas du jeu employé pendant la partie.

demoiselle. « Charmante, dit le Champenois, de même que la mère. Il n'y a qu'une chose détestable dans cette maison : c'est ce maudit pharaon ; car vous m'avouerez que si les choses continuent sur le même ton, je serai ruiné avant même qu'on ait parlé des fiançailles. »

On lui dit, pour le consoler, que cela ne durerait point, et qu'après une veine de malheurs de huit à dix jours, il entrerait en fortune. Que d'ailleurs, la dot que madame la marquise de *Pharaon* donnerait à sa fille réparerait une partie de ses pertes.

En attendant la dot, le provincial continua de jouer ; et comme il avait fort bien prédit, il se ruina.

Il en était à Madame la Ressource[1], lorsque s'étant rendu un soir, à son ordinaire, chez la marquise, il la trouva toute en pleurs, et comme une personne désolée. Il lui en demanda respectueusement la cause. Elle fit d'abord des difficultés, parce que, disait-elle, elle ne pouvait faire part à personne de son malheur sans augmenter sa honte. À la fin, se laissant persuader, elle dit au Champenois que mademoiselle *Agnès* avait disparu la veille de la maison, dans la nuit, et qu'on l'avait trouvée couchée le lendemain dans un mauvais lieu avec un valet de pied.

Ce trait historique indigna tellement l'apothicaire contre l'ancienne noblesse de jeu, qu'il forma le dessein dès ce moment de ne plus penser à s'allier avec elle. Il retourna en Champagne, où il reprit la seringue et le mortier.

---

1. En argot, le Mont-de-piété.

TROISIÈME PARTIE

Paris était toujours la grande Athènes des Grecs. C'était dans cette capitale que se frappaient les grands coups de filouterie. Tous les joueurs d'avantage du royaume, qui voulaient se perfectionner et devenir savants dans l'art de corriger la Fortune s'y rendaient au moins une fois l'année, et s'en retournaient ensuite dans leurs provinces, où ils faisaient part à leurs compatriotes des découvertes qu'ils avaient faites ; de manière que le corps général de la Grèce française se trouvait toujours par là à l'unisson.

Les dupes n'avaient plus besoin d'aller à Paris pour y perdre leur argent : elles avaient la commodité d'être dépouillées en province.

Il est vrai que les Grecs provinciaux travaillaient d'après de grands maîtres ; car tout ce qu'il y avait alors d'habiles fripons en Europe se rendait à Paris pour y exercer ses talents ou y faire des élèves.

Parmi les grands hommes de ce genre qui parurent dans cette capitale, et dont les noms seront éternels, les annales grecques en comptent huit cents, de différentes nations. Je ne parlerai ici que de quatre principaux d'entre les *cordons-bleus* de l'Ordre, fripons de la première classe.

Le premier de ceux-ci était un *Signor Napolitano*. Il est difficile de pouvoir se représenter une figure plus ignoble et moins décente que la sienne ; il joignait à celle-ci un air idiot, et presque stupide, s'exprimant mal, et sachant à peine s'annoncer[1]. C'était, en un mot, l'homme du monde le plus propre à faire des dupes, parce qu'il était impossible qu'on pût le soupçonner d'être fripon. Son nom était *il Signor Dom Pedro*.

Ce *Signor Dom Pedro* ne travaillait pas d'après des copies ; toutes ses friponneries étaient des pièces originales. Il était l'inventeur d'une nouvelle méthode de tailler au *pharaon*, entièrement inconnue jusque-là aux autres Grecs.

Dans l'art de corriger la Fortune au jeu, tous les tours de main ont un rapport lié entre eux. Mais les friponneries de cet italien étaient isolées. Elles ne tenaient à aucune autre. Comme il ne connaissait point le terrain, et qu'il lui fallait des gens qui l'annonçassent dans le monde, et le produisissent dans les compagnies de Paris, il s'associa deux ou trois Grecs français des mieux faufilés.

Ceux-ci se crurent obligés, pour sa sûreté et la leur, de le mettre au fait de l'état des choses. Ils lui représentèrent à quel point de raffinement la filouterie était portée dans cette capitale, et lui mirent devant les yeux le danger qu'il y avait de jouer devant des gens clairvoyants, la plupart Grecs, ou du moins bien instruits. Ils lui objectèrent pareillement le danger quasi évident d'être pris sur le fait, et quelles en étaient les conséquences.

Mais le *Signor Dom Pedro* leur fit la même réponse que l'empereur Auguste : j'ai tout prévu, *ho preveduto tutto*[2].

Ils ajoutèrent encore qu'on était extrêmement habile à Paris dans l'art de corriger la Fortune, et qu'on y avait subtilisé les subtilités mêmes.

---

1. Se présenter, se faire connaître.
2. [NdA] Après la mort de César, Auguste fit cette réponse à ceux qui lui représentaient le danger où il s'exposait en paraissant à Rome.

Tutta via, n'importe, leur dit le Napolitain, *sempre* nous les gagnerons.

Les Grecs, le voyant ferré à glace, le présentèrent pour tailler au pharaon chez une femme de condition dans le Marais, qui tenait un honnête tripot. Le second jour qu'il s'y montra, tout Paris accourut pour voir la figure originale de ce nouveau banquier italien. On s'avertissait l'un l'autre, au Palais-Royal et aux Tuileries, comme s'il s'agissait de quelque animal rare, arrivé des Indes orientales, ou de quelque pays d'Afrique.

Cependant la partie devenait belle, et le jeu commençait à être considérable.

Entre plusieurs grandes finesses, le *Signor Dom Pedro* avait celle de se laisser tromper. La plupart des pontes, le prenant à son air gauche pour un nigaud, lui faisaient des *parolis* de campagne[1], ou substituaient adroitement de l'argent sur les cartes qui avaient déjà perdu, ce qui doublait, et souvent triplait la perte. Un des Grecs qui l'avaient introduit, et qui était associé à la banque, voyant le manège des pontes, s'approcha de l'oreille du banquier, et lui dit : *Signor*, on vous trompe. *Gia l'ho veduto*, répondit celui-ci, *lasciate gli fare*.

Lorsqu'il vit que sa simplicité lui avait gagné la confiance des pontes, il commença à travailler avec tant de dextérité, que malgré les avantages qu'ils prenaient sur lui, il les dépouilla tous.

Le lendemain il leur enleva encore leur argent ; et le troisième jour il en fit de même.

---

1. Au pharaon et à la bassette, un joueur fait *paroli* quand il laisse sa mise sur une carte gagnante, dans l'espoir de tripler sa mise au tirage suivant. Les *parolis* sont marqués en cornant un coin de la carte sur laquelle porte la mise ; faire un *paroli de campagne*, dans l'argot des joueurs, consiste à faire *paroli* sur une carte perdante en pliant subrepticement sa carte lors d'un moment d'inattention du banquier. C'est la tricherie la plus simple à ces jeux, et elle semble avoir été pratiquée bien au-delà des cercles des joueurs de profession.

Alors un ponte de la Maison du Roi, qui perdait dans cette séance deux cents louis sans gagner une seule carte, se levant comme un furieux et s'adressant au Napolitain, lui dit d'un air piqué : Monsieur, on vous prend ici pour une dupe ; mais je vous crois un des plus habiles fripons qu'il y ait en Europe.

Non capisco, Signore, lui répondit l'Italien ; *noi altri Napolitani non intendiamo lo francése*. Si le *Signor Dom Pedro* n'entendait pas le français, en revanche il entendait si bien l'art de filouter qu'il ruina au jeu la moitié de Paris.

J'ai souvent dit, dans le cours de cet ouvrage, que les Italiens avaient là-dessus des talents supérieurs aux autres nations. Mais celui-ci surpassait tous ses compatriotes : c'était le phénix des fripons. Il avait d'abord l'art, en taillant au pharaon, de prendre la carte qu'il voulait, et de ne pas prendre celle qu'il ne voulait pas.

Mais quoique cette souplesse de main lui servît, dans ce jeu, de pivot sur lequel il faisait tourner à son gré la roue de Fortune, ce n'était pourtant pas par là qu'il brillait le plus ; le fort de sa friponnerie était dans un esprit présent, et dans un génie de calcul qui, jusque-là, n'avait eu aucun exemple parmi les Grecs.

Après que le *Signor Dom Pedro* eût gagné une somme considérable, il partit pour Lyon, où sa mauvaise figure jointe à son habileté lui valut encore de l'argent comptant ; et ainsi de plusieurs autres villes du royaume. Enfin, le Napolitain, à force de ne pas entendre le français, emporta à Naples deux cent mille écus de la France.

Le second était un très digne sujet du roi de Sardaigne, né à Turin. Le grand homme ! Jamais le soleil n'avait éclairé un si grand fripon depuis la création du monde. Si les Grecs avaient élu un général, tous les suffrages lui eussent été acquis de plein droit. C'était un génie universel. Les autres Grecs ne savent ordinairement qu'une espèce de filouterie ; celui-ci les connaissait et les pratiquait toutes. Il vous donnait le choix du jeu ; ses talents étaient aussi sûrs à un jeu qu'à un autre. Au reste, qu'on tînt les cartes, ou qu'il les tînt lui-même ; qu'on lui mêlât, ou qu'on ne lui mêlât pas, tout cela lui était indifférent.

Il avait de quoi faire face à toutes les précautions qu'on pouvait prendre contre lui, et savait mettre en défaut la prévoyance des joueurs les plus méfiants. Si on jouait avec lui aux jeux de commerce, on était volé ; si c'était aux jeux de hasard, on était dépouillé.

Il avait une pratique sûre de faire des dupes lorsqu'on tenait les cartes ; il en avait une autre immanquable lorsqu'il les avait en main. En un mot, jouer et gagner, c'était pour lui la même chose.

Au lieu que les autres joueurs gagnent en taillant, celui-ci s'enrichissait en pontant : il était la terreur des banquiers. Deux ou trois cents des plus redoutables d'Italie avaient été réduits à l'aumône par son savoir-faire.

Il disait qu'il devinait le point par la vertu d'une cabale dont il avait fait la découverte, et il appelait cela *ingenio* ; mais sa cabale et son *ingenio* n'étaient autre chose qu'une friponnerie avérée.

Il connaissait la figure à trente pas du banquier ; et après avoir coupé, en voyant dans les mains de celui-ci la seule tranche, il pouvait dire où chacune des douze se trouvait, et cela aussi exactement que s'il les avait arrangées lui-même.

Lorsque le banquier, après avoir fini la taille, relevait ses cartes, il savait toujours par cœur l'ordre de celles qui étaient dans chacun des deux tas ; de manière que lorsque le banquier reprenait ces mêmes cartes, s'il ne les mêlait pas bien et que, sur les cinquante-deux, il en laissait seulement trois ensemble, il était débanqué.

Il ne servait de rien au banquier de prendre à toutes les tailles un jeu neuf ; comme notre homme savait sa séquence, c'était pour lui la même chose.

Il était également indifférent à cet habile Grec qu'un banquier mêlât tous les coups sur table, car il suivait de l'œil l'ordre dans lequel on jetait les cartes, et ainsi, lorsque le banquier les relevait pour s'en servir, il savait à peu près leur emplacement.

En un mot, il était au jeu ce qu'on appelle en Piémont et dans le reste de l'Italie *un uomo di garbo*[1], mais que partout ailleurs on nomme un fripon.

Le troisième était un Vénitien, écrit dans le Livre d'or[2], et qui avait titre d'Excellence. Il n'est guère possible de pousser plus loin l'art de corriger la Fortune. C'était le *non plus ultra* de la filouterie. Outre le profit qu'il retirait de son rare talent, il y avait ajouté un certain point d'honneur à le bien faire [*sic*] ; jusque-là qu'il se serait cru déshonoré s'il eût rencontré dans quelque autre pays que ce fût de l'Europe un joueur plus habile que lui, de façon qu'on peut dire que ce Grec filoutait autant pour la gloire que pour l'utilité.

À son arrivée à Paris, il fit un coup d'éclat qui le rendit illustre à jamais dans la Grèce française. Ayant su la demeure des plus habiles Grecs de cette capitale, il les envoya tous inviter à dîner chez lui pour le même jour. Ils se trouvèrent chez le Vénitien au nombre de trente. Comme c'était là l'élite de la Grèce française, ils se trouvèrent fort étonnés de se trouver ainsi rassemblés dans un même lieu ; mais le noble, pour les tirer tout d'un coup d'embarras, leur dit : *Messious, j'ai sou que vous aimiez un puo le jou ; comme je l'aime aussi un puo, je vous ai envoyé prier à dîner con moi...* Il voulait continuer son discours en français ; mais se trouvant embarrassé par la difficulté des termes, il le finit ainsi : *In somma, Padroni, in*

---

1. *Uomo di garbo* : homme civil, honnête homme, homme d'honneur. Goudar emploie ici l'expression par antiphrase.

2. Le *Libro d'Oro* contient depuis 1315 le nom des nobles vénitiens autorisés à siéger au Grand Conseil, le principal organe politique de la cité-état ; il s'agit des plus anciennes familles de la ville.

*buon Veniziano, adesso, adesso è nona ; mangiamo i rizi, e il
figau ; e poi vedremo di cosa si trata*[1].

Les Grecs furent d'abord au fait. Après le dîner on apporta
des cartes. Comme le Vénitien avait parlé clair, on se tint sur
ses gardes. Mais ils eurent beau avoir les yeux ouverts sur lui,
lui mêler, et faire changer de cartes à chaque coup, ils furent
tous pris pour dupes. Après la séance, toute la compagnie
battit des mains, et on le déclara unanimement le plus habile
fripon de l'univers. À cet éloge flatteur, le noble, confus de tant
d'honneur qu'on lui faisait, ne se sentait pas d'aise.

Un Grec de la compagnie, qui voulait tirer parti de deux ou
trois louis d'or qu'il avait perdus par complaisance, ou plutôt
par curiosité, l'ayant tiré à part, lui dit : « Au moins, pour
mon argent, Votre Excellence devrait me donner l'investiture
de quelques-uns de ces tours qui ont servi à me le gagner.
Caro vechio, lui répondit le noble, *mi commandi pure in tutta
altra cosa, che la serviro volontieri ; ma, questo é per noi altri
Cavalieri Veniziani un sègreto di Stato*[2]. Après quoi, il rendit
à chacun d'eux l'argent qu'il leur avait gagné, et les renvoya,
en leur disant en italien qu'ils le trouveraient toujours disposé
à jouer contre eux lorsqu'ils le voudraient.

Le quatrième Grec, plus illustre qu'aucun des autres, était un
Avignonnais. Celui-ci avait pris le roman de la friponnerie par
la queue[3]. Sa pratique se réduisait à une seule, qui embrassait
tous les bons tours. En coupant, il substituait un jeu de cartes
tout arrangé, qu'il tenait dans sa main, à la place de celui

---

1. [NdA] C'est-à-dire, dînons ; et puis nous verrons de quoi il s'agit. [Avec
« figau », Goudar veut sans doute parler de foie, quoiqu'il semble que le
mot correct en dialecte vénitien serait plutôt *figà*.]

2. [NdA] C'est-à-dire, mon cher, demandez-moi toute autre chose, et
vous me trouverez disposé à vous l'accorder ; mais pour celle-ci, c'est un
secret d'État pour nous nobles vénitiens.

3. *Prendre le roman par la queue* : commencer à vivre maritalement
avant d'être marié ; ici, faire les choses dans l'ordre inverse de ce qui est
attendu.

du joueur, et lui enlevait le sien net : de manière qu'on était dépouillé par lui dans l'instant, sans savoir pourquoi, comment, ni de quelle manière cela se faisait.

J'ai rapporté, dans la seconde partie de cette Histoire, plusieurs tours que les Grecs avaient mis en usage pour faire des dupes et gagner leur argent, et qui leur réussirent ; je vais à présent en rapporter quelques-uns qui ne leur réussirent pas ; car la filouterie a aussi son étoile, et bien d'habiles Grecs ont échoué dans leurs entreprises par ce concours de causes secondes qui font souvent que les projets les mieux concertés manquent. Il est certain qu'il en est des fripons comme des honnêtes gens. Il y en a d'heureux et de malheureux. Quoi qu'il en soit, je vais exposer ici quelques-uns de leurs projets échoués sans qu'il y eût de leur faute, n'ayant épargné aucun des moyens qu'ils croyaient nécessaires pour les faire réussir.

Deux Grecs parisiens étaient depuis longtemps à la poursuite d'un Allemand qui vivait à Paris, et qui avait la réputation d'être fort riche. On savait que cet homme, qui n'était pas Allemand pour rien, aimait beaucoup le vin de Champagne[1]. Les deux Grecs, pour faire tout d'un coup connaissance avec lui, furent le trouver à son auberge...

« Monsieur, lui dit l'un d'eux, quoique nous n'ayons pas l'avantage d'être connus de vous, nous venons vous prier de vouloir bien être le juge d'un petit démêlé que nous avons ensemble... Voici le fait : je me pique d'avoir le meilleur vin de Champagne qu'il y ait dans Paris. Monsieur, que vous voyez ici, et qui est mon ami, me dit tout uniment que celui que j'ai actuellement chez moi ne vaut rien. Comme on nous a assuré que vous étiez l'homme du monde qui aviez le goût le plus délicat en vin, nous venions vous prier de vouloir décider

---

1. Le champagne commence à devenir à la mode sous la forme effervescente que nous connaissons dans le dernier tiers du XVIIe siècle, en Angleterre d'abord, puis en France ; sa réputation est bien établie à l'époque où écrit Goudar.

cette question ; et pour cet effet, je viens (quoique je n'aie pas l'honneur d'être connu de vous) vous prier à dîner chez moi demain.

— Messieurs, lui dit l'Allemand, vous choisissez peut-être le plus mauvais juge qu'il y ait en France en fait de Champagne. Je m'enivre ordinairement de vin rouge dans un repas avant qu'on soit au rôt. Or, jugez si je puis discerner le vin de Champagne à l'entremets[1]. Cependant, je ne manquerai point d'aller dîner demain chez vous ; et si vous ne pouvez être assuré de mon discernement, vous pouvez du moins compter sur ma personne. »

Après que les deux Grecs leur eurent indiqué l'hôtel où l'on devait dîner, ils se retirèrent. Leur premier soin, au sortir de chez l'Allemand, fut d'aller commander un dîner superbe chez le plus fameux traiteur de Paris pour douze personnes, car pour rendre la fête plus réjouissante et porter plus facilement l'Allemand à jouer, on invita plusieurs Grecs et plusieurs Grecques.

L'Allemand ne manqua pas de se rendre à l'hôtel à l'heure indiquée.

On se mit à table. La gaieté régna parmi les convives. L'espoir de gagner une somme considérable animait les Grecs. Ce jour-là l'Allemand se surpassa ; car au lieu d'attendre le rôt, il s'enivra avant qu'on eût desservi les hors-d'œuvre.

Enfin, on en vint au vin de champagne. Hé bien, Monsieur, comment trouvez-vous ce vin-là ? dit le Grec qui donnait le repas. Excellent, répondit l'Allemand ; et pour punir Monsieur d'avoir osé le trouver mauvais, je le condamne d'en boire avec moi vingt rasades. Tout le monde applaudit au jugement. Le

---

1. Voici comment l'auteur de *La Cuisinière bourgeoise* (1746), cité par J.-L. Flandrin dans *L'Ordre des mets*, décrit l'ordre des plats pour « une table de douze couverts à dîner », c'est-à-dire pour nous déjeuner : deux potages et deux hors-d'œuvre, puis quatre entrées, suivis de deux plats de viandes rôties à la broche, trois entremets et deux salades, avant le dessert composé de sept plats. À l'entremets, le plus dur était donc déjà fait.

Grec, moins accoutumé à boire que le Germain, se vit obligé de supporter ce jour-là la question ordinaire et extraordinaire en vin de champagne[1].

Après qu'on en eût bu un très grand nombre de bouteilles, on fit desservir crainte que le juge du vin de champagne ne perdît entièrement l'usage de la raison, et par là ne se mît hors d'état de jouer. Quoiqu'il fût absolument ivre, le café le remit un peu ; et il était revenu à lui-même, lorsqu'on dressa, au milieu de la chambre, une grande table à jeu, et qu'on mit dessus plusieurs sixains[2] de cartes. Une dame de la compagnie prenant alors la parole, lui demanda s'il aimait mieux tailler ou ponter au pharaon. Ni l'un ni l'autre, Madame, répondit-il en franc Allemand. Quoi ! Monsieur, lui dit-elle d'un ton déjà effrayé, vous ne jouez point ? Jamais, Madame, je vous dirai même que de père en fils, dans la famille, nous avons toujours eu une si grande aversion pour le jeu, que depuis six générations il n'est pas entré un seul jeu de cartes dans notre maison.

Il n'est pas possible d'exprimer la douleur que cette anecdote causa à la compagnie. La dépense du dîner était faite ; et le traiteur, ainsi que le marchand de vin de champagne, étaient déjà dans l'antichambre. Malgré le ton affirmatif de l'Allemand, on fit encore quelques tentatives ; mais elles furent inutiles, il fut inexorable. On lui représenta qu'il devait jouer, quand ce ne serait que pour passer le temps. Messieurs, dit le Germain, y a-t-il un plus beau passe-temps que celui que nous venons de quitter ? Si nous voulons nous amuser agréablement le reste

---

1. La Question, c'est-à-dire les tortures auxquelles pouvait être soumis un accusé pour lui faire avouer ses crimes, pouvait être ordinaire ou extraordinaire en fonction de la gravité des faits. Sa forme la plus fréquente, la question de l'eau, consistait à forcer le prisonnier attaché à ingurgiter de grandes quantités de liquide, près de quatre litres pour la question ordinaire, et plus de huit pour l'extraordinaire, les deux pouvant être appliquées successivement dans les cas les plus graves.

2. *Un sixain* : un paquet de six jeux de cartes.

de la journée, remettons-nous à table, et buvons encore une vingtaine de bouteilles de vin de champagne : cela sera divertissant. Tous les Grecs firent la grimace à la proposition. On lui répondit que cette manière de s'amuser n'était pas celle qui amusait le plus en France. Pour moi, Messieurs, qui ne suis pas Français, je n'en connais pas de plus agréable ; et en finissant ces mots, il se leva, tira sa révérence, et s'en alla. Il était à peine sorti de l'appartement où étaient les Grecs, que le traiteur et le marchand de vin y entrèrent, ayant chacun leur mémoire à la main. Il fallut que les Grecs boursillassent[1], et il leur en coûta à chacun deux louis pour avoir ignoré les anecdotes particulières des maisons allemandes.

Trois Grecs, logés dans un même hôtel où logeait un jeune provincial qui était venu à Paris recueillir un grand héritage, dont la plus grande partie était en argent, résolurent de changer les intentions du testateur, en gagnant au provincial une partie de son héritage. Pour cela, ils lui proposèrent un jour de jouer.

Je n'ai pas le temps, répondit le provincial, parce que je vais partir dans ce moment pour Versailles où j'ai des affaires ; mais si vous êtes ici demain à la même heure, je ferai votre partie. Les Grecs l'assurèrent qu'ils s'y trouveraient.

Le lendemain, une heure avant le temps marqué pour le rendez-vous, les Grecs s'assemblèrent dans la même chambre où allait se passer la scène, pour délibérer sur les moyens de s'approprier en entier l'héritage du provincial. Il fut délibéré, d'une commune voix, qu'on le lui gagnerait au lansquenet à quatre. Au reste, Messieurs, dit un des Grecs, je trouve votre méthode de donner du premier coup et au commencement de la partie l'assaut à la bourse des dupes très mauvaise. Il en résulte deux grands inconvénients. Le premier est celui-ci : un homme

---

1. *Boursiller* : Se cotiser, contribuer chacun d'une petite somme pour quelque chose. L'édition de 1762 du *Dictionnaire de l'Académie française* le donne pour familier.

qui, en jouant dans une partie, perd toujours sans intervalle, soupçonne ordinairement ceux qui jouent contre lui d'être des fripons. Le second, c'est qu'un homme qui perd cinquante louis de suite, sans en gagner un seul, se dégoûte, et quitte le jeu ; au lieu qu'en lui laissant d'abord gagner une somme, puis la lui regagnant, cela le pique, l'anime ; et on parvient à la fin à lui faire faire une perte considérable. Votre méthode n'est autre chose que la suite d'une pure avidité. C'est l'avarice qui l'a établie. Qu'importe, après tout, qu'on gagne au commencement d'une partie, ou à la fin. Lorsqu'on corrige la fortune, on est le maître de disposer du temps auquel on doit gagner ; ce temps doit être presque toujours à la fin, et rarement dans le commencement, à moins que des circonstances particulières n'y obligent. Enfin, Messieurs, pour faire aujourd'hui un coup considérable, je serais d'avis que nous perdissions d'abord cent louis avec le provincial, et que nous les regagnassions ensuite avec mille autres. Malheureusement pour le projet, il était écouté. L'héritier, qui était revenu de Versailles une heure plus tôt qu'il n'avait dit la veille, était monté dans son appartement sans qu'on se fût aperçu de son retour. Cet appartement était contigu à celui où l'on devait jouer. Le hasard fit que l'héritier étant passé dans un cabinet dont une porte dérobée donnait dans la chambre où les Grecs tenaient conseil, il entendit du bruit, prêta l'oreille, et entendit qu'on délibérait de lui laisser gagner cent louis. Il marqua cette chasse [1]. Une demi-heure après, il se rendit dans leur chambre, sans faire paraître qu'il sût qu'ils étaient des fripons.

Il accepta le jeu qu'on voulut lui faire jouer. On choisit le lansquenet. Jamais on n'a fait tant de coupe-gorges [2]. Personne

---

1. *Marquer cette chasse* : l'expression s'emploie proverbialement pour indiquer une circonstance ou une parole que l'on a remarquée, et dont on veut tirer avantage.

2. Au lansquenet, on désigne aléatoirement un banquier, qui distribue ensuite une carte face visible à chacun des autres joueurs, nommés *coupeurs*.

ne faisait des réjouissances[1] que le provincial. Il gagna d'abord cinquante louis ; mais comme il savait qu'il en devait gagner cent, il laissa encore agir cette fortune de commande. Lorsqu'il fut au dernier période de son bonheur, c'est-à-dire, aux cent louis, son valet qui avait le mot de guet[2], et qui était aux écoutes, frappa tout d'un coup à la porte. On ouvre. Monsieur, dit-il au provincial, votre père, qui vient d'arriver de province, vous envoie dire de venir lui parler dans le moment. Il vous attend ; c'est une affaire de la dernière importance, qui ne saurait souffrir le moindre retard. Messieurs, dit l'héritier, vous l'entendez vous-mêmes ; il faut absolument que je vous quitte pour aller joindre mon père. Et en même temps il ramassa son argent, le mit dans sa bourse, et se prépara pour partir. Monsieur, s'écrièrent les Grecs, l'affaire de monsieur votre père n'est peut-être pas si prenante ; tenez-nous au moins à chacun notre main[3].

Les joueurs mettent alors leurs mises sur la carte qu'ils ont reçue, le banquier tire une carte pour lui-même (des règles complexes régissent les cas où les cartes sont de même valeur). On retourne ensuite successivement les cartes restantes dans le paquet de 52. Si personne n'a la carte retournée, rien ne se passe ; si un des joueurs a une carte de la même valeur, le joueur perd sa mise et le banquier l'encaisse. Enfin si la carte retournée est identique à celle du banquier, celui-ci doit payer aux joueurs dont la carte n'est pas encore sortie le montant de leur mise. L'expression *coupe-gorge* désigne la situation de jeu où la carte du banquier sort la première : il fait alors une perte très importante, puisqu'il doit payer l'équivalent de leur mise à tous les autres joueurs sans avoir rien encaissé.

1. La *réjouissance* désigne un raffinement du jeu du lansquenet : après avoir retourné sa propre carte, le banquier retourne une carte supplémentaire : il s'agit de la *réjouissance*. Tous les joueurs peuvent alors miser sur elle. Si pendant le jeu le banquier retourne une carte de la même valeur que la réjouissance, le banquier empoche ces mises ; mais en contrepartie, si c'est la carte du banquier qui sort, il paie leurs mises aux joueurs ayant parié sur la réjouissance.

2. Le mot de passe.

3. C'est-à-dire, jouons jusqu'à ce que le sort des mises en jeu soit décidé.

Messieurs, leur dit le provincial, j'ignore l'usage que vous voulez faire de vos mains ; mais pour moi, je sais que je vais me servir de mes jambes pour m'éloigner de vous. Et finissant ces mots, il s'en alla. Après qu'il fut sorti de la chambre, les Grecs se regardaient entre eux sans mot dire, et comme des gens qui revenaient de l'autre monde. Enfin l'un d'eux rompit le silence, et dit à celui qui avait avancé que c'était une très mauvaise méthode de faire perdre les dupes au commencement d'une partie, et que la véritable règle était de gagner à la fin : eh bien, Monsieur, vous voyez comme nous avons gagné. Que voulez-vous que je fasse à cela ? répondit celui-ci ; c'est le diable qui s'en mêle. Il faut précisément qu'un père arrive de province au moment que nous allions commencer de ruiner son fils. Mais, Messieurs, ce qui est différé n'est pas perdu. Notre argent n'est qu'un fonds que nous avons prêté au provincial, dont il nous payera un gros intérêt ; nous le ruinerons une autre fois, à moins qu'au moment que nous le tiendrons, sa mère n'arrive aussi de province. Mais pour le coup, le proverbe fut faux. Le provincial délogea le même jour de cet hôtel, et ne parut plus.

Une société de Grecs avait établi à Paris un tripot à une extrémité de la ville, où il était entièrement à l'abri des perquisitions de la police. Comme on voulait que cet établissement fût fixe et durable, on avait pris pour cela toutes les précautions imaginables. Crainte que la police ne prît le tripot par surprise, on avait établi un mot de guet. Tous les matins, les joueurs allaient recevoir l'ordre au Palais-Royal. Un Grec nommé pour cela, le disait à un chacun à l'oreille. Celui qui l'oubliait ne pouvait pas entrer ce jour-là dans le tripot, et par conséquent, était obligé de se passer de jouer. On assure que pendant un an que dura cet établissement, aucun joueur ne mangea l'ordre.

Ce mot de guet changeait chaque jour et était toujours relatif au jeu. Pour la sûreté de la place, on avait établi des sentinelles de distance en distance ; de façon que les premières voyant venir le guet n'avaient qu'à crier aux autres : *le voilà* ;

et aussitôt les joueurs, qui se trouvaient avertis par là, jetaient les cartes et les dés, et le tripot devenait tout d'un coup une maison ordinaire, où se trouvaient une vingtaine de jeunes gens, assemblés pour boire entre eux une bouteille de vin. Outre le mot de guet de celui qui se présentait, il y avait aussi celui des sentinelles. Quoique celui-ci ne fût que de deux paroles, il apprenait cependant si la partie était commencée, qui taillait, et de combien de louis était la banque ; car bien des joueurs voulaient savoir cela avant que de paraître dans le tripot. En un mot, tous les arrangements étaient pris pour voler le public en toute sûreté. La filouterie paraissait jouir là de la même immunité que dans le *Ridotto* même de Venise.

Cette société de Grecs, qui durait déjà depuis un an, avait gagné trois mille louis ; non compris les frais de maison, le payement des troupes réglées, et le gage des espions.

Comme le tripot paraissait être à l'abri des visites des commissaires de quartier, la société y avait établi la caisse générale. Là, dans un grand coffre-fort, étaient non seulement les premiers fonds de la compagnie, mais même ses profits depuis sa création. Jusque-là beaucoup de gens dans Paris s'étaient ruinés sans dire mot, et avaient supporté patiemment leurs pertes ; mais il y a toujours quelque homme inquiet dans le monde, prêt à troubler l'ordre des choses, et à détruire les plus beaux établissements. Un joueur ayant perdu deux cents louis un soir résolut de les ravoir ; et pour cela, il forma le dessein d'employer le même mot de guet qui avait servi à les lui faire perdre. Pour cet effet, il fut trouver le lieutenant de police.

« Monsieur, lui dit-il, je viens vous proposer une très bonne affaire. Il est question d'une somme de plus de quatre-vingt mille francs que je puis vous faire avoir dans moins de deux heures. La chose mérite attention, comme vous le voyez. Oui vraiment, dit le lieutenant de police, qui croyait déjà tenir la somme. Voyons : de quoi est-il question ? Où est cet argent ? Doucement, s'il vous plaît, Monsieur le Magistrat dit le joueur ;

je ne puis vous mettre au fait de la chose, qu'après que nous aurons passé ensemble un petit concordat. Il me faut deux cents louis pour mon droit d'avis[1]. Je vous assure, ajoute-t-il, que je fais les choses en conscience. Au reste je ne vous demande que ce qui m'appartient ; car je ne ferai par là que reprendre mon bien. Si cela est ainsi, répondit le lieutenant de police, ce que vous demandez est raisonnable. Je vous l'accorde. »

Ce petit article préliminaire passé, le joueur lui expliqua de quoi il était question. Le lieutenant envoya chercher sur le champ une brigade du guet, avec un officier. Quoique, par le mot de l'ordre, la surprise du tripot fut sûre, la chose néanmoins méritait quelque attention ; car les sentinelles, en voyant un plus grand nombre de gens qu'à l'ordinaire, pouvaient, en soupçonnant quelque chose, donner le signal d'alarme, et les joueurs avoir du moins le temps d'échapper leur argent : chose qu'il ne fallait pas risquer ; car il est de la bonne police, en pareil cas, de saisir toujours les espèces. Ce sont, disent les policiens, des pièces qui constituent le corps du délit ; des témoins parlants, qui déposent contre les joueurs. L'officier du guet que le magistrat nomma pour cette expédition se piquait de connaître les termes militaires. Il n'avait jamais été à la guerre ; mais ce qui était à peu près la même chose, il avait lu les *Campagnes*[2] de M. le maréchal de Turenne. Il dit au lieutenant de police qu'il convenait de commencer par s'emparer des *vedettes*[3], et de se saisir des *sentinelles perdues*[4], avant que de fondre sur le *corps de réserve*. Il fut résolu que lorsqu'à la faveur du mot de

---

1. *Droit d'avis* : somme versée à l'intermédiaire qui apporte une affaire.

2. Les mémoires d'Henri de la Tour d'Auvergne, vicomte de Turenne (1611-1675), illustre maréchal du siècle précédent, avaient été publiés par Ramsay en 1735, dans son *Histoire du vicomte de Turenne, Maréchal général des armées du roi*, sous le titre « Les mémoires de ses campagnes ».

3. *Vedettes* : cavaliers détachés pour monter la garde devant un camp ou une place forte.

4. Dans le vocabulaire militaire, sentinelles placées à des points très avancés.

guet, on aurait passé la première *grand-garde*, on se saisirait de tous les *postes*, jusqu'à la porte de la maison où l'on jouait.

L'attaque du tripot ainsi concertée, on se mit en marche. Lorsqu'on fut à cinquante pas de la première guérite, qui était la porte d'un café, l'officier du guet se détacha de sa troupe, et s'avança seul du côté de la sentinelle, qui lui demanda l'ordre. *La dame de cœur*, dit celui-ci (c'était le mot de guet de cette nuit). *Passez*, dit-elle alors ; *le roi de carreau vous attend ; il a avec lui cinq cents soldats habillés de jaune.* C'était le mot de guet pour les joueurs. Diable, dit l'officier, il a bien du monde ce soir avec lui. À peine était-il avancé trente pas, que ses gens se saisirent de la sentinelle. On en fit de même des autres : de manière que le guet se trouva, un moment après, dans la chambre où se tenait le *pharaon*, sans qu'aucun des joueurs eût eu le temps d'être averti. L'officier voyant un Grec qui taillait, et qui avait devant lui environ cinq cents louis, lui adressa ainsi la parole : « C'est sans doute vous, Monsieur, qui êtes le roi de carreau ? Cela étant, je supplie Votre Majesté de prendre la peine de venir avec moi chez M. le Lieutenant-général de police ; il a des affaires d'État à vous communiquer. » À l'égard de vos troupes habillées de jaune, continua-t-il en se saisissant de la banque, je les fais, dès ce moment, prisonnières de guerre. Mais ce n'est-là qu'un détachement, ajouta-t-il, le gros de l'armée doit être ici dans un coffre-fort. Il ordonna à ses gens d'en faire la recherche. Ils le trouvèrent d'abord. L'officier s'en saisit, de même que des Grecs. Il les mena devant le magistrat, qui leur arrêta, peu de jours après, un logement à Bicêtre. À l'égard de l'argent, je n'en dirai rien ; car il n'appartient point à un historien de pénétrer dans les affaires d'État de la police.

Trois Grecs, liés ensemble, s'étaient mis en frais, et avaient galopé pendant six mois les spectacles et les lieux publics pour faire la connaissance d'un étranger très riche, et qui jouait gros jeu. Enfin, après bien des allées et des venues, ils l'accrochèrent. On l'invita à souper dans un hôtel. Le repas fut superbe ; tous les vins étrangers furent prodigués. Le souper fini, on présenta des cartes. Chacun sort de l'argent. L'étranger, qui aimait le jeu, étale une bourse à filet, au travers de laquelle on voyait une somme d'environ deux cents louis d'or. À cet aspect, les trois Grecs ouvrent des grands yeux : ils se partagent déjà d'avance cet argent. Toutes les machines de filouteries étaient dressées ; les cartes préparées, et les coups montés. On allait donner tout de suite l'assaut à la bourse ; rien ne pouvait éviter sa perte ; et les Grecs comptaient sur ces deux cents louis comme s'ils les eussent tenus dans leurs poches ; lorsqu'au moment qu'on avait tiré les places, et que la partie allait commencer, il prit tout d'un coup une hémorragie de sang par la bouche à l'étranger si considérable qu'il ne put commencer le jeu. Il remit sa bourse de louis dans sa poche ; et, le mouchoir sur sa bouche, il sortit pour se retirer chez lui, laissant les trois Grecs autour de la table, immobiles et comme pétrifiés.

Le lendemain, ces mêmes Grecs accrochèrent un directeur des domaines [1], qui jouait aussi gros jeu, et après lequel ils couraient depuis longtemps. On se met encore ici une seconde fois en frais. Le traiteur et le marchand de vin sont mandés pour faire les choses dispendieusement. Le directeur, pour qui la fête se faisait, boit et mange comme quatre. La joie règne dans le repas. Le vin de Champagne qu'on prodigue met tout le monde en bonne humeur. On boit, on chante, on rit, on dessert enfin. Des cartes sont apportées sur la table. Chacun sort de l'argent. Le directeur étale cent louis. Ce n'était pas grand-chose : aussi les intéressés ne sont pas fort contents de la somme ; mais ce qu'ajouta le commis rétablit la joie.

« Messieurs, leur dit-il, je ne porte jamais sur moi une somme considérable ; mais voilà des bijoux, continua-t-il, en sortant de sa poche un écrin où il y avait plusieurs brillants de prix,

---

1. *Directeur des domaines* : les *domaines* sont les biens appartenant en propre au roi.

que je vous jouerai lorsque ma bourse sera finie. » Les diamants jetaient un grand éclat ; les yeux des Grecs en furent éblouis. Ils passèrent pour un moment tous les trois dans une autre chambre, pour tenir conseil, et délibérer entre eux sur le partage des bijoux. Pour moi, je suis d'avis, dit l'un, de les vendre dès ce soir, et d'en partager ensuite l'argent. Mauvais conseil, dit un autre ; les joailliers de Paris sont aussi juifs que les juifs d'Avignon[1]. Ce sont des Aarons[2]. Nous ne perdrons guère moins de quarante pour cent sur ces bijoux à les vendre précipitamment. J'aime encore mieux les prendre moi à vingt pour cent de perte de leur valeur, et vous compter à chacun votre portion de l'argent. Les deux autres Grecs consentirent de bon cœur à toucher leur portion des diamants en espèces. Le partage de l'écrin du directeur des domaines ainsi distribué, on repassa dans la chambre où il était. On se met à jouer. Le directeur avait déjà pris carte, et allait y mettre de l'argent dessus, lorsque tout d'un coup il lui prit une migraine si affreuse, qu'il lui fut impossible de jouer. Il remit les louis et son écrin dans sa poche, et se leva pour s'en aller. Monsieur, lui dit un Grec tout effrayé de sa retraite, et à qui cette migraine causait plus de douleur qu'à celui qui la souffrait, vous n'avez qu'à prendre tout de suite une tasse de café sans sucre, et elle vous passera. C'est ce qui vous trompe, reprit le directeur ; j'en ai souvent fait l'épreuve ; cela l'augmente au contraire : je connais mon mal ; l'agitation est pour moi le seul remède à la migraine. Je n'ai qu'à monter en carrosse, et aller au bois de Boulogne, ou à celui de Vincennes[3] ; et à mon retour je serai guéri. À ces

1. Le Comtat Venaissin et Avignon, terres papales, accueillaient depuis le XIVe siècle une communauté juive qui y était relativement moins persécutée que dans la France environnante.

2. Aaron dans l'Ancien Testament est le frère de Moïse. C'est lui qui construit le veau d'or qu'adorent les Hébreux en l'absence de son frère (Exode, 32).

3. Le bois de Boulogne est un lieu d'agrément et de promenade depuis le

mots, il tira sa révérence, et s'en alla.

Les trois Grecs restèrent pendant quelques moments comme des statues ; après quoi, l'un d'eux ayant rompu le silence, dit à celui qui devait se charger de l'écrin : *vous plairait-il, Monsieur, de me donner en argent ma portion des bijoux ?*

Le surlendemain, les mêmes Grecs eurent encore une troisième lettre de change de filouterie payable à vue ; mais qui se trouva dans le cas du protest[1].

Un financier qu'on avait accroché, et à qui on pouvait gagner trente mille francs sur sa parole, auquel on donna également à dîner à grands frais, eut une colique si épouvantable au sortir de table, dans le moment qu'on allait commencer à jouer, qu'il fut obligé de se retirer, sans perdre un sol de son argent. « Messieurs, dit alors un des Grecs sans se déconcerter, si ceci dure, je suis d'avis que nous tenions un médecin à nos gages pour tâter le pouls à ceux que nous voudrons faire jouer, et qui nous atteste, par la connaissance de son art, qu'ils se porteront aussi bien au sortir de table que lorsqu'ils s'y mettront ; sans quoi il nous faut renoncer au métier. »

Je passe ici tout d'un coup à un événement aussi extraordinaire que nouveau, survenu parmi les Grecs ; je veux dire, au désir qui se fit remarquer en eux de se déchirer à belles dents. Soit que l'espèce se fût augmentée au-delà d'une certaine proportion et que les membres, qui s'étaient trop multipliés, fussent obligés de se dévorer les uns les autres ; ou que la filouterie elle-même contribuât à former certains caractères envieux, jaloux et inquiets : tous les Grecs du royaume se déclarèrent une guerre ouverte. Ce ne fut point seulement à Paris que commencèrent

---

XVIe siècle ; quant au bois de Vincennes, longtemps réserve de chasse des rois de France, il est ouvert au public sous Louis XV, qui le fait reboiser et réaménager en 1731.

1. *Protest* : Acte de sommation de payer demandé par le porteur d'une lettre de change quand la personne sur qui elle est tirée refuse de l'accepter ou de la payer.

les premières hostilités ; elles eurent encore lieu dans toutes les autres villes de province.

Si un Grec, par exemple, savait qu'un autre Grec eût gagné à une dupe une somme considérable sur sa parole, son premier soin était de la faire avertir sous main de ne pas payer cette somme ; attendu, disait le donneur d'avis, qu'elle avait été volée. Lorsqu'il arrivait dans Paris, ou dans une autre ville du royaume, quelque étranger qui avait la réputation d'être riche, la crainte que certains Grecs avaient que d'autres ne lui gagnassent son argent faisait qu'ils l'avertissaient eux-mêmes de se méfier de tels et tels ; et pour qu'il ne pût s'y méprendre, ils lui remettaient leur signalement, et quelquefois même leur portrait. De façon que les dupes se trouvaient à l'abri des friponneries par le moyen des fripons mêmes. Il [y] eut un grand nombre de lettres anonymes écrites, pour empêcher des particuliers riches, qui aimaient le jeu, de tomber entre les mains de tels Grecs qu'on nommait. Quelques-uns allèrent jusqu'à tenir des espions à leurs gages pour découvrir les parties que faisaient les autres Grecs : et ils en donnaient aussitôt avis aux magistrats. La police n'eut plus besoin d'employer des moyens pour découvrir les fripons. Ils se découvraient d'eux-mêmes. Chose unique, et qui n'a point d'exemple dans l'histoire même des brigands ! on vit des Grecs en faire jeter d'autres par les fenêtres, ou les faire assassiner, par des avis secrets qu'ils avaient donnés sur les moyens qu'il fallait employer pour les surprendre sur le fait lorsqu'ils exerceraient leur friponnerie. Lorsqu'un Grec savait qu'un autre s'était introduit dans une maison de condition où l'on jouait, ou bien dans quelque autre, où son confrère pouvait gagner considérablement, son premier soin était d'aller trouver le maître ou la maîtresse du logis : et là, après lui avoir fait promettre qu'il ne le commettrait[1]

---

1. *Commettre* : l'édition de 1762 du *Dictionnaire de l'Académie française* indique : « On dit *commettre quelqu'un* pour dire, l'exposer à recevoir

pas, il l'avertissait qu'il avait un fripon dans sa partie, et le lui désignait : de façon que le Grec était remercié le lendemain.

Un Grec ne pouvait plus paraître à l'opéra ou à la comédie, sur le théâtre ou dans les premières loges, que ceux du parterre ou de l'amphithéâtre ne le montrassent du doigt à tous ceux qui se trouvaient autour d'eux.

Lorsqu'un Grec faisait la dépense d'un bijou ou d'un habit, tous les autres se mettaient en campagne pour déterrer la partie qu'il avait faite, l'argent qu'il avait gagné, et à qui : et ensuite allaient divulguer le mystère dans tous les cafés et promenades publiques. Ils avaient porté les choses à ce point que la plupart aimaient mieux demeurer pauvres et indigents, que de s'enrichir en partageant les profits de leur friponnerie avec les autres Grecs leurs confrères.

Comme le nombre des fripons, qui augmentait tous les jours, diminuait continuellement celui des dupes, les Grecs prirent à la fin le parti de se filouter eux-mêmes.

Une troupe de gens qui avaient été ruinés par le jeu n'avaient plus les moyens de jouer. Leur fortune était passée en entier dans les mains des Grecs : eux seuls possédaient des sommes considérables. Mais il y avait une difficulté dans ce nouveau projet : je veux dire, que tous les joueurs sédentaires se connaissaient entre eux : ce qui mettait leur bonne volonté en défaut. La plupart donc changèrent de théâtre. Ceux de province se rendirent à Paris, et ceux de Paris allèrent s'établir en province.

Cette époque forme une des plus grandes révolutions chez les Grecs, parce qu'elle contribua à perfectionner les pratiques du jeu. Avant ce temps-là, quoiqu'il y eût des gradations dans les talents, tous les joueurs en général en savaient assez pour ne pas se laisser tromper les uns par les autres. Mais lorsque les Grecs entreprirent de se duper entre eux, il fallut nécessai-

---

quelque mortification, quelque déplaisir, soit en se servant mal à propos de son nom sans son aveu, soit autrement. »

rement imaginer de nouveaux moyens : et ce fut alors qu'on vit paraître un nouvel art dans la filouterie. Les pratiques se multiplièrent. On augmenta les découvertes ; mais elles furent plus cachées qu'auparavant, et moins à la portée d'un chacun. Tout fut secret ; tout devint mystère. En un mot, la science d'un Grec ne fut point celle d'un autre Grec : chaque joueur eut sa manière de tromper. C'est quelque chose de prodigieux que les découvertes qui se firent pour lors dans l'art de corriger la fortune. Outre les nouveaux tours de main, jusque-là inconnus, on employa l'arithmétique et l'algèbre. On combina les cartes par leur nombre. On apprit par cœur les différentes séquences. On imagina de nouvelles manières de mêler méthodiquement, sans déranger les cartes. On ne se contenta pas d'employer l'arithmétique et l'algèbre, on se servit encore de la chimie. Une infinité de *minéraux, terres, craies, pâtes, savons* furent employés pour marquer les cartes. Il y eut des Grecs qui poussèrent leurs découvertes jusqu'à connaître distinctement toutes celles d'un jeu. On choisit des drogues qui ne laissaient après elles aucune trace. Jusque-là, il n'y avait eu rien de plus aisé que de surprendre un Grec. Il suffisait, pour cela, de se saisir des cartes avec lesquelles il avait joué : elles étaient toujours des témoins irréprochables de leur friponnerie.

La police, pour convaincre un joueur de malversation, n'avait besoin ordinairement que de cette pièce. Par elle son procès se trouvait fait et parfait. Mais depuis qu'on eut perfectionné cette pratique, on eut beau se saisir des cartes, elles ne déposaient plus contre les joueurs ; et il fallait être du métier, ou avoir la clé de cette friponnerie, pour la découvrir. On sent combien il fut aisé de tromper lorsqu'on fut parvenu à cette connaissance : et surtout lorsqu'on fut assuré qu'elle était pour les autres une connaissance occulte. Ce fut alors qu'on imagina la *contrepartie*. Si on demande ce qu'elle est, je dirai que c'est la friponnerie de la friponnerie[1].

Il en fut alors de la Grèce comme de la maçonnerie : car quoique les francs-maçons soient tous frères, ils n'ont pas tous également le même secret. La Grèce se divisa en deux branches. Il y eut les Grecs écossais, et les Grecs ordinaires. Quoique ceux-là sussent ce que savaient ceux-ci, ceux-ci ne savaient pas tout ce que savaient ceux-là : et il se forma, dans la filouterie même, une nouvelle classe de filous, qui se dépouillèrent réciproquement ; ce qui fit mentir l'ancien proverbe qui dit que les loups ne se mangent pas entre eux.

Outre les avantages que les Grecs tâchaient de prendre les uns sur les autres par leur savoir-faire, ils se trompaient encore eux-mêmes, lorsqu'ils s'associaient pour tromper les autres : c'est-à-dire, en d'autres termes, que les Grecs se volaient entre eux ; et qu'au moment même qu'ils friponnaient les dupes, ils se friponnaient mutuellement eux-mêmes : chose qui ne s'était pas encore vue dans aucune société de brigands, depuis la création du monde. Si dans une partie où il y avait plusieurs Grecs qui s'entendaient pour dépouiller une dupe, il se perdait cent louis, à la fin de la partie, il ne s'en trouvait guère jamais que cinquante. Tous les joueurs convenaient qu'il s'était perdu beaucoup plus d'argent qu'il ne s'en trouvait ; mais personne ne convenait d'avoir celui qui manquait ; de manière qu'il y avait toujours, pour m'exprimer ainsi, un *duplicata* de mauvaise foi ; car outre la friponnerie du jeu, il y avait encore la friponnerie de l'argent. On eût dit qu'à chaque partie que les Grecs faisaient, la terre s'ouvrait, et que l'argent des dupes s'y engloutissait. C'est une remarque qu'avait fait un joueur d'avantage, que depuis la création des Grecs, on n'avait pas encore vu une

---

1. [NdA] Un Grec faisait semblant de s'entendre avec un autre, pour gagner l'argent d'un troisième ; mais ce tiers était réellement d'intelligence avec le premier, et ils trompaient tous deux le second.

partie où le compte de l'argent qui s'était perdu se fût trouvé juste.

Il est étonnant, disait un jour à ce sujet un Grec moraliste à ses confrères, à l'occasion de cent louis qui avaient disparu dans une partie où il s'en était gagné deux cents ; il est étonnant, disait-il, que non contents de dépouiller les autres, nous nous dépouillions encore nous-mêmes.

« Cela vous surprend, répondit franchement un Grec de la compagnie ; je le serais bien davantage s'il en était autrement : car, où diable avez-vous trouvé, Messieurs, que des gens de mauvaise foi pour une chose, ne doivent pas l'être pour une autre ? Exiger de la probité de la part des gens qui n'en ont point, c'est vouloir une chose impossible. Si nous nous connaissons tous pour fripons, que trouvez-vous donc d'extraordinaire que nous nous trompons entre nous ? Tout est défini dans le caractère. Ou l'on est honnête homme, ou l'on ne l'est pas : lorsqu'on ne l'est pas, on est capable de toute sorte de supercherie. »

Le lecteur ne sera peut-être pas fâché de trouver ici quelques stratagèmes qui furent employés par les Grecs pour tromper leurs associés, et pour détourner par là à leur profit l'argent des parties. D'abord, il faut le mettre au fait de la chose. Suivant mes mémoires, voici de quoi il est question.

Dans une partie où chaque Grec est à la portion, lorsqu'elle est finie, chacun met sur la table l'argent qu'il a gagné, et on le partage par égale part : c'est-à-dire que s'il y a quatre Grecs, et qu'il se soit gagné cent louis, il y en a vingt-cinq pour chacun. Mais si un Grec, dans le cours de la partie, en détourne vingt dont il ne rende point compte, il se trouve de cette manière qu'il en aura quarante, tandis que les autres n'en auront que vingt ; car outre les vingt qu'il retient furtivement sur les cent, il a encore le quart des quatre-vingts qui restent.

Comme l'argent qui manquait continuellement dans les parties avait fait établir de grandes recherches parmi les joueurs d'avantage, jusque-là qu'on avait souvent fouillé et fait dépouiller ceux qu'on soupçonnait de malversation, les Grecs filous de leurs confrères étaient obligés de se ménager, et d'agir avec beaucoup de circonspection, pour éviter d'être pris sur le fait.

Quoique les Grecs ne soient pas honteux de s'accorder à voler les autres, ils le sont lorsqu'ils se surprennent à se voler entre eux. Ce n'est point par probité qu'ils rougissent dans cette occasion, mais parce qu'on peut les convaincre par là qu'ils ont trahi la confiance qu'on avait en eux.

Un Grec, pour se mettre à l'abri des perquisitions qui se faisaient à la fin des parties sur l'argent qui manquait, et pour voler ses camarades en toute sûreté, s'avisa de ce stratagème. Il s'accordait avec son valet, qu'il informait du lieu et du temps où l'on jouait. Celui-ci, au milieu d'une patrie où l'on était sûr de gagner, venait lui demander la clé de sa chambre. Le Grec se levait aussitôt de sa chaise, mettait la main dans sa poche, et en se tournant, lui glissait un rouleau de louis dans la main avec la clé demandée. Si la partie était considérable, le valet avait ordre de revenir lui rendre la clé. Alors il lui glissait un second rouleau ; de façon que l'argent était chez lui, et renfermé dans sa chambre, lorsque les autres Grecs se donnaient au diable pour le trouver dans l'endroit où il s'était perdu. On doit bien s'imaginer que le Grec, qui avait fait le coup, contrefaisait l'honnête homme, et faisait plus de bruit que tous les autres sur l'argent qui manquait. Il s'exhalait alors en sentiments de morale. « C'est une chose inouïe, Messieurs, disait-il, que nous nous volions ainsi entre nous : les bandits, les brigands ; que dis-je, ceux qui vont détrousser les passants sur les grands chemins, n'en agiraient pas de même avec leurs camarades. Il est inutile, Messieurs, continuait-il, de gagner de l'argent aux dupes, puisqu'après que nous l'avons gagné, il ne se retrouve point. Mais enfin, ajoutait-il, personne n'est sorti d'ici ; il faut absolument que ce qui s'est perdu se retrouve. Pour moi, je consens qu'on me mette nu comme la main. Je n'avais que dix louis lorsque je me suis mis au jeu, et je déclare ici à la compagnie que tout ce qu'on trouvera de plus sur moi ne m'appartient pas. » Comme, pour trouver une chose là où on la cherche, il faut qu'elle y soit, l'argent ne s'y trouvait pas, par la raison qu'il n'y était point.

Un autre Grec choisissait une voie plus courte pour voler ses camarades : il avalait les louis d'or. On croira peut-être que cette filouterie ne pouvait pas être bien considérable ; mais c'est précisément ce qui tromperait ceux qui le penseraient ainsi : son estomac n'en contenait pas moins de cent cinquante.

Un troisième Grec, pour prévenir les disputes qui naissaient tous les jours à l'occasion de l'argent qui manquait dans les parties, prit un moyen qui mettait tous les autres Grecs d'accord, parce que, quoiqu'il enlevât l'argent, le compte se trouvait toujours juste. Il avait loué un homme, qu'il payait à tant par séance. Celui-ci se mêlait dans les parties, et y jouait. S'il s'était perdu ce jour-là deux cents louis, et que le Grec en eût mis cinquante à côté, cet homme, qui avait le mot de guet, déclarait à la fin de la partie qu'il en avait gagné cinquante, quoiqu'il en eût perdu quelquefois dix ; et ainsi des autres sommes que le Grec détournait. De façon, qu'en escomptant l'argent que cet homme disait avoir gagné, la perte de la somme perdue se retrouvait.

Un quatrième Grec, pour tromper ses associés, et s'approprier à lui seul tout l'argent des parties, avait choisi un expédient encore plus singulier. Il s'entendait avec un faux-monnayeur, qui lui fournissait des louis d'or du faux coin, à raison de trois livres pièce ; et il avait le secret, dans le cours d'une partie, de changer tout le bon or, en substituant le mauvais ; de manière qu'à la fin du jeu, il ne restait sur table que de la fausse monnaie.

Quelques Grecs qui se trouvaient continuellement lésés par leurs camarades voulurent remonter à la source des choses. Ils établirent un contrôleur qui, dans le cours des parties, ne devait avoir qu'une affaire, et c'était de savoir où passait l'argent. Son unique emploi était d'examiner coup par coup dans quelles mains allaient les sommes qui se perdaient. Comme il avait un œil très attentif sur tout ce qui se passait, il vit, à la première partie qui se fit, que le valet du Grec dont j'ai parlé ci-devant, étant venu lui demander la clé de sa chambre, celui-ci, en la lui remettant, lui avait glissé un rouleau de louis : et que lorsque le valet vint la lui rendre une heure après, il lui en avait coulé un autre. Il marqua cette chasse[1]. La partie étant finie, il manqua cent louis, qui étaient ceux que le valet avait emportés. Tout le monde protesta n'avoir pas détourné un sol. Pour moi, dit le joueur qui les avait remis à son valet, je ne les ai pas. Parbleu, je le crois bien, lui dit alors le Grec contrôleur : vous ne pouvez pas les avoir donnés et les avoir. Messieurs, ajouta-t-il, ne vous donnez pas la peine de faire des perquisitions : l'argent que nous cherchons n'est plus ici ; il est actuellement dans la rue Saint-Honoré, où Monsieur loge : et alors il expliqua le mystère à ses confrères. Celui-ci nia le fait, et protesta qu'il n'était pas capable d'une pareille supercherie. Messieurs, dit alors un Grec, qui dans cette affaire voulut se rendre médiateur, le fait dont on accuse Monsieur est facile à prouver : il n'a qu'à nous donner la clé de sa chambre, et nous verrons si le corps du délit prétendu s'y trouvera. L'argument était pressant. Le Grec coupable voulut le récuser, disant qu'une telle visite était contraire au droit des gens. Il l'est bien davantage pour nous, dit alors le même Grec, de nous avoir ainsi volé tous. Alors, sans autre forme de procès, on se saisit du joueur, et on lui enleva de force la clé de sa chambre.

Deux commissaires furent aussitôt députés pour en aller faire la visite. On trouva sur la table les deux rouleaux de cinquante louis d'or. On fouilla ; et après avoir enfoncé un armoire[2], on

1. Voir p. 168, note 1.

2. Ménage, dans ses *Observations sur la langue française*, doit rappeler qu'*armoire* est bien féminin ; il remarque au passage que les Gascons l'emploient toujours au masculin.

y découvrit une douzaine de rouleaux provenant des parties précédentes. On enleva le tout, et on l'apporta au lieu où les Grecs attendaient le résultat de la visite. Alors le Grec médiateur, qui apparemment ne connaissait d'autre loi que celle du talion, ordonna qu'on se partagerait l'argent détourné. En conséquence de cette sentence en dernier ressort, chacun prit sa part de l'argent sur la somme générale, et l'escamoteur fut chassé de la partie.

Cet avis au lecteur ne déconcerta point le Grec à estomac d'autruche ; il résolut de continuer comme auparavant à engloutir l'argent des autres. Le Grec contrôleur, dont la première découverte n'avait servi qu'à augmenter le zèle, s'apercevant, à la seconde partie, que l'argent disparaissait de dessus la table sans qu'aucun joueur mît les mains dans ses poches, redoubla son attention. Il vit enfin que le Grec en question, en affectant souvent de se moucher, avalait les louis d'or. Il ne dit rien. Au contraire, il lui en laissa mettre en réserve tant qu'il voulut.

Il y avait à cette partie un grand nombre de dupes, et par conséquent le jeu était pécunieux. La partie finie, il se trouva qu'il manquait cent cinquante louis. Tout le monde protesta comme à son ordinaire, qu'il ne savait ce qu'était devenu cet argent.

Messieurs, dit le Grec contrôleur, il n'y a pas de milieu : l'argent doit être dans nos poches ou dans nos ventres.

Chacun vida les siennes ; et l'argent ne se trouvant pas : hé bien, Messieurs, ajouta le même Grec, il faut que quelqu'un de nous l'ait avalé. Je n'imagine qu'un moyen pour le faire rendre, c'est que nous prenions tous l'*hipecacuana*[1].

On crut d'abord que c'était une plaisanterie. Non, Messieurs, reprit le Grec qui avait proposé l'expédient, je ne plaisante point. J'ai mes raisons pour cela, et pour vous prouver que je

---

1. L'*ipécacuana* ou *ipéca* est une plante originaire d'Amérique du Sud ; ses racines sont un vomitif puissant.

vais beau jeu et bon argent, je ferai moi-même l'épreuve du remède.

La plupart des Grecs voyant qu'il y avait là quelque anguille sous roche, déclarèrent qu'ils se soumettraient volontiers à cette épreuve.

Alors un joueur de la compagnie se détacha, et se rendit chez un apothicaire où il se fit donner une bonne dose du spécifique.

L'émétique ne fit faire que de l'eau claire à ceux qui n'avaient rien à se reprocher ; mais il n'en fut pas de même du coupable. Le remède ne fut pas plus tôt dans son estomac, qu'il dégobilla des louis.

Oh, oh ! dit un Grec de la compagnie, voici une aventure plus extraordinaire encore que celle de ce roi dont parle la fable ; car celui-ci ne faisait que convertir en argent tout ce qu'il touchait ; au lieu que la bile de Monsieur se change en or.

Comme à la première dose d'émétique, toute la somme re-célée ne paraissait point en entier, on obligea le coupable à en prendre une seconde. La bile du Grec ne faisant pas encore le compte de ce qui manquait, on le força à une troisième dose.

Enfin, on lui en fit tant prendre, qu'il rendit l'âme avec le dernier louis.

Il semblait que ces deux exécutions militaires de la part de la police grecque auraient dû arrêter le cours des friponneries particulières qui se pratiquaient entre les joueurs ; mais les Grecs ne sont pas gens qui se corrigent par des exemples.

Pas plus loin qu'à la première partie qui se fit, ce qui fut le jour suivant, l'homme postiche, aposté par le Grec pour dire qu'il gagnait ce qu'il ne gagnait pas, parut comme à l'ordinaire.

Le contrôleur qui, pour être en règle vis-à-vis de lui-même, et pouvoir dire, à la fin de la partie, dans quelles mains était l'argent, tenait dans sa tête un compte ouvert de tous ceux qui gagnaient ou perdaient, s'aperçut que cet inconnu, qui disait ordinairement gagner de grosses sommes, perdait ce jour-là six louis. Il nota cet article. À la fin de la partie, l'inconnu dit tout haut qu'il gagnait quatre-vingts louis. Ah ! Voilà, dit alors le contrôleur à la compagnie, la friponnerie découverte. Monsieur est un imposteur ; il perd six louis d'or, au lieu d'en gagner quatre-vingts, comme il le dit. J'ai tenu l'œil ouvert sur son jeu toute la partie. Je suis sûr de mon fait ; et ce même argent, au lieu d'être dans sa poche, est actuellement dans celle de Monsieur que voilà, en montrant le Grec qui s'entendait avec lui, et qu'il avait découvert à un certain signal qu'il lui avait vu faire.

L'inconnu voulant, dans cette occasion, payer d'effronterie, dit qu'il était honnête homme ; qu'il n'en imposait point, et qu'il gagnait ce qu'il disait.

Alors le Grec qui avait joué le rôle de médiateur dans la première affaire, adressant la parole à l'inconnu, lui dit : Monsieur, vous gagnez quatre-vingts louis, à ce que vous dites. Oui, Monsieur, répondit celui-ci affirmativement. Eh bien, puisque cela est ainsi, faites comparaître vos témoins ; mettez les quatre-vingts louis sur la table, et dans le moment, vous allez être hors de cour et de procès. À ces mots, l'inconnu fit le plongeon. Comme il n'avait pas sur lui le nombre de louis d'or qu'il disait avoir gagné, et que l'interrogatoire était sans réplique, il se retira, disant à la compagnie : Messieurs, je vous demande pardon, je me suis trompé ; au lieu de quatre-vingts louis que je croyais avoir gagnés, j'en perds au contraire six des miens.

Après qu'il eut décampé, on fit rendre gorge au Grec qui s'entendait avec lui. Celui qui était d'accord avec un faux monnayeur, et qui substituait de fausses espèces au lieu des bonnes fut aussi pris sur le fait quelques jours après ; et ce fut encore une quatrième découverte du contrôleur, qui s'aperçut, dans une partie qui se fit quelque temps après, qu'un Grec de la compagnie mettait continuellement des louis d'or dans une poche, et qu'il en sortait la même quantité d'une autre. Cette remarque le mit au fait, et il devina tout d'un coup la supercherie. Il arriva, le jeu fini, qu'il se trouva de l'argent de trop, lors du partage, bien loin qu'il en manquât, comme à l'ordinaire. Bon, dit un Grec, nous aurons une fois notre compte. C'est ce qui vous trompe, Monsieur, répondit le contrôleur ; précisément à présent personne n'a le sien ; car la somme qui est actuellement sur la table n'est autre chose que de la fausse monnaie, que Monsieur, en montrant le Grec qui l'avait changée, a substituée à la place de la bonne. On vérifia les louis, et on trouva en effet qu'ils étaient tous du faux coin.

Messieurs, dit alors un Grec, en branlant la tête, ceci forme un petit badinage nouveau et très intéressant. Savez-vous bien qu'il n'y va pas moins que de la corde pour nous tous[1] ? Puis, adressant la parole au Grec faux-monnayeur : Monsieur, lui dit-il, si vous voulez vous faire pendre, vous en êtes bien le maître ; mais nous vous prions de vouloir bien ne nous pas mettre de la partie. Après quoi, on lui ôta les bonnes espèces, et on le mit à la porte avec sa monnaie contrefaite.

Après tout ce que je viens de dire, on s'imaginera sans doute que les Grecs sont des gens riches et pécunieux. Point du tout ; il n'y a point d'hommes sur la terre plus pauvres et plus indigents ; et quoique j'aie avancé que des sommes considérables leur passaient par les mains, on ne doit pas conclure de là qu'ils soient riches ; car il n'y a point de gens qui aiment plus à faire circuler les espèces que les Grecs. On en voit qui après avoir regorgé d'or et d'argent dans certains temps, se trouvent réduits à une indigence affreuse dans d'autres. Il n'y a point d'état dans la société où les changements soient plus marqués, et les révolutions si grandes. C'est quelque chose de prodigieux que leurs chutes. J'ai eu l'honneur moi-même de faire l'aumône à plus de cent grands cordons bleus[2] de l'Ordre, que j'avais vu

---

1. La fabrication et la diffusion de fausse monnaie (si l'on n'était pas à même de prouver sa bonne foi, et de nommer la source des pièces concernées) étaient réprimées avec une très grande sévérité dans toute l'Europe.

2. Les *cordons bleus* ou *grands cordons bleus* étaient les membres de l'ordre du Saint-Esprit, l'ordre de chevalerie le plus prestigieux du royaume.

briller dans les cours étrangères, et qui n'avaient pas moins de trente domestiques à leur suite, sans compter les pages et les écuyers.

Pour expliquer ces vicissitudes, il ne faut pas avoir recours aux caprices de la Fortune. Les révolutions des Grecs ont des causes très naturelles. La première est celle dont j'ai déjà parlé dans la première partie de cet ouvrage ; je veux dire une dépense immodérée. Comme ces Messieurs gagnent l'argent avec beaucoup de facilité, ils le dépensent de même.

La seconde est le revers qu'ils éprouvent eux-mêmes au jeu ; car on se tromperait beaucoup si l'on croyait que les fripons ne font pas d'autres parties que celles qu'ils font avec les dupes. Tous les Grecs sont naturellement joueurs ; le jeu est leur passion dominante. Or, lorsqu'ils ne trouvent pas à jouer avec avantage, ils jouent sans avantage ; et alors la Fortune qu'ils corrigent ailleurs se venge toujours ici sur eux ; elle les traite comme ils la traitent. En un mot, une table de jeu où un Grec ne peut pas mettre en usage son savoir-faire, est pour lui une chambre de justice, il y rend gorge de l'argent qu'il a friponné dans les autres parties, et presque toujours avec usure.

Je remarquerai à ce sujet qu'on trouve une anecdote écrite en gros caractères dans les archives des Grecs, par laquelle on voit que, depuis l'établissement des fripons, aucun n'a gagné au jeu lorsqu'on a pu l'empêcher de voler. Mais une troisième cause de la ruine des Grecs, et dont j'ai déjà aussi touché quelque chose, ce sont les femmes. C'est une loi presque immuable de la nature que le jeu et la volupté se donnent la main ; ce second vice est comme une suite nécessaire du premier. Ce serait un phénomène de voir un Grec qui ne fût pas débauché et crapuleux. La manie surtout de la plupart d'entre eux, c'est

---

Fondé en 1578, il ne comptait qu'une centaine de membres, qui portaient la croix de l'ordre au bout d'une écharpe bleu ciel, qui leur vaut ce surnom. Figurativement, l'expression désigne l'élite d'un groupe ou d'une corporation (elle est aujourd'hui cantonnée au domaine gastronomique).

de voyager avec le beau sexe. Lorsqu'on voit arriver dans une ville de province un homme à plumet, accompagné d'une jolie femme, qui a l'air libre, dégagé, qui ne se gêne point, et qui parle à tort et à travers, on ne peut pas s'y tromper, c'est un fripon, qui a à sa suite une fille de joie avec laquelle il court le monde pour chercher des aventures et faire des dupes.

On s'imagine que les femmes sont d'un grand secours aux Grecs. Il est certain, comme on l'a dit ailleurs, qu'elles contribuent à faire venir l'eau au moulin ; mais, pour un écu qu'elles font gagner aux joueurs qui sont associés avec elles, elles leur en font dépenser trois ; car ces créatures sont ordinairement plus capricieuses que toutes les autres personnes de leur sexe. Ce qui ruine toujours leur ménage, c'est la sotte vanité qu'elles ont de vouloir aller du pair, pour la parure, avec les premières dames de condition du pays où elles se trouvent, et de vouloir dépenser autant qu'elles en équipages, bals et spectacles. C'est quelque chose d'étonnant que l'argent qu'elles prodiguent, et les dettes qu'elles font contracter à ceux qui les ont à leur suite. Un joueur vivrait dix ans de la dépense qu'il fait avec une de ces femmes dans une seule année. Mais une des principales causes de la misère où tombent les Grecs, c'est la publicité de leur profession, malgré tous les moyens qu'ils emploient pour la cacher. On dirait que tous les Grecs portent un écriteau derrière le dos, qui avertit le public d'être sur ses gardes. Il est certain du moins, que la configuration du visage d'un Grec est différente de celle d'un autre homme, soit que le vice ait altéré ses traits, ou que cela vienne de quelque autre cause qu'on ne saurait dire. Un Grec a beau se déguiser, et emprunter le masque d'un honnête homme, le fripon paraît toujours à travers ; un certain air qu'on ne saurait décrire fait soupçonner les Grecs dans le temps même qu'ils perdent leur argent [1], et qu'au lieu de dé-

---

1. C'est-à-dire qu'on peut reconnaître les Grecs même quand ils ne trichent pas et ne font que perdre de l'argent.

pouiller les autres, ils sont dépouillés eux-mêmes. C'est à cette publicité qu'il faut attribuer leur décadence ; car un Grec connu est un homme perdu. Or, ils le sont presque tous peu de temps après leurs premières friponneries ; et alors, pour une partie combinée, où ils dépouillent une dupe, ils passent ensuite des années entières sans en pouvoir faire une seconde ; et par là, ils se trouvent ruinés, parce qu'ils n'ont pas de quoi attendre. Dans peu, les dettes les accablent, les emprisonnements viennent, et la misère les saisit de toutes parts. D'un autre côté, il n'est pas ordinaire que les Grecs vivent longtemps. Si on en voit quelques-uns de vieux, c'est un cas particulier et une exception à la règle générale. Ce n'est point que la police les détruise ; car ils peuvent toujours trouver des accommodements avec elle, quelque avérées que soient leurs friponneries, mais ceux qu'ils filoutent, et à qui ils volent leur argent ne sont pas si accommodants lorsqu'ils les surprennent en flagrant délit : ils les tuent d'autant plus facilement que le public en général, ni aucun tribunal particulier, ne se sont pas encore récriés contre ces vengeurs et ces défenseurs de la bourse des honnêtes gens.

Il faut que je rapporte ici quelques morts tragiques de Grecs qui ont fini leur vie sur le champ de bataille de filouterie, les armes à la main ; c'est-à-dire, dans les tripots ou maisons de jeu, où on les a surpris en faisant leurs tours d'escamotage, ou ayant des cartes pipées. J'avertis que ces faits sont encore sans ordre et séparés, et qu'on ne met ni date ni temps. Au reste, je ne prétends pas me piquer d'exactitude dans cet endroit de l'histoire des Grecs ; car si je voulais rapporter ici tous les événements sinistres qui leur sont arrivés, cet ouvrage ne serait à la fin qu'un extrait mortuaire.

Le premier événement que l'on trouve dans le recueil des accidents funestes des joueurs d'avantage, est celui de quatre Grecs qui furent massacrés à Paris dans une maison, sur le quai des Augustins, et qui à cause de la proximité de la Seine, n'eurent d'autre tombeau que cette rivière. Ces quatre Grecs s'étaient accordés ensemble pour tromper une vingtaine de joueurs, qui se rendaient tous les soirs, à l'entrée de la nuit, dans cette maison où l'on donnait à jouer. Malheureusement pour les Grecs, les joueurs étaient des officiers de la Maison du roi[1], qui n'entendaient point raillerie sur l'article. Comme ils ne portaient point leur uniforme lorsqu'ils se rendaient dans ce tripot, les Grecs ne les connaissaient pas. Mais s'ils n'avaient aucune idée des gens avec qui ils jouaient, il n'en était pas de même des officiers, qui les soupçonnaient, depuis quelques jours, d'être des fripons.

Cependant, comme ce n'était encore qu'un doute de leur part, ils n'avaient point prémédité de châtiment. Mais un des quatre Grecs ayant voulu substituer un jeu de cartes qu'il avait apporté à un autre de la maison s'en acquitta si mal, qu'il fit voir double à la compagnie ; c'est-à-dire, que deux jeux de cartes parurent tout d'un coup sur la table, au lieu d'un seul qui y était auparavant. La friponnerie était parlante : le corps du délit était là : aussi, son procès lui fut d'abord fait. Un officier de la compagnie, qui était à côté de lui, tira son épée, et la lui passa au travers du corps. Les trois autres Grecs voyant leur camarade cloué, voulurent aussitôt prendre la fuite : mais on ne leur en donna pas le temps : l'effroi et l'épouvante qu'on remarquait en eux paraissant des témoins irrécusables qu'ils étaient les associés du filou qu'on venait de punir, ils furent poignardés sans miséricorde. Cette expédition faite, on se saisit de leur argent, et on alla les jeter tout uniment dans la Seine, quoique deux ne fussent pas encore morts et respirassent encore : après quoi on revint dans le même tripot, où l'on passa le reste de la nuit à jouer, comme si de rien n'était.

Un autre Grec s'était introduit dans une compagnie d'honnêtes joueurs, dont le rendez-vous était à une des extrémités

1. La Maison militaire du roi regroupe les troupes dont la première fonction est la protection personnelle du roi.

de la ville de Paris. Celui-ci voulant un soir faire une vole à la dupe, en faisant sauter la coupe, le fit si grossièrement que tout le monde s'en aperçut. Cependant, il ne se déconcerta point, alla son train, et fit la main à fond. Un joueur, qui perdait son argent à cette taille, se leva, et lui dit : vous êtes un fripon, et en même temps se prépara à faire l'office de sacrificateur. Il avait déjà tiré son épée, et allait la plonger dans le sein du Grec, lorsqu'un autre joueur de la compagnie, qui avait fait un cours de droit, et qui était tout près de celui qui avait l'épée à la main, lui retint le bras. Arrêtez, Monsieur, lui dit-il ; on ne tue pas ainsi les gens. Suivant l'usage de tous les pays coutumiers de l'Europe, on observe des formalités avant de faire mourir quelqu'un. Monsieur, dites-vous, en montrant du doigt le Grec qui venait de faire la vole, est un fripon ; il n'y a rien d'impossible à la chose, et cela pourrait fort bien être. Mais, avant que d'en venir aux voies de fait, il convient d'instruire son procès. Les soupçons ne suffisent pas ; il faut des preuves. Remettez votre épée dans le fourreau, ajouta-t-il : et qu'on ferme la porte. Je connais les formalités ordinaires de justice. Je me déclare procureur du roi dans cette affaire, et je vais agir en conséquence. Si l'accusé est coupable, il sera puni sur le champ, sans appel ni délai. En qualité donc de procureur du roi, je vous ordonne, dit-il gravement à trois joueurs qu'il nomma, de fouiller Monsieur, pour examiner s'il n'a point de cartes sur lui. Cela fut exécuté dans la minute. On lui en trouva un sizain, qu'on jeta sur la table. Le procès, dit le procureur à la vue du sizain, commence d'être en règle ; car voilà des pièces. Mais ce n'est pas assez que d'avoir trouvé des cartes sur Monsieur, il faut encore examiner si elles ne sont pas contrefaites. On en fit sur le champ la vérification, et il se trouva qu'elles étaient marquées. Après cette découverte, le procureur du roi s'adressant à la compagnie, lui dit : Messieurs, le fait est prouvé ; vous pouvez à présent prononcer [sic] sur la peine. À quoi condamnez-vous le criminel, ajouta-t-il ? À être jeté par les fenêtres, s'écrièrent-ils d'une commune voix. Soit, dit le procureur du roi ; je souscris au châtiment. Alors un joueur ouvrit les volets, et quatre autres se saisirent du condamné, dans le dessein de lui faire subir la sentence. Doucement encore ici, Messieurs, dit le procureur du roi, en les arrêtant ; il est établi, par les lois du royaume, qu'avant de faire mourir aucun criminel, on doit tirer de lui-même un aveu de ses crimes. J'ordonne donc que le criminel soit appliqué à la question ordinaire et extraordinaire ; et que, faute de pouvoir mettre en exécution celle des brodequins[1], on lui donne celle de l'eau. En conséquence, on fit venir dans le moment trois ou quatre grands seaux d'eau. Les interrogations, durant le cours de la question, et à chaque pinte qu'on lui faisait boire, roulaient sur ces points, savoir : s'il avait des complices de ses filouteries ? Quels étaient les noms de ceux-ci, et dans quels quartiers de la ville ils logeaient ? Depuis quel temps il exerçait la profession de Grec ? Combien de fois il avait filouté dans la maison où il se trouvait alors, et où il venait d'être surpris ? Quel était l'argent qu'il avait volé à la compagnie qui était là présente, et quels des joueurs il avait le plus filouté ? Quelle était la somme qu'il avait filouté au jeu depuis qu'il était Grec, et dans quel endroit il l'avait mise, ou à quoi il l'avait employée ? Etc.

Comme messieurs les assistants à la question n'étaient pas sans doute bien au fait de la dose qu'il fallait en faire boire, tant pour l'ordinaire que pour l'extraordinaire, ils lui en firent tant avaler, qu'à cette dernière interrogation, le Grec rendit l'âme. Mais sa mort ne le garantit pas de l'exécution de la sentence. Il fut jeté par les fenêtres, ni plus ni moins que s'il eût été vivant.

---

1. La question des brodequins était réservée aux plus grands criminels, dont la culpabilité était jugée certaine, et dont on attendait plutôt des précisions que des aveux. Elle consistait à enserrer les jambes jusqu'au genou entre deux planches attachées, et à insérer à coups de maillet des coins entre les planches jusqu'à ce que les os se brisent.

Un autre Grec, jouant au piquet avec un vieux capitaine de cavalerie, dans une ville de province, le filoutait de cette manière. Toutes les fois qu'il voulait avoir beau jeu, il mouchait d'une main la chandelle, et de l'autre il escamotait le talon[1]. L'ancien militaire, qui n'était pas dupe, s'étant aperçu deux ou trois fois de cette manœuvre, lui dit, en s'arrêtant et posant ses cartes sur la table : « Monsieur, je remarque que toutes les fois que vous mouchez la chandelle, je n'ai point d'as. Je vous serais obligé, continua-t-il, si vous vouliez bien vous dispenser de prendre tant de peine : car j'aime encore mieux n'y voir pas si clair, et avoir des jeux moins louches. » Sur ce premier avis, le Grec se retint quelques moments ; mais une heure après, étant question de la fin d'une partie décisive, et ayant dans ce coup-là un jeu si mauvais, qu'il ne lui fallait pas moins que les huit cartes du talon pour le raccommoder, il prit de nouveau les mouchettes, et il dit au capitaine : « je vous demande bien pardon, Monsieur ; mais c'est une vieille habitude que j'ai pris au piquet de moucher. » Et moi, dit le militaire, en l'arrêtant sur le fait, comme il escamotait le talon, c'est aussi un vieux usage que j'ai de moucher ceux qui me volent au jeu. Et, en disant ces mots, il sortit de sa poche un pistolet, et lui brûla la cervelle.

Deux Grecs ayant eu un jour dispute ensemble, au sujet de quelque friponnerie mal combinée, celui qui se crut le plus insulté dit à l'autre : « ce n'est point aujourd'hui que je prétends me venger ; mais, quelque jour que tu y penseras le moins, je te tomberai sur le corps, et je t'écraserai. » L'autre, pour se venger de cette menace, fut trouver deux ou trois dupes à qui celui avec qui il venait d'avoir dispute avait coutume de gagner leur argent. « Messieurs, leur dit-il, dans l'assemblée où vous vous rendez tous les soirs pour jouer, il y a un fripon qui vole votre

---

1. *Il escamotait le talon* : il changeait l'ordre des cartes non distribuées ou en faisait disparaître certaines.

argent : et ce fripon est untel, en lui disant le nom du Grec qui l'avait menacé. Et une preuve que ce que je vous avance est vrai, ajouta-t-il, c'est que si vous le voulez, il ne tiendra qu'à vous de le prendre sur le fait ; et afin qu'il n'y ait point de doute dans la chose, je vais vous instruire des filouteries qu'il emploie pour vous gagner votre argent. » En même temps, il leur montra tous les tours de main que l'autre Grec employait chaque soir dans leur assemblée. Ceux-ci le remercièrent de l'avis, et résolurent d'en profiter dès la première séance. Pour être plus en état d'exécuter leur dessein, ils le communiquèrent à plusieurs de leurs camarades, qui jusque-là avaient été dupes comme eux. Le complot formé, ils se rendirent le même soir à l'endroit où l'on avait coutume de s'assembler pour jouer. Le Grec ne manqua pas de s'y trouver. Il demanda des cartes, et proposa de jouer. La proposition fut acceptée. On le laissa travailler pendant un quart d'heure, tant pour se convaincre de ses friponneries, que pour prendre bien ses dimensions, afin de l'arrêter sur le fait. On n'y manqua pas ; et on le surprit comme il escamotait une carte. La chose étant claire, et la friponnerie parlante, toutes les explications devenant inutiles, on lui prit d'abord l'argent qu'il avait devant lui ; et sans autre forme de procès, on le jeta par les fenêtres. L'autre Grec avec qui il avait eu dispute, et qui, pour se venger, avait donné l'avis, venait aux écoutes près de cette maison, pour savoir si on aurait surpris son homme. Il passait justement alors dans la rue, et se trouvait dans ce moment sous les fenêtres. Le Grec qu'on en précipitait lui tomba dessus, et l'écrasa par sa chute, sans se faire lui-même le moindre mal. Il se releva ; et voyant à ses pieds le Grec expirant, il lui dit : je te l'avais bien dit, misérable, que je te tomberais quelque jour sur le corps, et que je t'écraserais. En finissant ces mots, il continua gaiement son chemin, et alla de son petit pas chez lui se coucher, sans faire attention à ce qui venait de se passer, ni en témoigner le lendemain le moindre ressentiment contre ceux qui l'avaient traité ainsi. Il se contenta de ne plus retourner à cette assemblée. Un autre Grec voulait gagner à Paris une somme considérable à un capitaine de vaisseau de la compagnie des Indes, qui aimait le jeu à la fureur, mais qui était si affairé dans cette ville, qu'il n'avait pas un moment à lui. D'ailleurs, comme les directeurs de cette compagnie épiaient sa conduite, il était obligé de se conduire avec beaucoup de circonspection. Le Grec ne pouvant le joindre résolut de s'embarquer avec lui, et de faire exprès un voyage aux Indes pour gagner son argent, s'imaginant qu'il trouverait les Indes dans le vaisseau même qu'il choisissait pour y aller. Il se proposa au capitaine comme passager. Celui-là le reçut au prix dont ils convinrent ensemble. Ils s'embarquèrent au Havre. À peine avaient-ils été huit jours en mer, que le capitaine fut le premier à proposer au Grec de jouer. Il se fit d'abord prier ; mais à la fin il se rendit. L'attaque commença. Le Grec passager l'enfila si bien, qu'avant qu'on fût sous la ligne[1], il lui gagna son vaisseau ; de façon que le capitaine se trouva lui-même passager sur son propre bord. Malheureusement pour le Grec, il avait conservé le commandement. Il le fit jeter dans la mer sous prétexte que c'était un filou. Ainsi finit ce Grec qui, au lieu d'un grand projet, ne trouva qu'un grand tombeau.

Jusque-là ce ne sont que des meurtres et des crimes, commis pour venger d'autres crimes. Mais voici des procès dans les formes, et des morts de Grecs dans les règles de la justice ordinaire.

Un gentilhomme d'une certaine province du royaume, duquel il doit importer peu au lecteur de savoir le nom, ayant été dépouillé par les Grecs dans plusieurs voyages qu'il avait faits à Paris, jura de se venger d'eux d'une manière cruelle, si jamais il en trouvait l'occasion. Ayant perdu avec eux des sommes considérables au jeu, et ne pouvant plus subvenir aux dépenses

---

1. Avant qu'on ait passé l'équateur.

qu'exigeait de lui son séjour dans cette capitale, il se vit obligé de se retirer dans une terre qui lui restait, dont il était seigneur en toute justice[1]. Son château était séparé du village, et se trouvait seul au milieu d'un grand bois. Quoiqu'il se fût beaucoup dérangé au jeu, il avait cependant encore un revenu assez honnête, dont il jouissait honorablement, recevant compagnie, donnant souvent à manger, et jouant même quelquefois lorsque l'occasion s'en présentait.

Deux Grecs de la province où était sa terre résolurent d'achever de le ruiner. Pour cet effet, ils recherchèrent l'occasion de faire connaissance avec lui ; et comme la chose n'était pas bien difficile, ils y réussirent. Ils se rendirent chez lui, sous le prétexte de voir son château. Le seigneur les reçut avec cette politesse qui lui était ordinaire. Il les pria même de faire quelque séjour chez lui. Les Grecs, qui ne demandaient pas mieux, se firent un peu presser ; mais à la fin ils se rendirent. Il fut bientôt question de jeu. Les filous menèrent d'abord si bon train le gentilhomme, que dans deux jours, ils lui eurent gagné la moitié de sa terre. On travaillait à lui gagner le reste, lorsqu'il reçut par un exprès une lettre d'un de ses amis, qui lui donnait avis qu'il avait actuellement chez lui deux Grecs qui ne s'étaient introduits dans son château que pour le voler au jeu. Le reste de la lettre portait, que le fait était certain, qu'il avait

---

1. *Seigneur en toute justice* : le seigneur en toute justice dispose du pouvoir de juger sur ses terres les affaires concernant la basse (petits délits, litiges civils à faible enjeu, fiscalité locale), moyenne (délits, litiges civils plus graves) et haute justice (crimes dont l'accusé encourt la peine capitale). Depuis le XVIe siècle, le seigneur ne peut rendre la justice personnellement, et doit nommer un juge titulaire d'un diplôme de droit qui doit ensuite recevoir l'agrément de la juridiction royale compétente. Le tableau burlesque que propose Goudar moque les prétentions d'une petite noblesse jalouse de ses privilèges féodaux ; en réalité, quand une juridiction seigneuriale prononçait la peine capitale, l'affaire était automatiquement rejugée en appel par les juges royaux du parlement de la province concernée avant que la sentence ne soit appliquée.

su la chose d'origine ; c'est-à-dire, d'un troisième grec à qui ceux qu'il avait actuellement chez lui s'étaient confiés avant leur départ ; et afin qu'ils ne pussent pas lui échapper, et qu'il eût les moyens de les convaincre, il lui envoyait les pratiques de filouterie qu'ils employaient pour voler ceux qui jouaient avec eux, et que le Grec qui, par son canal, faisait donner l'avis, avait dictées lui-même. Le gentilhomme ayant lu la lettre de son ami ne témoigna rien à ses hôtes. Il n'y avait aucun doute que les deux fripons ne fussent les deux étrangers qui avaient commencé à jouer avec lui, et qui lui avaient déjà gagné une somme considérable ; car il n'y en avait pas d'autres actuellement dans le château. Cependant, pour faire les choses dans les règles, il voulut, avant que d'en venir à la vengeance qu'il préméditait, éclaircir le fait par lui-même. Pour cet effet, il résolut de jouer ce jour-là avec eux, comme à son ordinaire, bien résolu de les épier. La filouterie n'est une science occulte pour les dupes que faute de principes ; mais lorsqu'on a la clé de ces principes, on est d'abord au fait. Le gentilhomme eut tout lieu de se convaincre par ses yeux, que l'avis qu'on lui avait donné était juste. Ayant fait les observations qui lui étaient nécessaires, il quitta le jeu pour un moment, sous prétexte de quelque besoin ; dit à ces messieurs de continuer, et qu'il allait revenir. Il fut rassembler tous ses domestiques, et les posta dans la chambre voisine de celle du jeu, leur donnant ordre d'entrer à un certain signal qu'il leur ferait, et de se saisir des deux étrangers qui jouaient contre lui. Cela fut exécuté, et les deux fripons furent arrêtés. Le gentilhomme leur fit mettre aussitôt les fers aux pieds et aux mains, et les envoya de cette manière dans les prisons du château. Le lendemain, il fit appeler son juge, un gradué[1], et le greffier, et leur fit instruire le

---

1. *Un gradué* : le titulaire d'un diplôme, ici de droit. Il est convoqué pour tenir le rôle du procureur ; l'absence de procureur en titre est un élément burlesque qui souligne le caractère artisanal de la justice rendue.

procès des Grecs dans toutes les règles. Ils parurent plusieurs fois sur la sellette, où ils furent interrogés en présence du seigneur. Ils se tinrent d'abord sur la négative, soutenant qu'ils étaient d'honnêtes gens, incapables des friponneries dont on les accusait. Mais le gentilhomme leur ayant fait la lecture de la lettre qu'il avait reçue, et dans laquelle le Grec à qui ils s'étaient confiés détaillait leurs pratiques, ils ne surent plus que dire, et se trouvèrent confondus. Ainsi, voyant clairement alors que la mèche était découverte, ils se jetèrent aux pieds du seigneur, confessèrent leur crime, et lui en demandèrent grâce. Le seigneur fut inexorable, et profita au contraire de leur aveu pour porter son juge à donner au plus tôt sa sentence. Vous l'entendez, lui dit-il, les coupables confessent eux-mêmes leur crime ; il ne vous reste qu'à prononcer sur la peine. Comme le juge et le gradué n'avaient jamais jugé des cas de filouterie, ils se trouvaient arrêtés par une difficulté, savoir : si filouter au jeu était un crime de même nature que celui de voler de l'argent dans la poche d'un homme. Le gentilhomme leur assura qu'il n'y avait aucune différence, et garantit la parité. Sur la foi de cette garantie, le juge et le gradué, sans autre délibération, condamnèrent les deux Grecs à être pendus.

On fit dresser, à cet effet, une potence dans la grande cour du château, et on désigna le jour de l'exécution. Il n'y avait qu'une difficulté à cela, c'était de trouver un bourreau. Heureusement pour la vengeance du seigneur, il y avait un gentilhomme, à un quart de lieue de sa terre, qui avait une haine implacable contre les Grecs. Ils lui avaient gagné tout son bien, sans lui faire grâce d'un pouce de terre ; de manière qu'il était réduit à vivre des aumônes de ceux qui avaient été autrefois ses vassaux. Celui-ci aurait voulu pouvoir étrangler tous les Grecs ; il s'y serait prêté de grand cœur. Il ne sut pas plus tôt l'aventure de ceux du château, qu'il vint s'offrir à les exécuter. Le seigneur ayant su le sujet qui l'amenait, lui fit expédier sur-le-champ des lettres patentes de bourreau, et lui dit qu'il n'avait qu'à se tenir prêt pour le lendemain. Il ne manqua pas de se rendre au château le jour suivant à l'heure indiquée.

Voici dans quel ordre se fit la marche qui précéda l'exécution, et comment les deux Grecs furent conduits au supplice. D'abord douze paysans ou vassaux du seigneur, armés de fusils et de vieux sabres rouillés, ouvraient le convoi, marchant deux à deux. À leur suite, venait le baillif [1] du fief, le juge, le gradué, le notaire, et le greffier, tous en robe longue. Immédiatement après venait le seigneur, monté sur un cheval harnaché de noir, suivi de deux écuyers également à cheval, qui marchaient gravement, et à pas comptés. Enfin venaient les deux criminels, nu-pieds, et la tête découverte, qui avaient à leur côté le curé et le secondaire [2] qui les exhortaient à la mort ; et derrière eux, on voyait le gentilhomme faisant la fonction de bourreau, qui tenait dans une de ses mains le bout de la corde avec laquelle ils étaient attachés. Pour faire honneur à la fête, et la célébrer avec plus de magnificence, il s'était paré d'un vieux habit uniforme d'un régiment où il avait servi dans sa jeunesse, et qu'il ne mettait ordinairement que les grands jours de *galla* [3]. Tous les domestiques du château, armés de bâtons, de broches, et de gros coutelas, jouaient le rôle de la maréchaussée, étaient autour des patients, et faisaient la clôture du cortège. On fit trois fois le tour de la grande cour, et ensuite on prit le chemin de la potence, qui était au milieu. Là, on fit mettre les deux patients à genoux. Alors le greffier s'étant approché d'eux,

---

1. *Baillif* ou *bailli*, officier rendant la justice dans une circonscription, par délégation du roi ou, plus rarement, d'un seigneur comme c'est le cas ici. Goudar joue du caractère désuet de cette justice féodale pour obtenir un effet comique.

2. Le curé secondaire, en second.

3. *Galla*, plus souvent orthographié *gala* dès cette époque : fête luxueuse, réception somptueuse. Le mot est emprunté au XVIIe siècle à l'espagnol, langue dans laquelle il désigne d'abord des vêtements d'apparat. Il proviendrait lui-même du verbe *galer*, qui signifie « s'amuser, mener joyeuse vie » en moyen français (nous avons conservé son participe présent « galant »).

sortit une carte de sa poche, où était écrite leur sentence. Ce n'est point que le papier manquât dans le château ; mais on voulut pour faire les choses dans les règles que cette formalité fût analogue à leur crime. Il est vrai que les termes de la sentence n'étaient pas longs ; ils se réduisaient à dire que les deux criminels étant bien et dûment convaincus de filouterie au jeu, étaient condamnés à être pendus et étranglés, jusqu'à ce que mort s'ensuivît.

Quoique ce ne soit pas trop l'usage que les exécuteurs de la haute justice s'avisent, en pareil cas, d'approuver la condamnation des criminels, le gentilhomme faisant ici la fonction de bourreau, entreprit de faire l'apologie de cette sentence. C'est fort bien fait, dit-il tout haut, après que le greffier eut fini sa lecture ; je voudrais que la même sentence fut rendue contre tous les autres Grecs de la France, et que le roi m'honorât d'un brevet de bourreau pour les pendre ; je m'en acquitterais avec un plaisir extrême : car c'est quelque chose d'affreux que tant d'honnêtes gens soient continuellement dépouillés, et se voient réduits à la mendicité par ces fripons-là. Il allait continuer son discours, lorsque le seigneur, qui était tout près de là à cheval, le fit apercevoir de l'indécence de sa harangue dans une semblable occasion. Il finit ; et dès lors, il fallut commencer de procéder à l'exécution.

Le gentilhomme avait assurément très bonne envie d'étrangler ces deux Grecs ; mais comme c'était là son premier coup d'essai de pendaison, il se trouva un peu embarrassé, d'autant plus qu'il y avait au-delà de trente ans qu'il n'avait vu aucune exécution de ce genre, ce qui faisait qu'il n'en avait qu'une idée confuse. Il laissa les deux condamnés au bas de l'échelle, et monta seul au haut de la potence. Lorsqu'il fut au dernier échelon, il se retourna du côté des spectateurs ; et alors, adressant la parole aux deux patients, il leur dit : Messieurs, donnez-vous la peine de monter ; car le diable m'emporte si je sais comment m'y prendre pour vous aller chercher en bas, et vous pendre.

Les archers voyant alors l'embarras du bourreau, firent lever un des patients, et lui tournant le dos à l'échelle, l'aidèrent à monter trois ou quatre échelons. Alors le gentilhomme voulant faire aussi quelque chose, en descendit autant, et ayant saisi un bout de la corde que le patient avait au col, s'en servit pour le tirer tant qu'il put, jusqu'en haut ; et lorsqu'il y fut arrivé, il le jeta de l'échelle, et lui monta dessus les épaules. Même cérémonie fut faite au second : de façon qu'on peut dire que ces deux patients furent étranglés avant d'être pendus. Ce n'est pas tout ; le seigneur voulut que les corps des deux justiciés fussent exposés sur le grand chemin de sa terre, avec un écriteau devant eux, qui instruisait les passants de la nature de leur crime. Il ordonna aussi en même temps, que la potence serait toujours dressée dans la grande cour de son château, afin qu'en cas de récidive de la part de quelque fripon qui voulût le filouter au jeu, justice fût faite sur le champ. On a remarqué que depuis ce temps-là aucun Grec ne lui a rendu visite, et que les joueurs un peu équivoques qui voyagent dans cette province font ordinairement deux ou trois lieues de plus, pour éviter de passer devant ce château.

Outre ces morts funestes de quelques Grecs, il y eut, pour me servir de ce terme, des dépérissements généraux de leur espèce, c'est-à-dire, des catastrophes où il en périt un grand nombre tout à la fois ; et ce fut dans certains chocs violents qu'il y eut entre eux et les autres joueurs qui ne voulaient pas les admettre dans leurs compagnies. Je ne parlerai ici que d'une de ces actions générales, où il resta quarante Grecs sur le carreau. L'affaire se passa aux portes d'une petite ville, à quelques lieues de Liège. Il y avait tous les ans dans cette ville, au mois d'août, une foire ou fête, que les gens du pays appellent *carmess* [*sic*], où il se rendait ordinairement beaucoup d'étrangers, parce qu'on y jouait les jeux de hasard, quoiqu'ils ne fussent pas plus permis alors que dans quelque autre saison de l'année.

Tous les Grecs français de la Flandre ne manquaient pas de s'y trouver, et même il en venait quelques détachements de Paris. Les habitants de cette petite ville, qui s'étaient souvent trouvés dépouillés par ces hôtes, résolurent de s'en défaire pour toujours. Pour cet effet, ils s'assemblèrent le matin de la fête, et délibérèrent qu'il fallait commencer d'abord par leur envoyer un député, avec ordre de leur dire de ne pas se mêler dans les assemblées des bourgeois, et de jouer entre eux. Les Grecs qui n'étaient pas venus là dans ce dessein reçurent fort mal le député ; ils oublièrent même le droit des gens des ambassadeurs, et rossèrent celui qu'on leur envoyait. Les Liégeois, piqués de l'outrage fait en la personne d'un de leurs ministres, cherchèrent à se venger ; et les Grecs assemblés se mirent de leur côté en état de leur donner satisfaction. Les deux partis se menacèrent longtemps des yeux dans les rues. Mais, sur les quatre heures du soir, il y eut un pourparler, dans lequel le champ de bataille fut désigné, et le moment du combat déclaré. On se rendit de part et d'autre au lien indiqué. Les Liégeois, au nombre de cinquante, se rangèrent d'abord en bataille, et témoignèrent leur impatience d'en venir aux mains. L'armée grecque était composée de cavalerie et d'infanterie ; car plusieurs d'entre eux s'étaient rendus à cette foire à pied, et d'autres à cheval.

Un Grec nommé *Blavac*, qui avait été pendant six mois sous-lieutenant des milices en France[1] prit le commandement gé-

---

1. Longtemps formée dans le but d'assurer la sécurité locale, surtout pendant les périodes de guerre, la milice tend à devenir au XVIIIe siècle une sorte d'armée de réserve. Ses membres sont recrutés par tirage au sort parmi les hommes valides à partir de 1691 ; ils sont tenus d'effectuer plusieurs semaines d'entraînement par an, et doivent servir pendant les périodes de guerre. La mesure est particulièrement impopulaire ; les très nombreuses exemptions n'arrangent rien. La piètre qualité de ces troupes les cantonne le plus souvent à la garde des places fortes pendant que les troupes régulières combattent. Ce service peu glorieux, le grade de sous-lieutenant (le rang le plus bas dans la hiérarchie des officiers), sa faible expérience, font de Blavac un choix burlesque pour diriger une armée.

néral de l'armée, et déclara que l'affaire roulerait sur lui[1]. Il
fit un seul corps d'armée de son infanterie, dont il donna la
droite à commander à un Grec, qui avait été pendant longtemps sergent dans Picardie[2] ; et la gauche, à un autre grec
qui avait servi plusieurs années, en cette même qualité, dans
Champagne, et se réserva le centre. Il posta sa cavalerie sur les
ailes et derrière l'armée, pour la soutenir, et arrêter les fuyards.
L'aile gauche des Grecs commença l'attaque. Elle fondit avec
tant d'impétuosité sur l'ennemi, qu'il [*sic*] enfonça ses premiers
rangs, et l'ébranla entièrement. Le commandant de la droite
voulant profiter alors de ce premier avantage engagea aussi le
combat de son côté. Dès ce moment, les deux armées furent
aux prises, et l'action devint générale.

Je voudrais avoir le style pompeux des historiens qui trans-
mettent les hauts faits d'armes à la postérité, pour donner ici
avec emphase le détail des coups de poing qui furent donnés
et reçus dans ce grand jour, où tant de guerriers et de héros se
prirent aux cheveux.

Le sergent de Picardie, qui, comme on vient de le dire, commandait l'aile droite de l'armée, fit des merveilles ; et celui de
Champagne, qui commandait la gauche, fit des prodiges ; mais,
pour le souslieutenant des milices, devenu général sans promo-
tion, je ne crois pas qu'aucun auteur à relation de batailles, pour
effronté et menteur qu'il puisse être, s'avise jamais de relever
la gloire qu'il acquit ce jour-là ; et encore moins de parler de sa
bravoure ; car il lâcha le pied pendant [*sic*] deux ou trois fois[3].
Il est vrai qu'il lui arriva un événement au commencement de
l'action qui aurait déconcerté le plus grand capitaine de notre

1. « On dit [...] figurément, qu'*une affaire roule sur une personne*, pour
dire, qu'elle est abandonnée à ses soins. » *Dictionnaire de l'Académie
française* (1762).

2. *Sergent dans Picardie* : sergent au régiment de Picardie.

3. *Lâcher le pied* : reculer, céder du terrain. Il faut sans doute lire « il
lâcha le pied pendant [la bataille] deux ou trois fois. »

temps ; car son cheval s'étant déferré des quatre pieds d'abord après le signal de la bataille, et ses aides de camp n'ayant pu lui en fournir un second, il avait été obligé de monter sur un âne. Or, comme cet âne, selon toutes les apparences, n'était pas dressé au manège des évolutions militaires, il reculait souvent au lieu d'avancer.

Déjà les Liégeois commençaient à céder le champ de bataille, et l'armée grecque touchait au moment de remporter une victoire complète, lorsqu'un corps de réserve de cinquante paysans, que ces premiers avaient posté derrière une haie, paraissant tout d'un coup, fondit sur l'ennemi. Alors, la bravoure de Picardie et de Champagne ne servit de rien ; il fallut céder au nombre. Ce dernier renfort de l'ennemi accabla entièrement l'armée grecque.

Le commandant de l'aile droite fut tué d'un coup de pierre ; celui de la gauche, un moment après, subit le même sort. À l'égard du pauvre diable de général monté sur un âne, il périt aussi, mais d'un genre de mort que je ne sache pas qu'aucun capitaine commandant ait jamais éprouvé depuis que les hommes se font la guerre ; car on lui fit rendre l'âme à force de l'aiguillonner avec de longs bâtons à pointe de fer, dont les paysans se servent dans ce pays-là à la campagne, pour faire marcher les bœufs.

Outre les morts et les blessés de l'armée grecque qui restèrent sur le champ de bataille, les Liégeois firent six prisonniers, qu'ils rouèrent d'abord à coups de bâton, pour éviter l'embarras ordinaire des échanges[1]. Ainsi périrent, dans ce grand jour, tant de braves Grecs, qui, par une mort glorieuse et prématurée, échappèrent au fouet, aux galères, à la potence, et la roue.

Les Liégeois firent aussitôt chanter le *Te Deum* en action de grâces pour la victoire complète qu'ils avaient remportée sur les Grecs, et se réjouirent d'autant plus, qu'ils espérèrent qu'il

---

1. Des échanges de prisonniers.

n'en viendrait plus à l'avenir à leur *carmess* [*sic*]. Ami lecteur, ce n'est guère ici que l'histoire passive des Grecs : il ne sera pas impossible que je ne donne quelque jour leur histoire active.

Suppléments

Projet d'un hôpital pour les Grecs invalides [1]

COMME il est de notoriété publique qu'en général les Grecs après avoir roulé dans leur jeunesse sur l'or et l'argent, se trouvent à la fin réduits à la mendicité, on a cru pouvoir remédier à cet inconvénient, par le projet d'un hôpital, où ils auraient à l'avenir une retraite assurée, et seraient dispensés de la honte de demander l'aumône pendant leurs vieux jours.

Local de cet hôpital

Paris étant le premier théâtre de la fortune, c'est aussi la ville du royaume où il y a le plus de Grecs, et par conséquent celle où cet établissement conviendrait le plus ; ainsi on pourrait la désigner pour cela.

---

1. Ce « Supplément » ainsi que les lettres qui le suivent referment l'édition pirate, ils n'apparaissent pas dans l'édition originale.

Projet de l'édifice

Il serait bâti à Paris un hôpital de la grandeur de l'Hôtel des Invalides[1], pour contenir douze mille Grecs hors de service, et incapables de gagner leur vie par le travail de leurs mains.

Ce corps de logis serait composé de trois mille chambres de douze pieds en carré chacune, dans lesquelles il y aurait deux lits, et où pourraient loger quatre Grecs.

Taxe volontaire sur les Grecs pour la bâtisse de l'hôpital

Il serait levé une taxe volontaire sur les Grecs tant nationaux qu'étrangers, pour la construction de l'édifice. Cette charge serait d'autant moins pesante, que le nombre des Grecs est grand. Car quand chaque joueur ne donnerait qu'un écu, cette contribution formerait une somme de plus de dix millions ; ce qui suffirait pour les frais de bâtisse.

Taxe volontaire pour l'entretien des Grecs hospitaliers

Mais comme il ne suffirait pas de loger les Grecs, et qu'il faudrait encore les nourrir ; il serait levé une taxe volontaire sur chaque Grec du royaume de trente livres une fois payées[2], ce qui formerait un capital immense, qui étant placé à rente constituée[3], formerait un revenu considérable ; et si cette rente annuelle ne suffisait pas, il serait levé les deux sols par livre

---

1. L'Hôtel des Invalides avait été créé en 1677 par Louis XIV pour recueillir les invalides de guerre.

2. C'est-à-dire payées une seule fois.

3. *Rente constituée* : revenu reçu chaque année en échange de la cession d'une somme d'argent par un contrat dit de constitution.

sur toutes les friponneries qui s'exercent annuellement dans le royaume ; ce qui rendrait alors cet hôpital un des plus riches de l'univers.

Qualités requises dans les candidats pour être reçu dans cet hôpital

1. Comme il faut des services pour mériter une retraite, aucun Grec ne pourrait être reçu hospitalier sans qu'il prouvât auparavant qu'il est ancien dans son corps, c'est-à-dire, qu'il a corrigé la fortune pendant vingt ans, non compris les emprisonnements, les exils, et le temps qu'il aurait resté aux galères.

2. Aucun Grec ne saurait y être admis s'il ne donnait des preuves valables comme il est naturellement prodigue, et qu'il a dissipé en folles dépenses tout l'argent qu'il a gagné au jeu.

3. On pourrait refuser tout joueur qui n'aurait pas au moins trente mille livres de dettes criardes[1] ; car un Grec qui ne doit pas cette somme, et qui ne se trouve pas obsédé par des créanciers, est toujours en état de vivre honorablement dans le monde à la faveur de ses petits talents, et à cause de cela même ne devrait point occuper une place aux invalides.

4. On ne recevrait aucun Grec hospitalier, à moins qu'il ne produisit de bons certificats, par lesquels il prouvât qu'il est perdu de réputation, et que par conséquent il est hors d'état de lier aucune partie ; car un Grec qui n'est pas

---

1. *Dettes criardes* : d'ordinaire, petites sommes dues à des fournisseurs, dont ils réclament bruyamment le paiement.

entièrement décrié peut toujours par-ci par-là subsister honorablement.

5. On n'admettrait à cet hôtel d'invalides que des Grecs d'esprit, et de génie ; car, à l'égard des Grecs stupides et idiots, ils ont toujours assez de capacité pour conserver l'argent qu'ils gagnent au jeu[1].

6. On ne signerait aucun brevet d'hospitalier, qu'à ceux qui auraient eu plusieurs affaires à démêler avec la police, et se seraient brouillés souvent avec la justice.

7. Aucun Grec ne pourrait être reçu à l'hôpital, à moins qu'il n'eût atteint l'âge de cinquante ans ; attendu que tout jeune joueur d'avantage qui peut voyager et se transporter facilement d'une ville à une autre est en état de vivre sans le secours d'un hôpital.

8. Tout Grec de quel âge qu'il fût, qui aurait été pris sur le fait en flagrant délit les cartes à la main, et qui accusé de cela même aurait été roué à coups de bâtons, ou jeté par les fenêtres, et qui par là se trouverait hors d'état de faite valoir ses talents, aurait de plein droit son entrée à l'hôpital.

9. Un Grec à qui on aurait coupé les doigts, ou percé la main en le surprenant à filouter, y serait également admis d'emblée.

10. Dans la réception des candidats, qui brigueraient un poste à l'hôpital, on n'aurait aucun égard au rang et aux qualités des personnes ; mais seulement à l'ancienneté des services dans la Grèce : de manière qu'un Grec *chevalier, comte, baron, marquis*, ne serait pas plus fondé à faire valoir ses titres pour obtenir un brevet d'hospitalier, que le joueur de la naissance la plus obscure.

---

1. On voit ici que Goudar associe de manière indéfectible le génie au jeu à une dépense incontrôlée.

11. Les femmes grecques seraient également en droit de prendre séance dans cet hôpital, et il y aurait pour cela un corps de logis composé de quatre mille chambres destiné pour elles. Mais aucune Grecque ne pourrait être reçue hospitalière à moins qu'elle ne prouvât clairement qu'elle est hors d'état de faire jouer ses yeux et ses mains.

Entretien

Pour aliment il serait distribué à chaque Grec une livre de pain bis, quatre onces de viande, et une pinte de piquette par jour.

Le même ordinaire durerait toute la semaine à l'exception des dimanches et des fêtes, qu'on leur distribuerait à chacun pour dessert une pomme, et un morceau de fromage.

Tous les Grecs hospitaliers feraient leurs repas dans un grand réfectoire, où pendant qu'ils mangeraient leur pain bis et boiraient leur piquette, l'aumônier de l'hôpital leur ferait un discours sur la vertu de la tempérance, et la frugalité.

Il y aurait cependant trois jours de réjouissance l'année, ou grands repas solennels, savoir : à la Saint Martin, aux Rois, et à la fin du carnaval[1], dans lesquels, il serait distribué à chaque Grec une salade, et la moitié d'un gigot de mouton.

---

1. La Saint Martin, les Rois et Mardi-Gras, à la fin du Carnaval, sont les dates des plus grandes réjouissances populaires de l'année, comme en témoigne Louis-Sébastien Mercier dans le chapitre « Carnaval » de son *Tableau de Paris* : « Le peuple fête la Saint-Martin, les Rois et le Mardi-Gras : il vend la veille ses chemises plutôt que de ne pas acheter un dindon ou une oie à la Vallée : elle est couverte d'acheteurs ; et vu l'affluence, la volaille est hors de prix. Les cabarets se remplissent dès le matin. Les commissaires ne doivent pas sortir de chez eux ces jours-là, car le guet leur amènera un plus grand nombre de délinquants. Plus d'un ne sortira de la guinguette que pour aller coucher en prison. »

Habillement des Grecs

Tous les Grecs reçus à l'hôpital des invalides seraient en uniforme, savoir : l'habit bleu, le bonnet rouge, et les bas blancs : le tout d'un beau cadis[1].

Pour éviter les frais des perruquiers, il serait défendu à tout Grec hospitalier de porter perruque, et de faire friser ses cheveux au cas qu'il en eût.

Les valets de chambre étant aussi très incommodes dans ces sortes de maisons, les pourpoints des Grecs seraient tout d'une pièce et très larges : de façon qu'ils pourraient s'habiller aisément sans autre secours que celui de leurs propres bras.

En entrant à l'hôpital, il serait remis à chaque Grec quatre chemises de bonne toile de ménage sans manchettes, à manches larges, et taillées à manière de surplis. Chaque joueur invalide recevrait quinze sols tous les mois de la maison pour ses menus plaisirs : savoir ; pour se pourvoir du tabac, et fumer la pipe.

Police

1. Il serait défendu à tout hospitalier de découcher.

2. Aucun Grec ne pourrait sortir de la maison sans en demander la permission.

3. Prohibition serait faite à tout joueur invalide, de parler de leurs anciennes friponneries.

4. Il leur serait fait expresse inhibition de s'entretenir de jeu.

5. Aucun Grec ne pourrait envoyer acheter quoi que ce soit au cabaret.

---

1. *Cadis* : étoffe de laine de mauvaise qualité.

6. Il lui serait défendu d'avoir aucune sorte de vin dans sa chambre.

Punitions

1. Tout Grec qui en appellerait un autre fripon, serait condamné sur le champ à l'estrapade[1].

2. Un hospitalier qui s'absenterait sans permission pour deux jours aurait deux mois de prison.

3. Un Grec qu'on surprendrait avec un jeu de cartes dans ses poches serait mis au carcan[2].

4. Plusieurs invalides qu'on trouverait à jouer ensemble dans leurs chambres seraient condamnés à un an de cachot.

5. Quelque Grec que ce fût qui se battrait avec un autre, serait mis au pain et à l'eau pendant un an.

6. Un joueur qui médirait d'un autre subirait une punition arbitraire.

Occupations

L'oisiveté, comme on dit, étant la mère de tous les vices, chaque Grec hospitalier serait tenu à une sorte d'occupation manuelle ou autre.

---

1. *Estrapade* : Supplice qui consiste à faire tomber le condamné attaché par les mains depuis une sorte de potence. Il est souvent employé comme punition pour les soldats.

2. *Carcan* : cercle de fer par lequel un condamné est attaché à un mur ou un poteau.

Par exemple, certains joueurs invalides feraient des tabliers, d'autres, des nattes[1], quelques-uns, des bas, et plusieurs, des bourses à argent, et qui seraient vendues au profit de la maison.

Les Grecs non roturiers, et de sang noble, s'occuperaient à l'agriculture, comme à semer et planter des fleurs, arroser des simples[2], transplanter des arbres, et autres exercices distingués, auxquels les Grecs gentilshommes s'occupent ordinairement dans leurs châteaux.

À l'égard des joueurs ordinaires, et de cette foule de grec-quillons dont cet hôpital serait inondé, on les emploierait à faire la lessive, laver les plats, et les écuelles de la maison.

Divertissements

Les joueurs invalides auraient deux promenades par semaine, et pour éviter la confusion dans la marche, ils iraient de deux à deux, et dans le même ordre que les pauvres hospitaliers assistent aux processions dans les villes de province.

Les jours de récréation, il leur serait permis de passer la journée entière sans rien faire, et de s'occuper de leur vie passée.

Quoique toutes sortes de jeux fussent défendus dans cet hôpital, il serait cependant permis aux Grecs invalides de jouer au volant[3], au solitaire, et au noble jeu de l'oie.

---

1. On se servait à l'époque de nattes de paille pour couvrir les murs ou les planchers.

2. *Des simples* : des plantes médicinales.

3. L'ancêtre de notre badminton, qui doit son nom à la ville britannique où le jeu du volant a été modernisé et remis à la mode à la fin du XIXe siècle.

Départements des invalides Grecs

Comme cet hôpital serait établi non seulement pour les nationaux, mais même pour les étrangers, il y serait établi plusieurs corps de logis séparés, dénominés par le mot de quartier ; par exemple il y aurait :

Le quartier des Piémontais.

Le quartier des Vénitiens.

Le quartier des Avignonnais.

Le quartier des Allemands.

Le quartier des Anglais.

Le quartier des Piémontais serait composé de deux cents chambres.

Celui des Vénitiens, de cent quatre-vingts.

Celui des Avignonnais, de cent cinquante.

Celui des Allemands, de trente, et celui des Anglais, de six.

Il y aurait dans cet hôpital six historiens à titre, et pensionnés par la maison.

Pour faire l'histoire générale et universelle des Grecs depuis la création de l'Ordre, chaque Grec serait obligé de fournir des mémoires, et produire des pièces.

Outre les historiens, il y aurait dix peintres, et quatre sculpteurs, pour tirer le portrait au naturel des plus habiles Grecs qui se seraient distingués dans Paris, et faire leur buste au naturel ; lesquels portraits et bustes seraient placés dans une grande salle exposés aux yeux du public, etc.

Lettre d'un Grec de Paris à l'auteur de L'Histoire des Grecs

Monsieur,

Il y a tant d'autres matières sur lesquelles ceux qui, comme vous, ont la démangeaison d'écrire, peuvent exercer leur beau génie, qu'il est surprenant que vous en soyez allé chercher une, qui jusqu'ici n'a tombé sous le sens d'aucun auteur.

Personne ne s'était encore avisé de faire exprès un livre pour parler filouterie. Vous êtes le premier qui ayez mis les Grecs à la presse.

Il est fort désagréable pour nous de nous voir imprimés, cousus, brochés, et vendus au public.

Passe, si vous parliez de nous avec certaine décence ; mais vous avez écrit notre histoire, à peu près dans le même goût que vous auriez fait celle des cartouchiens[1]. Il faut avoir la rage d'écrire pour former le projet de semblables ouvrages.

Vous auriez mieux fait de faire des observations sur les Romains, que de faire l'histoire des Grecs. Car à quoi sert ce détail dans lequel vous êtes entré sur les joueurs d'avantage ? Comptez-vous dire quelque chose de nouveau que d'avancer que la France est pleine de fripons ?

Depuis la création de la monarchie, il y en a toujours eu et il y a apparence qu'il continuera à y en avoir tant qu'elle existera. Il suffit que la société soit composée d'hommes, pour que le plus grand nombre cherche à prendre avantage sur les autres.

---

1. *Cartouchiens* : les hommes du célèbre brigand Cartouche, arrêté et exécuté en 1721. Ses exploits avaient suscité de nombreuses publications, et une grande curiosité populaire. Le clin d'œil de Goudar est ici appuyé : il est en effet l'auteur du *Testament politique de Louis Mandrin, généralissime des troupes des contrebandiers, écrit par lui-même dans sa prison* (1755) ; par sa popularité et la curiosité qu'il a suscitée, beaucoup ont vu en Mandrin un second Cartouche.

Les Grecs n'ont pas augmenté en France. Il y a trente ans qu'il y en avait [*sic*] autant qu'aujourd'hui : il est vrai qu'on ne jouait pas de si grandes sommes. Voilà toute la différence qu'il y a de la Grèce ancienne à la Grèce moderne ; du reste la France était pleine alors comme à présent de grecquillons comme vous les appelez qui subsistaient aux dépens des dupes. Vous vous tromperiez beaucoup, Monsieur l'historien, si vous pensiez que le siècle est plus corrompu, et que l'avarice a fait renaître de nouvelles passions chez les hommes : ils sont aujourd'hui ce qu'ils étaient il y a six mille ans. Si du temps d'Adam, on eût joué, le génie grec se fût d'abord développé. Le germe de la friponnerie est dans l'individu. Ce n'est pas un accident de la chose ; c'est la chose elle-même. Je ne saurais découvrir quel est l'objet que vous vous êtes proposé en donnant au public l'histoire des Grecs ; car est-ce pour développer le système pratique des joueurs d'avantage ? Il vous aurait fallu pour cela composer un ouvrage de cent volumes in-folio, encore n'eut-il jamais été qu'une ébauche.

La duplicité est si compliquée. L'art de corriger la fortune est si étendu. La friponnerie a tant de rubriques, que c'est un projet aussi ridicule que vain de vouloir la développer aux yeux d'un public. Un auteur a beau entrer dans les détails, il en reste toujours plus à dire qu'il n'en dit.

Si c'est dans la vue de corriger les hommes comme il semble que vous voulez l'insinuer dans votre préface, ce projet est encore des plus inutiles.

Il y a une deux mille ans [*sic*] que les moralistes chantent aux hommes la même gamme, mais on ne voit pas qu'ils en soient plus avancés pour cela. Les passions vont toujours leur train.

La friponnerie au jeu est un vice qui tient à une infinité d'autres.

L'avarice qui la suggère a des liaisons avec toutes les passions.

Le mal est que dans la critique que l'on fait des défauts des hommes on ne remonte jamais à leur source.

La Grèce tire la sienne aujourd'hui de l'oisiveté, de l'ostentation, il faudrait donc attaquer ces défauts au lieu de celui du jeu.

Il me semble, Monsieur l'historien, que vous avez fait comme la plupart des auteurs qui en voulant corriger les vices, prennent toujours la morale par la queue.

Mais je doute que ce soit là votre dessein; vous vous y seriez pris différemment.

D'un autre côté, je ne vois pas que la Grèce soit aussi préjudiciable à la société que vous pourriez vous l'imaginer. La friponnerie au jeu forme une sorte de circulation. Les Grecs rendant toujours d'une main ce qu'ils ôtent aux dupes de l'autre comme vous l'aviez vous-même fort bien remarqué.

Il n'y a peut-être point de gens dans le monde qui aiment moins à thésauriser que les joueurs d'avantage.

Je n'en ai jamais remarqué qui eussent de coffres-forts.

D'ailleurs, comme toutes les dupes deviennent toujours à la fin des fripons, il se fait par là une compensation générale de friponnerie : de manière que dans le fond au bout de vingt ans il n'y a pas un sol de perdu; car tels qui sont d'abord dupés, friponnés, friponnent à leur tour. Chaque dupe qui perd un louis d'or place pour ainsi dite lui-même une pierre d'attente dans la Grèce, et commence à jeter le premier fondement de sa friponnerie; car il faut convenir qu'il y a une grande charité dans l'Ordre; une dupe n'est pas plus tôt dépouillée, on ne la voit pas plus tôt réduite aux abois, qu'on la met en état de s'indemniser sur le public.

Il est bon, Monsieur l'historien, de vous prévenir que le corps général de la Grèce est un peu irrité contre vous.

Outre que vous parlez de lui avec peu de révérence, vous faites pendre deux Grecs dans la troisième partie de votre ouvrage avec beaucoup d'indécence.

Ce trait qui passe la raillerie est scandaleux pour la Grèce. Deux Grecs attachés à un gibet ont révolté tout le monde. Passe de les faire jeter par les fenêtres ; mais dresser une potence au milieu d'une grande cour, et les conduire au supplice, avec le cérémonial ordinaire qu'on emploie pour les voleurs de grands chemins, c'est ce qui a révolté une infinité de joueurs.

Il faut que je vous prévienne ici d'une chose ; c'est que les Grecs mes confrères sont si piqués contre vous, que si vous tombez jamais dans leurs filets, ils ont résolu de vous gagner votre écritoire et jusqu'à votre plume, afin de vous ôter à l'avenir les moyens de continuer leur histoire ; je suis.

Lettre d'une Grecque au même auteur

Monsieur l'historien,

Notre sexe se serait bien passé de paraître sur le théâtre de la friponnerie où vous avez pris la peine de le placer dans votre histoire des Grecs. Les femmes n'avaient fait des dupes que par leurs charmes, vous avez encore voulu qu'elles en fissent par leurs mains. Dans l'art de corriger la fortune, vous nous donnez des talents supérieurs à ceux des hommes même, c'est bien poli de votre part, et vous avez bien de la bonté. Cependant nous nous serions bien dispensées de cette gloire. L'empire de la filouterie n'est point celui où nous aspirons. Nous avons un moyen plus sûr pour dominer dans le monde. Si quelqu'une de notre sexe enfile un autre sentier, c'est un accident de la chose. Nous abandonnons aux hommes le talent de se tromper entre eux par la combinaison des cartes. Pour nous, notre combinaison prend sa source dans un autre principe, et si nous sommes grecques ce n'est point au jeu. Vous auriez donc pu, Monsieur l'historien, vous dispenser de nous mêler avec les fripons de profession. Vous dites dans quelque endroit de votre ouvrage que depuis que notre sexe se mêle de corriger la fortune, l'empire des Grecs est devenu *stable*. Il avait déjà un fondement bien solide avant que quelques femmes de Paris et de province se mêlassent dans les tripots, et partageassent avec les joueurs d'avantage l'argent des dupes. Il y avait plus de deux mille ans que les hommes se trompaient entre eux, sans que les femmes sussent que les Grecs existassent sur la terre. Vous voyez donc, Monsieur, que vous savez mal la carte de la friponnerie, et que pour un historien grec, vous ignorez jusques aux principes de la Grèce. Vous ne pouviez pas manquer votre plan, en le fondant sur la friponnerie au jeu, sur l'avarice des hommes qui leur suggère toute sorte de moyens d'acquérir, vous n'aviez pas besoin de faire paraître notre sexe sur la scène. La comédie des joueurs se jouait auparavant sans nous, vous auriez bien pu la laisser continuer indépendamment de nous. Je suis.

ANNEXE

SUR LA FERMETURE DU *RIDOTTO* DE VENISE :
FRAGMENT DES *LETTRES SUR LES DIVERTISSEMENTS
DU CARNAVAL DE NAPLES ET DE FLORENCE*[1]

« ON ÉCRIT de Venise que le Carnaval n'y a plus sa gaieté
ordinaire, et que les Vénitiens sont tristes comme des
bonnets de nuit. Ils se promènent nonchalamment sur la place
Saint-Marc, comme s'ils marchaient à la suite d'un enterrement.

« On ne saurait croire combien le décret du Grand conseil, qui
a ordonné de fermer la porte de *Ridotto*, a influé sur l'état physique de l'homme vénitien[2]. Des gens, qui auparavant étaient

---

1. Nous incluons à la suite de *L'Histoire des Grecs* ce passage à l'inspiration similaire extrait d'un autre ouvrage de Goudar plus tardif, les *Lettres sur les divertissements du carnaval de Naples et de Florence*, dans *Œuvres mêlées de M*me *Sara Goudar, Angloise*, Amsterdam, 1777, « Lettre quatrième » [extrait], vol. 1, p. 105–109.

2. D'après M. Vaussard, « à Venise le jeu apparaissait une manière d'institution publique qui, par l'impôt, rapportait annuellement quelque cent mille écus pour la seule salle du Ridotto » ; *La Vie quotidienne en Italie au XVIII*e *siècle*, Paris : Hachette, 1959, p. 180. Créée en 1638, la salle du Ridotto est ouverte jour et nuit pendant le carnaval. Seuls les patriciens, et notamment les rejetons de familles nobles ruinées (bien souvent par le jeu) ont le droit d'y tenir banque. Eux seuls ont le visage découvert, les roturiers doivent être masqués, et tous doivent observer le silence. Guardi

gras comme des moines, sont devenus maigres comme des sque-
lettes. La Ville est remplie aujourd'hui de valétudinaires qui
se plaignent beaucoup du mal de rate depuis qu'ils ne peuvent
plus promener *nella camera lunga*, et roder autour des tables de
la bassette. Plusieurs maladies autrefois inconnues se sont dé-
clarées. Il y a tout plein maintenant d'hypocondries. Les Juifs
sont devenus jaunes comme des coings. La petite noblesse surtout a beaucoup souffert. Il y a des gentilshommes bernabottes
dont les muscles des mains se sont retirés. Je le crois bien : des
gens qui deux mois de l'année passaient dix heures par jour
à mêler et tourner des cartes, et qui aujourd'hui ne mêlent et
ne tournent rien, doivent nécessairement devenir paralytiques :
passe que tous les bras des Bernabottes de la République se
raccourcissent, le mal est, que ceux des Marchands de merce-
ries se sont raccourcis ; car ils ne vendent plus aujourd'hui la
moitié des choses qu'ils vendaient, lorsque les *parolis* étaient
à la mode. Le débit de leurs marchandises alors était clair,
et il ne faut point avoir recours aux *Économiques* d'Aristote,

---

et Longhi ont immortalisé l'atmosphère étrange de ces lieux : des figures
masquées de toutes conditions se pressent autour de dizaines de tables de
jeu, au seul tintement des masses de sequins et des chuchotements étouffés
(voir Détis et Knopper, *S'amuser en Europe au Siècle des Lumières*, Toulouse : P. U. du Mirail, 2007, p. 121–124). Le phénomène du jeu à Venise
ne cesse de prendre de l'ampleur au fil des XVIIe et XVIIIe siècles : en 1744,
la ville compte 118 *casini* privés, où l'on peut jouer à l'abri des regards
(discrétion particulièrement propice aux tricheurs à en croire Goudar).
Devant les proportions prises par le phénomène, les autorités font fermer
le Ridotto en 1774 ; comme à chaque fois que de telles mesures ont été
prises ailleurs en Europe, les joueurs se replient vers les tripots clandestins, et la situation empire. L'épisode suscite les sarcasmes des Grecs de
toute l'Europe : Goudar, décidément porte-parole de cette guilde, ne peut
s'empêcher d'en dire un mot dans l'extrait que nous proposons ici des
Lettres sur les divertissements du carnaval de Naples et de Florence qu'il
signe du nom de sa femme : en bon économiste et sur un ton mi-sérieux,
mi-burlesque, il accuse, non sans lucidité, les autorités vénitiennes d'avoir
tué la circulation de l'argent dans leurs états.

pour prouver la consommation. Celui qui gagnait cent sequins se dépêchait vite de venir en mercerie en dépenser cinquante : *première circulation.* Le lendemain, il en perdait cent, il revenait en mercerie acheter pour avoir deux cents sequins d'effets à crédit qu'il achetait fort cher, et revendait à très bon marché, *seconde circulation.* Un Juif prêtait à un Gentilhomme deux cents ducats d'argent sur nantissement, ceux-ci sortaient du *ghetto* pour faire une banque à la bassette, *troisième circulation.* Un fils de famille avait un père avare qui laissait moisir les sequins dans son coffre ; celui-ci les lui volait pour les porter en Ridotto, où il les perdait tous : *quatrième circulation.* Ainsi des autres, jusques à l'infini, qui revenaient tous au profit de la circulation générale ; car il ne faut pas être bien savant dans le gouvernement économique pour savoir que les maux particuliers disparaissent devant l'utilité générale. Les vices sont si nécessaires pour donner l'activité à l'État civil, que si une République n'en avait point, il faudrait qu'elle allât en acheter chez ses voisins. Mais ce n'est pas ce qui a jamais manqué, et ce qui manquera jamais à la Sérénissime.

« Venons aux grandes vicissitudes économiques qu'a causées la clôture du Ridotto. Comme on ne se masquait guère que pour aller dans cette maison, où l'on ne pouvait entrer que masqué, aujourd'hui que la porte est fermée, on se masque moins, et on se masquera toujours moins. On prétend que depuis les deux carnavals de cette clôture, il s'est vendu trente mille bahutes[1] de moins que dans ceux où Ridotto était ouvert, qui, à raison de vingt livres l'une dans l'autre, ne formaient pas moins d'un capital de plus de six cent mille livres pris sur l'industrie publique. Cette somme donnait à vivre à un grand nombre de citoyens, qui aujourd'hui meurent de faim, ou du moins, peu s'en faut ; car, lorsque par un décret souverain, on

---

1. *Bahutes* : transcription de *bauta*, le costume de carnaval vénitien par excellence : tricorne et manteau court noirs, masque blanc.

détruit un art, il faut du temps pour en établir un autre à sa place, c'est dans ce passage qu'est l'inconvénient.

« La consommation des autres étoffes a beaucoup décliné. Un Vénitien qui voulait conserver le luxe du masque avait quatre manteaux à bahute ; maintenant qu'il se masquera moins, il n'en aura qu'un, et celui-ci lui durera toute sa vie. Il est difficile de calculer le dommage que cette diminution causera aux arts. Il me suffira de vous dire que plus de trente manufactures qui entraient dans le luxe du Ridotto, s'éteindront, et avec elles, tous les moyens de subsistance qui les suivaient.

« La consommation sur les vivres diminuera ; car, lorsqu'on n'a point de passions à faire valoir, et que par conséquent on se divertit peu, on ne mange guère. *Della dansa, dice l'Italiano se passa alla pancia* ; mais lorsqu'on est de mauvaise humeur, on ne pense *ne alla dansa ne alla pancia*. La diminution est déjà sensible, il s'est vendu dans ces deux dernières années, quatre cent mille chapons de moins, que dans les deux qui ont précédé le décret. Un joueur qui avait gagné deux sequins à Ridotto, mangeait ordinairement un chapon, et celui qui en avait perdu trois, achetait deux chapons ; car celui-ci achetait de rage, or, lorsqu'on mange de rage, on a toujours grand appétit. Ainsi, qu'on perdît, qu'on gagnât, cela revenait au même pour la consommation publique : un grand nombre de chapons étaient mangés. Le dommage portait moins sur la dépopulation des chapons, que sur celle des hommes ; car un Vénitien qui allait se coucher avec sa femme avec un chapon dans le ventre, pouvait plus facilement donner un enfant à la République, que celui qui se met au lit aujourd'hui *con due soldetti di pulenda*[1].

« Le vide a été immense dans les dindons, les dindes, les pigeons, les oies et les canards.

« Ceux qui ont la liste des morts, prétendent qu'on a tué six mille cochons de moins par année, qu'on ne faisait avant celles

---

1. « Avec deux petits sous de polente. »

de la réforme : or, on peut calculer par-là combien de jambons on devait manger à Venise et qu'on n'a pas mangé.

« Il s'est vendu aussi moins de café ; car celui-ci en général se prend pour la digestion : or, lorsqu'on mange peu, la digestion se fait d'elle-même. En un mot, depuis ce fameux décret, une foule de classes ont perdu ; il y en a pourtant une qui a gagné, qui est celle des filles de joie ; car ceux qui étaient accoutumés auparavant à aller à *Ridotto* sont allés dans de mauvais lieux : mais si ces femmes ont beaucoup reçu, elles ont aussi beaucoup donné. Si on veut savoir quoi ? Il faut le demander aux chirurgiens de Venise, surtout à monsieur Paiola, célèbre professeur qui, quoiqu'occupé dans les petites maladies galantes des dames, ne néglige pas celles des filles [1]. »

---

1. Suit la brochure d'un *Plan de réforme, proposé aux cinq correcteurs de Venise actuellement en charge ou qui y ont été,* comportant notamment une amusante « Épître aux excellences besnabotes de la Sérénissime. Mes frères en Dieu », signée d'un « chevalier d'Argencourt. »

TABLE DES MATIÈRES

www.ingramcontent.com/pod-product-compliance
Lightning Source LLC
Chambersburg PA
CBHW052024020726
47501CB00004B/1233